第三版

現代倫理学の展望

伴博
遠藤弘
編

keiso shobo

目　次

目次

目　次

目　次

目　次

目　次

序章　倫理学への問い

1　倫理というもの

倫理、道徳というとき、人はどのような印象をもつだろうか。

戦前・戦中の時代を知る人には、それはあるネガティヴな印象に連なるものかもしれない。かつての「修身」教育に代表されるその時代の風潮は、今日顧みて厳しい批判と反省をよび起こすものであり、それが、戦後の「道徳教育」の提唱や鼓吹などに、ときに強い警戒心や反発を招くことにもなったのだといってよいかもしれない。

しかし反面、人は「医の倫理」を問い「政治家のモラル」を問うことを、今日的な課題の一つとも思うところがあるのである。そこには、倫理・道徳の問題が人間としての本質に関わるものであるという認識が、厳として控えているとみられる。その意味では、過去の一定のネガティヴな印象によって倫理・道徳一般について一概に反応することは、早断といわねばならないだろう。

倫理の問題は人間の生き方の問題である以上、人間のあるところいたるところに見出されるといってよい。幼時の「しつけ」の問題から、果ては死にまつわる臓器移植や「安楽死」の問題にいたるまで、人の一生を貫いてこれに関わっているとみることができる。

あるいは、親と子、嫁・姑に関わる家族の倫理から、学校、地域社会、職場の倫理、あるいは、公害をめぐっての「企業」の倫理や、マスコミの「報道」の倫理、さらには上記の「政治」にまつわる倫理の問題など、社会的広がりの線でも見出すことができる。

ところでこれらの「倫理」の諸問題を直視するとき、最後は「人」であるといえるのではなかろうか。家庭で職場で現にどうふるまうかは、最後は、その「人」の問題である。「倫理委員会」をつくり「綱領」をつくっても、現実にどうふるまうかは結局それぞれの「人」の問題ということになる。どんな名論卓説も、その「人」自身にこれをうけとめ現実の行為で実践するところがなければ、すべては水泡に帰してしまうというところがある。その意味では倫理の問題は、最後は言説を超えた現実の実践そのものに尽きるようにみえる。

しかしそれならば、人がいま「倫理学」を学び、数々の「倫理思想」に関わることの意味はどこにあるのだろうか。

2　倫理学の本質

倫理は最後は「人」の問題ではないかといわれた。これをさらに押しつめれば、それぞれの状況や条件のもとで、そのときその人がどう行為するかであるといえよう。このことは、たとえば「技術的」な観点から、そのときどういう行動の可能性がありえたかという形で問うこともできよう。それに対し「倫理的」な観点から問題になる場合には、その際その人は、人間として、どう行為すべきであるかあるいはすべきであったか、という観点からまず問われることになる。(その上で、技術的な問題も問われうるのである。)

それは、具体的にはそれぞれ、「親」として、「医者」として、「政治家」としてどうあるべきかという形で問われうるであろうが、それとともに何よりも、「人間」としてどうあるべきかということが基本的な意味をもつということ、これが「倫理」というものを考えるに当たって肝要なことだといえるだろう。

いま一つには、その人の行為が問題になるというとき、倫理的には、それがつねに「いかに行為すべきか」という観点から問われるというその点が改めて注意されてよいだろう。ということは、この「べき」に一種の「理法」の存在が暗示されているということである。先記のように、事実としての行為そのものは、〈言説を超えた〉現実そのものであるといわれるかもしれない。しかしこれも、「倫理」の観点からいえば、「理法」に照らしての〈問題〉といい〈評価〉というものは、その行為の意味に関して、依然として存在しているともいえるのである。だからこそ人は、事実としての行為の後でも、「あれでよかったか」「ああすべきではなかったのではないか」という悔いの痛みを心ひそかにもち続けもするのである。人は実際には、種々の制約のもとに、種々の人間関係のしがらみのうちにある。それにもかかわらず「べき」の理法は厳としてある。そうしたしがらみのうちにある人間の一つ一つの行為が、「いかに行為すべきか」のこの「べき」の重みのもとでみられ、そのもとでの選択としてみられるからこそ、その行為が、その主体たる「人」が、問題としての重みをもったのだといえよう。

さて、この「理法」こそ「倫理」にほかならない。そしてこのような「理法」の究明こそ、「倫理学」が目指し努力するものにほかならないのである。自然科学が自然法則という理法を究明しようとするように、倫理学は、人倫の理法という形での理法を究明しようとするものなのである。

その理法は、人間が人間として生きうるための道であった。だが、人間にとって人間ほど近いものはないと同時に、またこれほど複雑でとらえにくいものもない。その人間の本質に関わるものだとすれば、この理法の究明が単純でないだろうことは容易に察せられよう。そこに「倫理」に関する数々の「思想」が生まれ出る理由がある。それらはいずれも、人間が自分自身の生き方の根底を問うた数数のアプローチの軌跡なのである。

なお古言に、「学びて思わざればすなわち罔《くら》し」というのがある(1)。その意味ではこの「理法」の究明は、現実の「問題」の場でたえず問い直され、たしかめ直される必要があるといってよいであろう。ただここで注意すべきことは、現実の「問題」というものは数々の現実的なファクターをもっているということであり、その渦中にあって、とくに倫理的なファクターをどうとらえるかということは結局「倫理」というものをどうとらえるかにかかってくるということである。それを浅くとらえるか深くとらえるか、一面的にとらえるか思慮深く幅をもってとらえるかは、それぞれの倫理的な識見に関わることである。その場合に、倫理に関する諸思想を学び、種々のアプローチの可能性とその意味に通じていることは、おのずからその人の倫理的視野を広めあるいは深めることによって、その倫理的な教養や識見に資するところがあるであろう。狭量や偏見に陥ることなく、「理法」の場、「真理」

の場での視野と視向をたしかなものとするためにも、このことは有意義であるといわねばならない。「思いて学ばざればすなわち殆《あやう》し」といわれるゆえんなのである(2)。

3　現代倫理学の展望——本書の構成

ところで「倫理」の追求を現実的なものとする上で、ここで一つ顧みておきたいことは、倫理的な「理法」は、われわれ自身の本質に関わるものとしては、自ら内に深く掘り下げてたずねられるべきものであるとともに、それがほかならない「人倫の理法」であるという意味では、同時に人間相互の結びつきとしての、社会的な広がりのうちでとらえられるべきであろうということである。われわれ一人一人は、ときに家族の一員であり、友人であり、職業人であり、あるいは乗客の一人であり、国際人の一人でもある。そのようにわれわれとしての共同の関わりのうちでの一人であって、それが、家庭で、職場で、あるいは友人関係や社会的な連帯のうちで、時々刻々、一々の状況のもとに、一つ一つの行為が問われているのである。それが、ときには気づかぬような小さなしぐさやもの言いからときには重大な選択・決定にいたるまで、人間として「いかにあるべきか」という形で、ときにはひそかに、ときには重々しく問われている、というのが「倫理」の場なのである。その意味で「倫理」を、このような主体的かつ社会的な二重性の統一において、その本質的奥行きと具体的広がりとにおいて、全体としてうけとめることが要求されているといえる。そしてこのことが、とりも直さず、この本書の構成をひそかに貫く一つの基本線であるといってよいのである。

いま指摘された社会的な契機ということで、ここでさらに留意しておきたいことは、現実の社会が歴史的であることに応じて、倫理の理解、そのアプローチにも、時代的な様相というものが認められるのではないかということである。人間が人間である以上、倫理の基本は古今東西を通じて一貫しているということ、これは一つの基本的観点といってもよいものである。その上でしかし、その様相といいアプローチというものは、時代に応じて変化を示しているといえようということである。

その際まず注目されるのが「近代」の登場である。自然認識という客観面では「近代自然科学」の成立、社会意識という主体面では「近代市民社会」の成立というこの二つの時代条件において、「近代」はそれ以前の時代と大きく区別されるところがあり、他面また、こうした大局的観点からいえば、それは今日のわれわれの時代にまで共通して及んでいるとみることができる。そしてその上で、その「近代」に対してこの「現代」がさらに特徴づけられることになる。十八世紀後期にイギリスに起こった産業革命は、次第にその広範で深甚な影響を、欧米に、さらには世界的な規模で拡げてゆくことになる。科学的な世界観に止まらず、「科学・技術」は現実の生活のすみずみにまで及ぶようになり、市民意識を透過して、技術的な「管理」機構は、人々の社会的存在を根深く規整するものとなりつつある。これを活用的にみるにせよ批判的にみるにせよ、この時代条件を無視することはできないとすれば、このような時代にあって倫理の究明はどのような形でありうるかが問われるのである。

本書では、上にふれた現代に対する近代の関わりということから、最初に、近代世界のうちで倫理を原理的に追求した代表的な形態として、カントとヘーゲルの場合をとりあげる。これは、先記の倫理の二重的統一をそれぞれの面から映し出したものともみられ、その点、「人格」と「人倫」という二つの原理は、いわば倫理の二本の柱ともいうべき意義をもつとみられるのである。

このヘーゲルの後、倫理思想史上「現代」に入ることになる。そのうちでは、近代以来の「市民社会」の思想にポジティヴに基づくことによって、実際的・現実的な〈経験〉の立場を推進しようとした二つの見地がまずとりあげられる。時代的には近代に属するベンサムによって唱えられ、十九世紀のJ・S・ミルによって継承・発展された――社会的快楽主義ともいわれる――「功利主義」と、二十世紀のアメリカに起こった「プラグマティズム」の行動的主体の思想とがそれである。

次いで、〈倫理性〉そのものに対する反省・分析という面で歩を進めた二つの傾向がとりあげられる。その一方では、上にみた経験論的な見方を基本的に引き継ぎながらも、とくに倫理的な言表について、言語の論理的分析という見地から検討をすすめる「分析哲学」の系統の諸考察であって、これを論理的形式の面からみたものとすれば、他方は、体験的内容の面からのもので、意識分析の見地から倫理的価値意識というものを究明してゆく「現象学」派の研究がこれに当たっている。

ここでさらに掘り下げようとする場合には、倫理をいっそう根底的な存在の次元からとらえようとするその種の哲学的な考察の形をとることになる。これには、「生」という全的な基盤からとらえようとする生の哲学の倫理思想と、さらに「実存」という最も主体的な根源に基づこうとする実存（ないし勝義の存在）の哲学の思想とがある。

それにしても、「倫理」というものが、このように主体の存在の根底へと深く根ざすことを求める傾向とともに、その社会性の契機をも本質的にもつとされる以上、ここで、主体としてとくに〈現代社会〉に生きるその意味がさらに問い続けられねばならないであろう。そこでまず、現代のすぐれた社会科学者であり、また実存の哲学者ヤスパースが深く敬意を抱いていた人でもあるM・ウェーバーについてその面の追求をさぐるとともに、それに加えて、やはり社会科学的な視点をふまえながら、現代社会における人間のあり方を、明日へ向けて「批判的」に問おうとする、いわゆる「フランクフルト学派」の場合をとりあげてみたいと思う。

　ところで、主体としてのわれわれ自身ということでは、この現代の社会にわれわれが日本人として生きているということを無視できないであろう。この場合も、倫理思想上の系譜をたどれば長く複雑なものとなるわけだが、先のヨーロッパの近代と同様、これも（欧米の諸思想の流入とともに）それ以前の時代とは文化的・思想的に大きく変貌して今日に至っている「明治期以降」が、とくに対象となるだろう。

　このわが国の場合に特徴的なことは、東洋ないし自国の思想的伝統と西欧のそれとを、ともに摂取しているところにある、といってよいであろう。その場合、西欧のキリスト教のもつ精神的基盤としての深さに対するものとしては、仏教のそれが挙げられるかと思う。この点、西欧の哲学・宗教のみでなく、東洋の仏教、とりわけ禅の思想に深い理解をもち、その上で（上記の時期では）わが国最初の独創的な思想形成を行った西田幾多郎の存在は、第一に注目されてよいものといえるだろう。現代の日本人として、拠るべき思想的根拠を深く追究しようとする場合、この西田の存在は——参考としてにもせよ——やはり大きいといわねばならないだろう。

　次に、その西田の影響をうけながら、同様に東西にわたる豊かな思想的教養のうえに、その独創的な「倫理学」の学的体系をうち立てた和辻哲郎の存在が注目される。この彼の倫理学体系に匹敵する規模の思想はその後も現われてはいない。しかもこの和辻の場合には――その日本精神史や日本倫理思想史の研究もあるように――日本人の人倫的意識が、特有の形で摂取・表現されているとみられるのである。その意味では、それに賛同するにせよ批判・克服しようとするにせよ、日本人として倫理の問題を追究してゆく上で、和辻の思想は、無視しえない存在となっているといってよいであろう。

なおこの西田と和辻の思想は、前者は倫理を主体の根底の次元へ掘り下げる方向でとらえようとし、後者は人倫的・社会的な広がりにおいてとらえようとしている点で、あの倫理の二重的本質への二様のアプローチの、いわば日本的展開を示しているとみることができるかと思う。

以上にとりあげたものはいずれも近代ないし現代の代表的な倫理思想にあたっているが、そのほかにも割愛した同時代の注目すべき思想も少なくない。そこで以下の諸章では、それぞれの標題のもとにはじめに――そうした諸思想にも言及しながら――全体の概観的な考察を行い、こうしてそのうちでの一応の位置づけをみた上で、それぞれの思想の詳説に進むことにしたいと思う。

（伴）

(1)　『論語』爲政第二。
(2)　同上

第一章　近代における倫理的原理の追求

近代とともに時代は大きく変わる。ブルクハルトのいう「世界と人間の発見」の時代が到来したのである。中世では、人間は精神的には神と教会の支配のもとにあり、現実的には封建領主の支配のもとにあったが、今や世俗的人間の自己主張が始まり、庶民自身の時代への歩みが始まるのである。こうした時代性格は――その様相に変化はあっても――基本的には現代のわれわれの生活に至るまで続いているといえる。その意味では、近代の幕あけは、同時にわれわれの時代の幕あけともいえるのである。

この幕あけは、まず「ルネサンス」という形で行われる。そしてそこにすでに、近代的人間を形成する二つの面が見てとれるのである。一つは、上記の現世的な感性的人間の面であり、たとえばボッカチオの『デカメロン』などにその旺盛な息吹きを感じとることができる。いま一つは、古典的な知性的人間の面である。これは、ギリシア・ローマの古典古代の文芸の復興《ルネサンス》ということ自身に見てとれるもので、その意味では、古典古代の〈humanitas〉《フマニタス》（人間性）に範をとるいわゆるルネサンスの人文主義者《ヒュマーニスト》たちは、いわば当代の知的エリートだったわけである。

まず感性面での展開をたどってみたい。現世的人間を直視することは、一種のリアリズムの傾向を招く。イタリアのマキアヴェリはそれを政治理論の面で追求したが、イギリスのホッブズも、リアリスティックな意味で人間の「自然状態」を想定し、それに基づく「社会契約」の思想を通して、絶対主義国家の現実の理論的基礎づけを行う結果となった。

このホッブズの思想は多くの反発をよぶことになったが(1)、ここでは、それらの一人であるシャフツベリにはじまる、いわゆる「道徳感覚《モラル・センス》」(moral sense)の説が注目される。自己愛・利己心のみが現実ではなく、人間には愛他・利他のセンスもあるというこの種の発想は、ハチソンやバトラーらに引き継がれる。これらの人々の活動期は主として十八世紀前半であるが、十八世紀後半では、ヒュームやA・スミスによって、「共感」(sympathy)が「道徳感情」として説かれるのである。

こうした他者とのつながりは、社会的な幸福という功利主義の思想に連なる傾向を含んでいるといえる。事実ハチソンには「最大多数のための最大幸福」という思想があり、ヒュームにも正義の徳を「公共的利益と効用」をもたらすものとして理解する面がみられ、また同時代のフランスのエルヴェシウスにも、道徳の原理を「公衆の利益」にみるところがある。そしてこれらの人々のあと、次代のベンサムにおいてその「功利主義」の思想の確立がみられるのである。

では、他方の古典的な知性の場合はどうだろうか。それは、はじめは人間の現実に対する鋭い批判的観察という形をとって現われる。人文主義者エラスムスの『愚神礼讃』などでは、それはきわめてシニカルな調子で行われ、モンテーニュにはじまる次代のフランス「モラリスト」たちの場合には、自省を含めた冷徹な人間省察として展開されるのである(2)。

しかし、こうした古典的知性における倫理思想のうちでも代表的なものは、やはり十七世紀の「合理論」者たちのそれである。まずデカルトの『方法叙説』で述べられる「暫定的道徳」の諸規準や『情念論』の徳論――とくに「高邁」（générosité）の徳――にはじまり、とりわけ次のスピノザにおける「幾何学的秩序で論証された」その倫理学は、「永遠の相の下」での典型的な知性的明察を説くものであり、そして最後のライプニッツでは、神の予定調和という形而上学的知見の下に協調と愛が説かれるのである。

それにしても、近代における倫理的原理の追求ということでは、先の近代における「人間の発見」の倫理面での本質化ということで、当の「人間」の「尊厳」の自覚ということが際立って注目されてくるのである。

ルネサンス期にピコ・デラ・ミランドラがこの点を語り出したとき、それはまだ、この時期に特有の宇宙論的な神秘思想をまとっているところがあった。これに対し、デカルトが上記の「高邁」の徳で人間の自他の尊厳に説き及んだとき、そこには――古典的な実体論的思想の枠組の下ではあるが――近代的な理性的意志の思想の始動が窺われるのである。

しかしこの人間の尊厳の思想が真に近代的な意味において成就されるためには、その際の自他の尊厳性には、近代市民社会の成立に伴う近代的市民意識による現実的基礎づけが必要であった。またその際の各主体自身の尊厳性の把握は――デカルトにみるような理性の高みに止まらず――（かのルネサンスとともに近代精神の形成にとって重大な意義をもつ）宗教改革、とりわけルター派のプロテスタンティズムで培われた〈内面性〉による深みのある精神的内実をうることも必要であった。このような意味で近代的な人間の尊厳の思想を完成したものこそ、カントの「人格」の倫理にほかならないのである。

ところで倫理には社会的な契機が含まれているが、その点カントの場合は――市民社会の意識をふまえているとはいえ――概して個的主体に定位してとらえる傾向が強い。それに対し、全体的な統一を志向する次代のロマン主義の場合には、倫理を（家族のような）実質的な社会的関わりにおいてもとらえる動きが（フィヒテやシュライエルマッハーらにおいて）現われてくる。その代表的な形態がヘーゲルの「人倫」の倫理にほかならない。ホッブズ、ロック、ルソーらの「社会契約」にみる近代の社会思想も、ここに倫理的観点から特有の摂取と超克をうけることになるのである。

次に上記のうち、とくにカントとヘーゲルの場合を主題的にとりあげてみたいと思う。

（1）このような反対者としては、カッドワース、H・モーアらの「ケンブリッジ・プラトン学派」の人々や、カンバーランドなどが挙げられる。

（2）十六世紀にモンテーニュ、十七世紀にラ・ロシュフコー、パスカル、ラ・ブリュイエールらが活動している。

（伴）

一　人格の倫理——カント

1　ルソー体験——カント倫理思想の原点

カントは実直な父と敬虔な母をもち、彼自身また規律正しい「原則の人」であった。倫理的な〈真面目さ〉はその生活を貫いていた。しかしそれはいわばまだ形の上でのことである。カント自身の心の内奥において、その倫理性はまだ十分な〈原理〉をえていたわけではなかった。これをえたのは、その特有の〈ルソー体験〉によるのである。

「私自身は性来学究の徒である。私は、認識へのはげしい渇望と、認識をさらに推し進めたいという貪欲さに心をかきたてられ、また一方では、一々の認識をえるごとに満足を感じたりもする。これだけが人類の栄誉といえるものだと信じていた時期があった。そして無知な民衆を私は軽蔑していたのだ。ルソーが、そうした私の誤りを正してくれた。私を盲目にしていたこの優越感は消え去り、私は人間を尊敬することを学んだのである。そこでもしも私が、人間をこのようにみることが他のすべての人々に価値を認め、人間性の権利を回復することになるのだということを信じないとしたら、私は、そうした自分をふつうの労働者よりもはるかに無用な者とみなすことだろう。」

一七六四、五年ごろとみられるある覚書のうちで、カントはこのように書きしるしている。ここにカントの人間観を大きく変えた一つの転換がみとめられる。そしてそこで学んだ「人間の尊厳」の思想こそ、彼の倫理観を決定づける生きた〈原理〉となるのである。

とはいえこのことは、この時点で彼の倫理思想が直ちに形成・確立されたということを意味するものではない。そのことのためには、いわゆる「理性批判」の遂行と仕上げという大きな仕事が必要だったのである。

2　理性の批判――方法と成り立ち

カントの思考方法は「批判的方法」といわれる。〈Kritik〉(批判)とは、分割という意味のギリシア語〈krinō〉から出た言葉である。そこで「批判的方法」とは、あるものを分かってその分肢の意義と限界を明らかにすること、それによってそれらの分肢ならびにその関係を明らかにすることを意味する。カントはこのような方法を用いて、人間理性のいとなみの意味を明らかにしたのである。

もっとも同じ理性批判でも、第一批判(『純粋理性批判』)の場合は(理論)理性の限界を明らかにする性格が強く、第二批判(『実践理性批判』)の場合は(実践)理性の意義を明らかにする性格が強いといってよいだろう。

第一批判でカントは、理論理性のはたらきは経験できる現象の世界に限られることを明らかにすることによって、近代自然科学の立場を基礎づけるとともに、超経験的な「神」、「自由」、「(魂の)永生

（不死）」の三理念について理論的な証明を行おうとする在来の哲学（形而上学）の所業を否定した。

しかしカントのこの哲学否定が事態の一面でしかないことは、「私は、信に場所を与えるために、知を排除しなければならなかった」という彼の言葉がはっきりと語っている。理論理性による知ではとらえられなかったものも、実践理性による信（確信、信仰）という形でならばとらえられる。このカントの批判的分別に、あのルソー体験による一大転換が強い導きとなって生き、また具現していることがみてとれると思う。

こうして今、実践理性の領野として、カント倫理思想の世界が開けてくる。同時に、その思想の一般的制約ともいうべきその理性的性格もたち現われてくるのである。

3　自律の倫理――骨格

「この世界ではもとより、およそこの世界以外でも、無制限に善とみなされるものは、善い意志のほかには考えられない」。世にいうあらゆる〈よい〉もの（たとえば才知）も、それを用いる意志が〈善い〉ものでなければ、真に〈よい〉とはいえないのである。『道徳形而上学の基礎づけ』のこの冒頭の一節は、この「意志」の強調によって主体倫理というカント倫理思想の基調をすでに示しているが、その後の思想展開は、その「善さ」の分析とともに、この思想の理性的性格を前面に押し出してくることになる。

道徳的意味で「善い」とは、打算や名誉心などからではなく、あくまでも己れの「義務から」発するその純粋な誠実さにある。義務は法——この場合は道徳法則（道徳律）——から出ている。したがって「善い意志」とは、意志が、利得や名誉といった外的な実質的諸目的を原理とせずに、もっぱら（道徳）法則という形式的原理によって規定されていることを指すといってよいであろう。このような批判的分別に基づき、道徳的実践の根本法式は今次のように定められる。（その人の意志の主観的原理を「格律」（格率）、客観的原理を「法則」というならば）「格律が普遍的な法則となることを、その格律を通じて汝が同時に欲しうるような、そういう格律に従ってのみ行為せよ」と。

「正直であれ」とか「ものを盗むべからず」という各種の道徳律は、結局はこの根本法式に帰するのである。そしてこのような法則に基づく法則倫理たるところに、カント倫理思想の理性的性格がみられるのである。

ただしここで留意しておきたいことは、このような法則倫理が、先にみたようなカント特有の心術倫理と結びついていることである。それは、単なる行為の合法則性（適法性）にとどまらず、法則が意志の直接の規定根拠となることによって、その意志の格律が普遍的な意義をもつにいたることを求めているのである。こうして、行為が「義務にかなった」適法性《レガリテート》をもつにとどまらず、「義務から」する道徳性《モラリテート》をもつことが要求されており、その意味で、「（道徳）法則に対する敬意（尊敬）」という道徳的感情が意志の動機となることが要求されているのである(1)。

元来、あらゆる外的な実質的目的を原理とすることが退けられたとき、それは、道徳法則という形式的原理が内的・本質的に意志を規定するものとなることが求められていたのだといってよいであろう。そしてこれがまた、この法則の意志に対する規定の仕方が「定言的（断言的）」とされる所以なのである。先記のように、道徳律は「〜すべし」「〜すべからず」という命令的な（「当為」の）形式をとって現われる。しかしその命令は、たとえば「もし利得をえたければ、正直に商いすべし」といった条件つき（仮言的）のものではなく、端的・無条件（定言的・断言的）に「正直であれ（正直に商いすべし）」と命ずるのである。道徳律のこの「定言的命法」の性格こそ、道徳律による意志の規律が内的・本質的なものであることを示すものといえるであろう。

ということは、上にみてきた法則による意志の規定（規律）が、当の意志する主体自身にとって＜内的＞なものとして、すなわち当の意志する主体自身におけるもの、すなわち「自律《アウトノミー》」的なものであることを示しているといってよいであろう(2)。その点、先に外的な実質的目的を原理とすることを退けたのも、そのようにして意志が「他律《ヘテロノミー》」的となることを不可としたものと解されるのである。

それにしても、自己が自己を律するとはどういうことであり、いかにしてそれは可能だろうか。カントは答える。それは「自由」としてである。「自由の概念こそ意志の自律を説明する鍵である」と（『道徳形而上学の基礎づけ』第三章）。

先にもふれたように、「自由」は理論理性では解明しつくせない概念の一つであった。理論哲学（認識論）が明らかにしたところによれば、われわれが経験しうる現象の世界には自然的因果律が支配しており、その意味では客観的な「自由」の余地はない。しかし、現象を超えた本体（物自体）の世界に関しては認識のすべはなく、「自由」はあるともないとも断定しえないのである。

これに対し今実践的な見地から、道徳律を通しての「意志の自律」の可能の根拠として、「意志の自由」が浮かび上がってくる。すなわち、本体的な英知的（理性的）自己による——道徳律を通しての

――現象的な感性的自己の規定（規律）という形で、「（本体的な）自由の因果性」というものが道徳的・実践的に可能となるのであり、「汝なすべきが故になし能う」という形で、主体の根源的な自由の可能性が開けてくるのである。今や、道徳律を通して自律としての自由が明らかになる。すなわち、道徳律は自由の認識根拠であり、自由は道徳律の存在根拠なのである。こうして、理論理性ではとらえられなかった自由の理念は、実践理性の立場からとらえられるようになり、いわゆる「実践理性の優位」の一歩が開かれる。あの〈転換〉が自由を軸として起こる。自由こそ、「知」を排除してつくられた実践的な「信」のための場所だったのである。

したがってカントの倫理思想については、理性的な「法則倫理」から「自律の倫理」へと理解が進められる必要があるだろう。そこでもし前者の面から、カントに（「律法道徳」的な）「法則の他律《ロゴノミー》」をみるとしたら、それは正しい理解とはいえないだろう。その「法則」は――自己立法されたものとして――「自律《アウトノミー》」の一環であり、そのための方式なのである。それは、自己が真に自立し、自らのアイデンティティを確立するための道として、自主的に理解されるべきなのである。

同様に、すべての実質的原理を退けてあのような形式的原理をとることも、これを単なる「無内容な形式主義」ととるならば、それも正しい理解ではないだろう。その「形式」としての「法則」性は〈自律としての自由〉に通じているのである。一見いかにも無内容に形式的にみえるその命法は、実は、意志が〈実質的なもの〉に拠る他律に傾くことを全面的に退けることによって、普遍的な〈開かれた〉場に独り自ら立って、根源的に自らの道を主体的に決断することを求める、〈開かれた〉命法なのである。

カントの倫理思想において理性的なものが目につくことは事実である。そしてその思想において理性的なものがいわばその〈骨格〉をなしていることも確かである。しかし同時に、当初目にふれたその理性的な〈前景〉を通して、その奥に主体としての生きた人間の人間性の息吹きと精神をよみとることも大事だといえよう。かの〈骨格〉は、この内実と相俟ったものとしてこそ、はじめてその確かさの本領を示すのである。

4　人格の倫理——性格

自律としての自由は、主体としての人間の二重的な構造をあらわにする。人間は感性的・理性的な存在者とされるのである。

人間における理性的なものは、この二重性に即して主体的にとらえ直される必要があるだろう。本体的な英知的な自己は、主体における本来的なもの、「本来的な自己」として自覚される。それが「良心」というものである。道徳律による意志規定は、この内的な本質的根拠からして、己が「良心の声」としてうけとられる。それは、「汝なすべきが故になし能う」という。外的な事情がどうあろうと、〈その気になれば……できる〉最深の可能性をひそかに知るものは、当の主体の内なる本来の自己なのである。

日常的な感性的な自己は、感性的な傾向性によって規定され、それを触発する外的な諸種の実質的目的に心動かされる。それだからこそ、感性的・理性的なこの「有限的な理性者」にあって、その本来的な英知的な自己規定は、「命法」という強い形で現われざるをえないのである。そこに、内心におけるひそかな、ときに激しい〈葛藤〉が生まれる。感性の非本来的な自己の誘惑に屈したとき、あらゆる弁明にもかかわらず、「なすべきことをなさなかった」ことによる自責の念、「良心の呵責」の傷あとが心ひそかに残る。逆に、苦しくともあえて本来の自己の声に従うことを自ら決意し遂行したとき、外的事情はどうであれ、内心においてある種の己が「高揚」を感じ、自己が自己でありえたことの、ひそかな「自足」の感を覚えるのである。

　主体としての人間のうちには、現象界のあらゆるものを超える高貴な英知的なものがある。上記の「高揚」の感がこれを自証する。ここにカントは、かつて見出した「人間の尊厳」の所在を確かめるのである。自らの決意により、自らの超越の可能性をひめる一個の主体として、「人格」(Person)として、人間はもろもろの「物件」からは区別される。物件は人間にとって手段となるにとどまるが、人間は手段にも目的にもなりうる。そして人格としての人間の内なる尊厳をもつものは、まさに目的そのもの、自己目的なものといわねばならない。ここにあの人格の命法が成り立つのである。「汝の人格および他のすべての者の人格における人間性を、つねに同時に目的として取り扱い、決して単に手段としてのみ取り扱うことのないように行為せよ」と。

　〈persona《ペルソナ》〉は、もともと演劇で用いる「面」を意味する。人はそれによってある役柄を演じうるが、同様に、人はその行為において、人（間）の人（間）たる所以、人格性（Persönlichkeit）——人間性——を顕わしうる人格（Person）たるのである。その意味で、人間の尊厳は、すなわち人格における（人間性の）尊厳にほかならない。

この人格における内なるものはその普遍的な本質であり、したがって、あらゆる人格はひとしくその尊厳なもの、自己目的なものをもつといえる。あらゆる人々を透してみられるこの自己目的なものの普遍的本質的な共同を、カントは「目的の国」と名づける。そこではそのすべての成員は、自ら立法的であるとともにそれに服する者でもある。その意味でこの「国」は、立憲的・共和的であるということができるであろう。すでに自律としての自由という形で、自主独立的な近代人の自由を道徳的領域で確立したカントは、ここで、近代市民社会の道徳的理念を意味深く樹立したとみることができるのである。

これまで主に理性的な面をみてきたが、ここで感性的な面にも目を向けておきたい。

命法という形で感性的な自己に臨むということは、何か感性的なものに対して抑圧的・否定的なようにうけとられやすい。あらゆる実質的目的を退け、傾向性にとらわれることを退けて純粋な理性的な義務意識に徹することを求めるその態度が、「厳格主義《リゴリスムス》」の名のもとに、カント倫理の異常な厳しさとしてしばしば批判の対象とされるのは、その典型といってよいであろう。

カント自身の論述にそうした理解を招きやすいところがあることは否定しないが、しかしそうした理解が、カントのその種の面をことさらに強調・拡大していはしないかということも、注意されてよいであろう。

人間を理性的・感性的な二重性においてとらえるこの批判的な哲学者は、感性的なものにもそれなりの存在理由を認めている。すなわちカントは、(自己の状態の満足としての) 幸福の希求を人性の自然の要求として認めているのであって、その点いわゆる禁欲主義者であるわけではない。

カントが感性的なものに対して抑止的となるのは、それが「原理」となることに対してなのである。したがってカントが否定したのは、幸福の希求一般ではなく、それを原理にすえる「幸福主義」に対してであったということがまず注意されてよいであろう。

したがって、カントの厳しさが発揮されるのも、何よりもこのような原則問題に関してであったといってよいだろう。かの二重性にあっては理性的なもの（徳）が原理的なものとして優先されなければならない、というのがカントの考えであり、そこで、徳に反する仕方でえられたような幸福は本来不当なものであるとされる。その意味では徳は、人が「幸福であるに値する」ための条件であるともいわれるのである。しかしこの原理的なものの優先のもとでなら、幸福の希求は認められるのであり、それどころか、ある意味では義務でさえありうる。すなわちカントはその徳論で、「同時に義務であるところの目的」として、「自己の完成」と「他人の幸福」とを挙げているのである(3)。

ここでその徳論について瞥見しておこう。（法義務と区別された）徳義務は、自己自身に対するものと他人に対するものとに分けられ、そのそれぞれについて、（必ずなすべき）完全義務と、（なさなくとも悪にはならないが、なすことでメリットが認められる）不完全義務とが挙げられる。

道徳的存在者としての自己自身に対する完全義務としては、たとえば「虚言」や「卑屈」が戒められる。自己の人格における尊厳を自ら貶めるものだからである。同様に、他人に対しては、「高慢」や「嘲弄」の態度が戒められる。他人の人格における尊厳への敬意を失ったものだからである。なおカントは、動物的存在者としての自己自身に対する完全義務として、たとえば「自殺」を戒めている。内に尊厳を秘める人格が宿るその生命を任意な目的のための手段として扱うことは、かの尊厳そのものを貶める所以とみなされるからである。

自己自身に対する不完全義務としては、上記のように自己の（心身の諸能力に関する）自然的完成への義務と、自己の道徳的完成への義務が挙げられ、また他人に対しては、（その幸福のための）――「同情」や「親切」等の――実践的な「愛」の義務が挙げられ、さらには愛と（尊）敬との結合としての「友情」の義務が挙げられている。

ここで注目されるのは、自己の道徳的完成への義務が不完全義務とされていることである。のちにもふれるように、徳の確立は実践理性にとって本質的な課題であって、その意味ではこれに向かって「努力する」ことは「質において完全な義務」である。しかし（この人生において）それを「達成する」ことは――この「有限な理性者」にとっては――そうではない。したがって「程度においては不完全な義務」なのである。ここには、（純粋さと完全さに関しての）「人間の弱さ」とともに、「自由な選択意志の遵守励行の余地」が――その「実現の功績性」とともに――見込まれている(4)。この意味でも、カントは単純な「厳格主義者」ではないのである。

なお、先にふれた「自殺」の問題は、現今ならばいわゆる「安楽死」や「尊厳死」の問題と関わってくるであろう。カント的には、それは決疑論的（kasuistisch）な限界問題の一つというべきかもしれない。いずれにしても、これもまた、「尊厳」の思想の〈原則〉的意義を十分汲みとった上での思慮深さが問われるところであるといえよう。

5　最高善と理性信仰――奥底

カントは、先にもふれたように、理論哲学の最後で無制約的なものの（三つの）理念を扱っているが、実践哲学の場合にも、最後にその種の理念をとりあげている。それが「最高善」論である。最高善には二種類ある。一つは無上の善いもの（最上善）の概念である。それは、先に「善い意志」といわれ、さらには「自律としての自由」といわれたものの延長線上にみてとることができるであろう。（「闘いのうちにある道徳的心術」としての）徳の成就、意志と道徳律との完全な一致としての「神聖性」の達成がそれである。しかしこれは、理性的・感性的なこの「有限な理性者」にとっては無限の課題であって、その限られた人生においては達成不可能なものである。ここにおいて「永生（不死）」の理念が要請されることになる。しかしそれは今、あくまでも実践的主体的に理解されるべきものであろう。その意味では、人は本質的には、死に至るまで――あるいは死に際してすら――道徳的精進の努力を止めるべきではない、ということである。

ところでいま一つの最高善の概念とは、その徳の成就に加えての幸福の成就、すなわち「よいもの」の究極の達成（完全善）たる「徳福の一致」そのものである。徳は「幸福に値する」ことの条件であった。そこで、その条件が充たされるならば、「幸福に値する」だけでなく、現にその幸福が与えられるのでなければならない、とされるのである。

ところで幸福というものが、「彼の存在の全体においてすべてが意のままになるような（世界における）状態」だとすれば、「徳福の一致」ということは、「自然と彼の意志の規定根拠との合致」に基づくといわねばならない。しかしそれは現実には到底期待できない。徳の命令はそのような合致とは無関係になされ、行為者はまた、自分の力でよく自然を動かすことができないからである。そこでかの合致が達成されるためには、「道徳的心術に合致した因果性をもつ自然の最高原因」、すなわち「道徳的世界支配者」としての「神」の存在が要請されることになる。こうして、完全善を求める理性の要求は、必然的に神の存在の要請へ、神の存在の（実践的な）理性信仰へと導くのである。

理論理性では（客体的に）確認できなかった三つの理念は、実践理性では、まず「自由」が、それをふまえて「（魂の）永生」と「神の存在」が（主体的に）確認されることになる。いわゆる「実践理性の（理論理性に対する）優位」がここに確立されるのである。

さてこうして、道徳的活動に加えて神の存在がみられてくる。「すべての義務を神の命令として認めること」が宗教の立場だとすれば、しかしここでみられるものは、神の命令が優先する啓示宗教のそれではない。「われわれがある行為を為さねばならぬと考えるのは、それが神の命令だからではない。そうではなくて、われわれの心がそれを為さねばならぬと感じるが故に、これを神の命令であると考えるのである」という(5)、理性宗教の立場である。したがってそれは、近代的な〈自律の自由〉とは抵触せず、しかもそれをひそかに背後から支えるものなのである。

人間は理性的感性的な「有限的な理性者」である。理性的な「自律」が原理的に優先するかぎり、徳はあくまでも徳自身として求められるべきであって、福のために求められるわけではない。それにもかかわらず、悪徳な者が栄えて有徳な者が不幸であるのはふさわしいことではない。ここにおいて徳の追求が究極的には何らかのふさわしい事態をえることが求められ、そのことの支えが求められる。そこに「道徳的世界支配者」の存在が、道徳的な実践の足下にあって、実践的に信仰されるのである。先の「魂の永生」のそれといい、この「神の存在」のそれといい、実践理性の要請としてのこのような理性信仰は、この「有限的な」理性の立場を支えるその〈奥底〉ともいうべきものを窺わせる。しかしそれは単純に、この理性の立場が最後にその種の実質的なものに己が立場の支えを求めた、というように解すべきものではないだろう。むしろ、理性的な実践の立場から「要請」されたその理性的な信仰は、「有限的な理性者」が、その有限的な心情の側面に応え、その意味でそれを暗黙の支えとうけとめながら、己が「限界内」で〈自律としての自由〉の態度をあくまで堅持してゆく、その態度の徹底の表明とでもいうべきものと思われる。

6　道徳的目的論——広がり

人間は理性的感性的な存在者として、これを全体的にみれば、英知的な理念の世界とともに感性的な自然の世界に属しているとみることができる。このような面での〈関係づけ〉の問題が、第三批判(『判断力批判』)、とりわけそこでの「目的論」の問題となる。

現象としての自然の世界には機械論的な因果性が支配しているが、人はまたそこにある種の合目的性の現象をみてとることも可能である。現に生命体には、生のための内的な合目的性がみられる。それならば、全体としての自然にも——内的ではないにしても——何らかの外的な合目的性がみられるのではないかと考えられる。その場合、そのような目的論的な体系性の究極にあるもの、「究極目的」となるものは、もはや他のものの手段とはならない目的そのもの、自己目的なものでなければならない。それは、あの尊厳をもつ「道徳的存在者としての人間」にほかならないであろう。こうしてこの目的論は、「道徳的目的論」の性格をもつ。ここにカント倫理思想の世界観的広がりが現われるのである。

もっともこれは元来「本体人」としての人間であるから、その点現象としての自然を超えているといえる。そこで、自然そのもののうちでの目的論的連関は、この「究極目的《エントツヴェック》」たるためになさねばならぬことへと人間を「準備」させるものとしての、そのような「自然の（うちなる）最終目的《レッター・ツヴェック》」へと向かうものとされるのである。

そしてそれは、「己が自由な目的一般の格律にしたがって自然を手段として用いる有能性」という条件、換言すれば、「任意の目的一般に対する理性的存在者の有能性を産み出すこと」としての「文化《クルトゥーア》」（開化）にほかならないとされる。それこそ、かの（自律における）自由の自発性・能動性の現実化の根拠となりうるものなのである。

この「文化」（開化）の意味は、まずは技術的な練達性の開化であるとともに、また、すぐれて文化的な訓育（ないし陶冶）の開化でもある。そこに趣味・芸術や学問の部面での開化がある。それらは、人間を直接道徳的に改善するものではないまでも、少なくとも人間を教化するという意味では、究極目的への「準備」に資するものとみられるのである。

しかしこの際とくに注目されるのは、カントの歴史観にみられる社会的な〈公民化〉ともいうべきその種の開化のはたらきである。人類は種々の「敵対関係《アンタゴニスムス》」を通し、その際の「非社交的な社交性」を通して、結果的に種々の開化の歩みを示すが、それは同時に、社会的な「自然状態」から、合法的な秩序づけにおける「法治状態」への漸進的な歩みをも示すのである。このような歴史の歩みは、それぞれの国家における合法的秩序の確立へと向かうが、大局的にはまた、その上に「世界公民的状態」の達成をも志向するものとして、その合法的共和的な国際的連合において、「永久平和」の理念を望見させるのである。

道徳的人格の本質的な共同（「目的の国」）が内なる英知的理念とすれば、この世界公民的な共和的共同は、これに対応する外的な現象的理念といってよいであろう。しかも「永久平和」にみられる戦争の否定は、本来それ自身道徳的な主張である以上、「道徳的目的論」は、ここにその面目をあらわすことになるわけである。

7　カント倫理思想の理解

先にみたように、カントの倫理思想には、近代的な市民的自由の理念が貫いている。現代が一つには近代と連なる展開の意味をもっているかぎり、カントの思想がいまなお基本的な意味をもつものとして学ばれるのは理由あることだといえよう。

しかし反面、カントの思想が近代的なものの典型であればあるだけ、近代と相違するものとしてのその種の現代の立場から、しばしば批判が投げかけられるのも、それなりに理由をもつとされよう。

ただそのような場合、カント特有の理性の思想が、きわめて単純化され硬直化された形でうけとられ批評し去られることが少なくない。カントにおいて、近代的な理性の思想がその本質に属していることは確かだとしても、その際それは人間的な内実をもち、かつは批判的な思慮の上で堅持されているのだということが見失われてはならないであろう。

なおいま一つ注意されてよいことは、その思想の核心には、形而上学を客体的な面から主体的な面に移したあの思想上の原理的な転換が生きているということである。現代の思想のうちには、こうした主体面での深みをさらに推し進める動きもみられるが、その種の動向の道を大きく拓いた点で、カントがすぐれた先達の位置にあることは、忘れられてはならないところであろう。その意味では、深められあるいは広げられた現代の視点から、「人格」における尊厳の思想に基づいた、この批判的な「主体」の倫理を、それ自身批判的にうけとめつつ学びとることは、意義あることといえるであろう。

（1）通常「尊敬」は人に対して抱かれる。しかしカントによれば、それも、その人が道徳法則（道徳律）を体現しているからこそなのである。したがって、「尊敬」は本来道徳法則へのそれであるとされる。

（2）そこで、あの道徳の根本法式も、自律―自己立法―という見地から、改めて次のように表わすことができる。「汝の意志の格律がつねに同時に普遍的な立法の原理とみなされうるように行為せよ」と。

（3）それに対し、「自己の幸福」は自然に求められるところであるから義務とする必要はなく、「他者の自己完成」は他者自身の問題であって、自己が義務とすべきものではないとされる。

（4）『道徳（人倫）の形而上学』、第二部「徳論の形而上学的原理」第二一、二二節、および徳論への序論Ⅶおよび Ⅷ参照。

（5）第一批判、第一版八一九頁＝第二版八四七頁。

参考文献

浜田義文『カント倫理学の成立』、勁草書房。
カウルバッハ（井上昌計訳）『イマヌエル・カント』、理想社。
高坂正顕『カント』（高坂正顕著作集第二巻）、理想社。
和辻哲郎『カント実践理性批判』（和辻哲郎全集第九巻）、岩波書店。
小倉志祥『カントの倫理思想』、東京大学出版会。

（伴）

二　人倫の倫理 ——ヘーゲル

1　ヘーゲルにおける倫理思想——人倫の倫理

カントには『道徳形而上学の基礎づけ』や『実践理性批判』などいくつかの倫理学の著作がある。これに対しヘーゲルには、『精神現象学』や『精神哲学』、あるいは『法の哲学』はあっても、純然たる倫理学の著作は見あたらないように思える。では果たして「ヘーゲル哲学に倫理なし」と断じてよいだろうか。

だが周知のように、カントとヘーゲルとは——古代のプラトンとアリストテレスのように——非常に対照的なタイプの思想家である。したがって今、カントにみるような種類の倫理学を倫理学そのものとみる場合には上記のような印象をうけるとしても、ヘーゲルの場合にはそれとは別のタイプの倫理学があるとすれば、事情は異なってくるであろう。では事態はどうであるか。

カントの場合は、個々の人間の内にひめられた尊厳の発見がその倫理思想の原点ともいえるものであった。ヘーゲルの場合、その出発点はかなり相違しているようにみえる。

ヘーゲルの最初期に属するものに、(大学卒業の前後にわたる執筆と推定される)『民族宗教とキリスト教』といわれる未定稿の論稿があるが、そこでは、「私的宗教」としてのキリスト教に対して、「公的宗教」としての民族宗教が――古代ギリシアのそれを範として――力説されている。このようにヘーゲルの場合は、その当初から、個人よりはむしろ「民族」という全体的なものが関心の対象となっているとみられるのである。

　大学卒業後しばらく家庭教師時代をおくったヘーゲルは、やがて（一八〇一年）イエナ大学の教壇に立つことになる。ここで注目されるのが、就任後間もなく自然法の講義に関連して彼が『自然法の学的取り扱い方について』という論文と、『人倫の体系』といわれる未定稿の草稿とを書いていること、そこで「絶対的人倫」という概念のもとに、一種の「人倫」の哲学が述べられていることである。すなわちここでは、かつての「民族宗教」論と同様の、ある全体的なもの、生の共同が、しかも「倫理」と関連した形で、主題的となっているのである。

　元来〈Sitte〉とは、習俗――ないしはその種の掟――として、一種の社会規範を意味しており、そこで〈Sittlichkeit〉とは、いわゆる「良風美俗」や「風儀」「風紀」の意味を含めて、広く「徳義（性）」、「道徳（性）」、「道義（性）」としての社会的な規範性を意味する。だがヘーゲルの場合の〈Sittlichkeit〉（人倫）には、上記のように、そのような規範性を内蔵した生の共同そのものを指すところがある（人倫は、イエナ期の『人倫の体系』では、「絶対的人倫」、「相対的人倫」、「粗野な（原始的）人倫」等の形で規定されているが、晩年の『法の哲学』などでは、「家族」、「市民社会」、「国家」の三形態として規定されている）。ここに特有のものがある。うちみたところその「人倫」の哲学は、人間の生の共同の諸様態を論じた単なる社会哲学のようにみえる。しかし、それが主体としての人間の生きた共同であるかぎり、そこには同時に「人倫の理法」としての道義性が含まれており、その意味で一種の倫理性が含まれているとみることができるのである。

しかしこの倫理性は、カントの場合のそれとは異なっている。カントの倫理が、人格としての個的主体を基盤とするものであるとすれば、このヘーゲルの場合は、そのような主体相互にわたる社会的な生の共同を基盤とする社会的客観的な倫理という性格をもっている。その意味では前者を〈主体倫理〉、後者を〈客観倫理〉とよぶことができるであろう。こうして今、両者の倫理思想は、まさに対照的に特徴づけられるのである(1)。

なおイエナ期のヘーゲルは、前記の二論文のあと、彼の哲学体系の樹立に向かうことになるが、それとともに「人倫」の哲学は、その体系中の「精神哲学」のうちに――(これにも種々の変遷があるが最終的には)「客観的精神」論として――組み込まれるようになる。その部分を敷衍し拡大したものがのちの『法の哲学』である。したがってそこに、ヘーゲル特有の――〈客観倫理〉の――倫理思想をみることができるわけである。

しかしその内容に入るに先立って、その倫理思想を述べる場合にはたらいている、ヘーゲル特有の思考方法（論理）について瞥見しておきたいと思う。

2　弁証法の論理――ヘーゲルの思考法

ヘーゲルの場合、いわゆる「弁証法」の論理でその思想を展開していることは周知のとおりである。

それは——あえて図式化していえば——定立、反定立、綜合という、あるいは、即自（an sich）、対自（für sich）即自かつ対自（an und für sich）という形で[2]、動的・発展的な綜合の論理として展開される[3]。たとえば、「絶対」というものを考える場合、「絶対」は「絶対」であって「相対」ではないと考えるのが、通常の思考法である。これを換言すれば、「絶対」というものがそのものとして（即自的に）定立され、それを（対自的に）反省することによって、その「絶対」を「相対ではない」と規定する。この場合この規定は、先の（即自的な）定立をそのまま言い換えたにすぎないものと考えられている。つまり「絶対は絶対であって相対ではない」というわけである。

しかし事態は果たしてそうか、と弁証法論者は反問する。「絶対」は「相対でない」として「相対」から己れを区別することによって、実は「相対」と区別され、それと対立する一つの「相対」となっているではないか、というのである。こうして、（即自的）定立と同じはずのものであった「絶対は相対でない」という命題は、「絶対は（一つの）相対である」という逆の命題、反定立に移行する。

そこで、弁証法論者によれば、「絶対」の真実態は、狭義の「絶対」に止まることなく、それに対立する「相対」をも併せもつところに、その両者の綜合にこそあるということになる。換言すれば、＜対自＞と＜対他＞とは裏腹なのであって、「それではない」とされる（対立する）他者も、実は（そういう形で自己の本質を構成するものとして）自己であるというようにして、その対立性をも自覚的・媒介的に摂取・統一するとき、真のそれ自身となることができるのである。この対立状態の否定により、より高い次元において自他の本質を保持する、この綜合のはたらきを「止揚」（aufheben）という。ここに、即自と対自（および対他）との統一、あるいは対自（および対他）の媒介を経たより高い真実のそのものとして、即自かつ対自の段階というものが成立するのである。

こうして達成されたものは、対立する両者の綜合として、一種の普遍的・全体的なものであるといえるだろう。ただしこの場合の普遍的・全体的なものとは、多なる特殊的・部分的なものと単に区別された抽象的あるいは直接的なそれではなく、そうした特殊的・部分的なものに即しつつ自らを展開し、それらの止揚において自らを顕わす、そのような動的・発展的である具体的な普遍であり全体であるだろう。その意味では弁証法の論理とは、真の全体が己れ自身を自覚的に顕わすそのような論理であるといえるのである。

反省以前の即自的な事態から、対自的な反省における分裂・対立を経て、その綜合として真実の事態を一なる全体において自覚するこの自覚の論理の、その基体たり主体たるものは、すぐれて自覚的な存在として「精神」とよばれる。その意味では、ヘーゲルにおける弁証法の論理とは、真に全一な（絶対的な）精神が己れ自身を自覚するそのような自覚の論理である、ということができるであろう。

3　「人倫」への展開——法・道徳性・人倫

ドイツ語で〈Geist〉とは「精神」の意味であるが、それは必ずしも個人の精神にとどまらず、〈Volksgeist〉（民族精神）というように、一種全体的な客観的な精神としても用いられる。そこでヘーゲルはその「精神哲学」のうちで、はじめに「主観的精神」を論じ、次に「客観的精神」を論じている。先述のように、ヘーゲル的な意味で「倫理」というものが考えられる場は、この「客観的精神」であるといえるのである。

このようなヘーゲル的見地からすれば、「倫理」は、精神の事柄ではあっても、単なる個人の精神にとどまるものではなく、本来「人倫」の理法としてそのような個人の主観的な精神を超える客観的な精神に根ざしており、それだからこそその個人の精神において普遍的な「理法」的なものとしてはたらき、「規範」的な意味でうけとられもするのだということになるであろう。

ところで「人倫」は、家族や国家という形で現実に具体的なものとして存在している。しかしこの「人倫」のそれたる所以、すなわちこの〈具体的〉なものの存在意義、その真理性を理解しうるためには、まず〈抽象的〉なものから始めてその〈具体的〉なものへと、弁証法的に順次理解を進めて行かねばならない。それが上にみたようにヘーゲル特有の考え方なのである。そこでヘーゲルは、まず「抽象法」から説きおこし、次に「道徳性」を論じた上で、「人倫」に及んでいる。この場合、「人倫」以前のその部分も、客観的精神の考察である以上、このヘーゲル的な客観倫理の見地からすれば、広義の「倫理」の考察に属するといってよいであろう。

1　法　精神の本質は自由であるが、この客観的精神にあってはその自由も客観的なものとなる。それが「法《レヒト》」(Recht)である。ただしこれはまだ「抽象的な法《レヒト》」(プリミティヴなものとしての自然法)であって、「制定《ゲゼッツ》された法」(Gesetz)ではない。すなわちここでとりあげられるのは、客体的な物件に関する個人の原初的な「権利《レヒト》」(Recht)である「所有権」という形での法である。ここでは個人の（意志の）自由は、まだ外的客体的な物件の占有という形でしか客観化されていない。

この権利の主張は、現実には他の個人に対して行われる。こうしてその権利の個人間における承認は「契約」の形をとることになる。これは一種の自由の社会的客観化ということができよう。その意味でこの契約を守ることは、未だ原初的な形ではあれ、広義における人倫の理法といってよいのである。

しかしこの抽象的観念的な法（権利）は、現実には容易に破られうる。そこに「不法」としての「犯罪」が生まれる。この個別的意志による普遍的意志としての法の否定（侵犯）に対して、この普遍的なものは、それをさらに否定することによってその普遍性を回復し維持しなければならない。それが——報復としての——「刑罰」である。（しかしこの報復が単なる復讐の悪無限に堕さぬためには、より高次の立場への進展が要請される。）

2　道徳性　意志はこの否定の否定という反照的運動において反省的なものとなっている。そしてこれが、主体の反省的対自的な意志において現に定立されるとき、それが「道徳性」である。こうして外的客観的な法は内的主体的な道徳法（道徳律）となり、意志の自由も内的な道徳的自由となる。この対自的見地では——行為において——何よりも内的な（当の意志の）「企図」こそが自己のものであり、その責任を問われうるもの、「責め」あるものとされる。それが内的な心術道徳の見地なのである。

ところで行為は目的をもつ。そして大局的に見通すならば、それぞれの行為の目的とするものは他の目的をもつ行為の手段となるという広範な行為連関がみてとれるであろう。そこで行為者が思惟する者である以上、企図《フォアザッツ》は、最終的な目的をめざすそのような「意図《アプジヒト》」に連なるべきものとされる。ではそのような目的とは何かといえば、それは反省されたよきものとしての「福祉」であり、さらには

（普遍的・全体的なものとしては）万人の福祉であるとされる――ただしそれはまたそれ自身空虚な規定でもある。

その点真に究極的な目的とされるのは（道徳的）「善」であるだろう。しかし、この内的理念的なものの徹底とともに、主観的なものと客観的なものとの矛盾も顕らかとなってくる。義務とされるものの間の矛盾――「良心」に善しとされるもの必ずしも客観的な「善」とは限らない。すなわち主観的な自己確信と形式化された客観的理念として、「道徳性」の立場はその抽象性をあらわにするのである。

3　人倫　こうして、対自的内省的な「道徳性」の立場の限界が現われてくる。今や求められるものは「主観的善と客観的善との統一」であり、それがすなわち「人倫」である（『法の哲学』一四一節補遺）。「抽象的な善に代って現われるこの客観的な人倫的なもの（道義的なもの）は、無限的（反照的）な形式としての主観性によって媒介された具体的な実体なのである」（同上一四四節）。観念的な抽象法や、単なる理念としての主観の抱く善とは異なり、いまや理法は、人倫という実体的な生の共同において現実的なものとなっており、善も、この人倫の共同性において、実在する道義性として客観的なものとなっている。ここでは個人の主観における善（徳）も、人倫というこの実体的基盤における客観的な善（道義性）と相俟って、それとの反照的（反省的）な関わりのうちにその内実をえるとともに、そうした実体的心情において、同時にその人倫の共同性に生きた充実を与えるものとなっているのである。これがヘーゲルの抱く「人倫」の概念（本質）であり、またその〈客観倫理〉の発想なのである。

そこで次に、その「人倫」の倫理の展開を概観してみたい。

4 「人倫」の展開――家族・市民社会・国家

人倫も弁証法的な理法（論理）に即して展開するが、そこにまたこの場合の「倫理」観もあることになる。その展開は、「家族」、「市民社会」、「国家」という形をとるが、そのそれぞれの人倫の論理的な（理法上の）本質は、（即自的な）普遍性、（対自的な）特殊性、（即自かつ対自的な）（総体性をふまえた）個体性という形でとらえられるのである。

なお、人倫は「客観的善（道義性）」と「主観的善（徳）」との統一である以上、人倫の展開のそれぞれの段階に応じて、それぞれの徳がみられることになる。

1 家族

家族は即自的な人倫である。その本質は即自的な普遍性であり、したがってそこでは直接的・自然的な形の全体性が支配している。事実それは、「婚姻」という両性の結合に始まり、親子という血縁において展開するものである。

家族が、このような自然的な生の共同において、同時に人倫的に端的な普遍性、直接的な全体性においてあるということは、たとえば夫婦関係において一夫一婦制の緊密な一体性が求められるところにみられるとともに、またここでは、法的な（財産の）所有も、「家産」という形で、この人倫の全体性のもとに表象されるというところにもみることができるであろう。

このような端的な普遍性・全体性にこの人倫における倫理的（道義的）なものをみることができる

とするならば、またこれとの照応のうちに、この人倫における成員としての個人の特有の徳も見出されるであろう。それはすなわち「愛」にほかならない。「家族は、精神の直接的な実体性として、その情感的な統一、すなわち愛をその規定としてもっている」(『法の哲学』一五八節)。「愛とは、総じて、私と他者との合一の意識をいう。そこでは私は、私だけで孤立してあるのではなく、私の孤立(対自)存在を放棄することによってのみ私の自己意識をうるのであり、私と他者との合一ならびに他者と私との合一を知るそうした私の自覚によってのみそれをうるのである」(同上一五八節補遺)。

ところで「子供」の出現とともに新たな局面が開けてくる。子供は「愛と信頼と従順」の家族的心情をはぐくむとともに、「自然的直接性から抜け出させて独立性と自由な人格性へと高める」べく「教育」されねばならない。この後者の面に、その対自的な「独立性」と「自由」において次の市民社会を志向し、こうして「家族の自然的統一から出てゆく」、この人倫の即自性を止揚する動きが出てきていることが注目される(同上一七五節)。その点、「子供の教育」におけるこの成長の意味を親も子も正しく理解することが、この場合の人倫の理法にかなうことだといってよいであろう。

子供の成長と親の老化さらには死去とともに、旧い家族は解体し新しい家族が生まれ、こうして家族という人倫はそれ自身を保持するが、ここでは、そのような自然的な「家族の解体」の過程のうちに窺われた、家族一般の止揚における人倫の発展の意味を読むことが肝要である。

2　市民社会　市民社会は対自的な人倫である。その本質は対自的な特殊性にある。すなわち多くの独立した個人(個々の市民)を基本とした生の共同が、市民社会というものなのである。

人間はそれぞれその欲求をもっている。その多様な欲求は、実際には、多くの(他の)人々の労働の所産である各種の財物によって充足されることになる。すなわち独立人として、人は自己の労働の所産を――貨幣を媒介として――相互に交換することによって、それぞれの欲求を充足する。このような「欲求の体系」こそ、市民社会の本質なのである。

ところでこの市民社会の実体的な基礎は、独立した多くの個人（市民）であり、その意味で特殊的なものであるが、市民社会というこの種の生の共同としては、人倫としてのこの客観的な精神としては、それは何らか客観的・普遍的なものでなければならないであろう。ただし、対自的な特殊性を原理とするこの段階では、それはあくまでも「形式的な普遍性」でしかないが、しかしその世界ではたらく人倫の理法を見定める上で、この普遍的なものは、見落とされてはならないであろう。

この形式的な普遍性は、即自的直接的には、相互依存的な「欲求の体系」という経済的な形態で見出されるが、対自的反省的に定立された場合には、法の形態をとる。この法は、かの「抽象法《レヒト》」（自然法）とは異なり、現実に定立され実効的となった「制定法《ゲゼッツ》」（実定法）である。こうして今や、市民における権利《レヒト》は、この法《ゲゼッツ》のもとに――「裁判」という形で――社会的な保証をうけ庇護をうける。それが「司法《レヒツプフレーゲ》」（Rechtspflege（法（権利）の世話））というものである。司法活動は普遍的なものとして公開的でなければならない。ここではまた、不法（犯罪）は社会の法秩序の侵害として危険なものとみなされるが、それに対する刑罰は社会の状態に対応して定まる。社会の動揺期にはみせしめの重罰が多いが、社会の安定性が増すとともに――不法は個別的偶然的なものとされ――緩められる傾向をもつのである。

かの普遍的なものは、さらに即自かつ対自的に社会的形態でとらえられる場合には、「福祉行政」

(Polizei) となり「職業団体」となる。〈Polizei〉は今日では警察を意味するが、このヘーゲルの場合には、警察をはじめ、教育、社会衛生、救貧活動等々、市民の福祉を守るための社会的な現実の諸活動・諸対策を含んでいる。そしてこれは、次の「職業団体」では一層現実的となり、かつは実体的なものとなる。それはその成員に生活への配慮と保証を与えるとともに、また社会的な承認と階層的な誇りをも与える。そこでヘーゲルはいう。「婚姻の神聖と職業団体における誇りとは、市民社会の無秩序がそれを軸として回転する二つの契機である」(同上二五五節)と。

市民社会における上記の普遍性にそこでの倫理的(道義的)なものが含まれているとするならば、これに照応する個人の徳は「実直さ《レヒトシャッフェンハイト》(律義さ)」である。この社会で個人が現実性をうるのは、彼がその職業により欲求の体系のうちで一定の特殊的領域に自らを限定し、その活動と勤勉と技能を通してこの社会のある契機の成員となり、そうした成員として身を持することによるのである。そして社会の普遍的なものとのこのような現実的な関わりの(自他の)表象に、かの階層的な誇り(栄誉)も生ずるのである(同上二〇七節)。

それにしても、先にみられた市民社会のその結実(職業団体)は、同時に人倫の新たな発展の段階を予示するものといってよいであろう。市民社会における第二の家族といわれるそのものの登場は、この二つの人倫の全き統一にこそ真実の人倫があることを物語るものだろうからである。ここにおいてたち現われるのが、「国家」にほかならない。

3　国家　国家は即自かつ対自的な人倫である。それは「自己意識的な人倫的実体であって、家族の原理と市民社会の原理の統一」なのである(『エンチュクロペディー』五三五節)。

「したがって国家は――政治上――次のような実体的な区別項に区分される。
a　普遍的なものを規定し確立する権力である、立法権。
b　特殊的領域や個別的事件を普遍的なものの下に包摂する権力である、統治権。
c　最終的な意志決定を行なう主体性の権力である、君主権。――区別された諸権力はこれにおいて個体的統一へと総括される。したがってこの君主権は、立憲君主制なる全体の頂点であり起点である」（『法の哲学』二七三節）。

それゆえ国家の論理的本質は、総体性をふまえた個体性ということができるであろう。本来の国家は、単に個々の市民に奉仕するだけの存在ではなく、市民社会のような「外的国家」ではない。国家は、それ自身に主権をもつ有機的な統一ある全体であって、そのようなものとしてこそまた国民の利益を実効的に護るものでもありうる、とされるのである。

その国家の個体的統一性が顕現するのは（後出のように）とくに対外主権においてである。国内的には君主権は、本来象徴的な権威としてあるべきものなのである。したがって「君主は（単なる個人的）恣意をもって振舞ってはならない。むしろ君主は会議の具体的内容に拘束されるのであって、もしも憲政が確立している場合には、君主は署名する以外にはなすべきことがない。とはいえこの名前が重要であって、それは越えることのできない頂点なのである」（同上二七九節補遺）。

『人倫の体系』の表現を借りるならば、この至高の権威におけるいわば＜絶対的統治＞の下で、実務上は、立憲的な＜普遍的統治＞ともいうべきものが、三つの階層の動的な相互連関において行われる。

行政権に相当する統治権は、国家の普遍的利益をはかることを職務とする「普遍的階層」に属する官僚たちの、行政組織において行使される（なお、司法権も福祉行政権（警察権）も、この統治権に属する）。ヘーゲルは、君主と国民大衆との「中間階層」をなすこの部分を――「国家の柱石」として――重視し、「教養ある知性と法意識」にすぐれた、開明された官僚階層をここに期待している（同上二九七節）。

立法権を行使する国会は二院制をなし、各種の商工業部面の職業団体――「実業的階層」――の代表者からなる下院は、時勢を反映する動的な役割をなし、農業部面に基づく「実体的階層」の代表者（土地貴族）からなる上院は、これをチェックする保守的な役割をなすものとされる。（因みにここで「世論」にふれれば、世論は、つねに大きな力であったし、主観的自由の原理が重きをなす当代ではとくに然りである。当今通用すべきものは、権力でも慣習でもなく、実に識見と根拠である。世論における時代の本質的な要求を――非本質的な喧騒にまどわされることなく――とりあげ成就するのが「偉大な人物（為政者）」の仕事であるとされる）。

さて以上のような「国家」において、これに照応する個人の徳は「愛国心《パトリオティスムス》」（祖国愛）である。「愛国心というとしばしば、並外れた献身や行為にかりたてられる気持とだけ解されがちだが、しかし本質的には、愛国心とは、平生の状態や生活関係において、当の共同体を自己の実体的な基礎や目的と心得るようになりきっているそのような心情なのである」。それは「一般に信頼（そしてそれは多かれ少なかれ教養につちかわれた識見へと移行しうるものだが）であって、私の実体的で特殊的な利益がある他者（ここでは国家）の利益と目的のうちに、すなわち個別者としての私に対するこの他者の関わりのうちに、含まれ保持されているという意識なのである。こうしてまさに当の他者（国家）は、すなわち私にとって他者ではなくなり、私は、このような意識のうちで（真に）自由となるのである」。このような愛国心は、「理性的なものが現実的となったそのような国家のうちに存するもろもろの制度から生ずるものであって、それらの制度にふさわしい行為によって実証されるものである」（同上二六八節）(4)。その意味でこの徳は、先にみた二つの人倫における徳（愛と実直さ）の綜合ともいうべきものとして、いわば完成された人倫的心情といったものに相当しているとみられるのである。

4　国際世界　対外主権――国家の個体性は、他の国家と対するときに顕らかとなる。君主権の個体性がこれに基づくこと先記のとおりである。この国家の個体性はすなわちその独立性であり、そこに国民の第一の自由があり、最高の誇りがあるとされる。この防衛は国民の義務であるが、とくにこの部面をその職分とするのが、普遍的階層に属する軍人階層である。その際の徳は「勇気」であるが、それは、単なる個人的な大胆さにとどまらず、むしろ「普遍的なものの秩序にしたがう」その人倫的な心情の強さにこそあるというべきなのである（同上三二七節補遺）。

国際法――国際世界では、特殊的意志としての諸国家が相対する。この世界に大法官は存在せず、国際法は〈当為〉としてそれぞれの特殊的意志にその遵守を要望するにとどまる。ただ、戦時にも残る一つの絆は、使者や捕虜の扱いにみるその種の国家間の相互承認のモラルであるが、それも現実には、当事国自身の習俗《ジッテ》に基づくのである。

世界史――国家が現実の最高の人倫であり、これを裁く現実の大法官は存しないとすれば、最終の裁きは、諸国家の織りなす歴史にあることになる。世界史《ヴェルトゲシヒテ》は世界法廷《ヴェルトゲリヒト》なのである。こうして、そこで裁くものはつまりは「世界精神」ということになる。ここにおいて客観的精神は、自らを止揚して、絶対的精神の次元を開くことになるのである。

5　主体倫理と客観倫理――ヘーゲル倫理思想の理解

先にみたカントの倫理思想が、「人格」の概念で代表されるような個的主体としての人間を基本とし、その内なる本来の自己による自律をもって当の主体倫理の本旨とするのに対して、このヘーゲルの倫理思想は、その人間の社会的客観的な現実の場としての「人倫」を基本とし、その本質における理法をもって当の客観倫理の本旨としている。

このような形で人間の社会的な在り様に視点を移す結果、ヘーゲルの場合、その所論が多分に社会哲学的な形をとっていること、また具体的現実的であろうとするだけに、その所論の諸処に、時代の歴史的な様相と制約が強く刻印されてみえることも事実である。しかし、それなりに「倫理」の視界を変じ拡大したそのことの意義は大きいといってよいだろう。倫理を個人の心術の問題に限るときには、人倫的な場の相違は単に法的ないし社会的な外的与件のようにみられがちである。しかしそれぞれの「人倫」に応じて、倫理にも種々の様態があり、またその相互の関係の問題もあるという形でその視界をもつことは、「倫理」というものをより具体的に見定める上で意義あることといえるであろう。

しかし反面、ヘーゲルに強くみられる＜現実的な理念＞の思想が、とかく現実肯定的な色彩を強くする傾向をもっていることは否定できない。それに加えて、現実における最高の人倫としての国家の意義が強調されるところは、（それが単純な国家主義ではないことを理解したとしてもなお全体として）その有機的全体性のもとに、個人の権利に対する抑圧の面に傾く可能性があることも、否定しがたいところであるといえよう。

その意味では、主体倫理の内的な原理的徹底性は、このような客観倫理の種的な普遍性に対して、いわば類的な普遍性の世界を開くことによって、一種の批判的抑制的な意義をもつものかと思われる。すなわち、主体倫理の徹底性と客観倫理の現実性は、互いに相補的にはたらくことによって、同時に前者の抽象性と後者の閉鎖性を是正することにもなりうるものと思われるのである。その点、それぞれの意義と問題性に批判的でありつつ、その綜合の方向をめざすことが、一つの課題となっているといってよいであろう。

（1）通常は「主観」と「客観」、または「主体」と「客体」という形で対比されるが、ここではあえて「主体倫理」と「客観倫理」とした。「主観倫理」としなかったのは、それでは一つには意識主観の内でのものという点に傾き、この場合の意志の実践的主体的な意味合いが十分に出ないおそれがあることと、二つには「主観的」という表現のもつ一種の貶めた意味合いが付着しがちなので、これを避けたかったためである。他方「客観倫理」では、その単なる「主観的なもの」を超える、人倫的なものの社会的客観的な存立、その統一性を挙示しようとした。これを「客体倫理」としなかったのは、「客体」という表現が、物体的実体のもつような自立存在の性格を表わしがちなだけに、人倫的なものの客観的統一性を表わすのに不適当と思われたからである。（事実、ヘーゲルの〈objektiver Geist〉は一般に「客観的精神」と訳され、「客体的」とは訳されない）。そこであえて「主体倫理」と「客観倫理」として、この場合の相互の独自の観点を対照的に表わそうとしたわけである。

（2）「対自」でなく「向自」とする訳もある。その場合は、「対他」も「向他」となる。

（3）　この点でも、カントの「批判的方法」の分析的分別的な論理と対照的である。
（4）　このような意味では、「愛国心」は本来日常的なものであり、それは過大であっても過小であってもならないものといえよう。

参考文献

クーノ・フィッシャー（玉井茂・将積茂訳）『ヘーゲルの精神哲学・歴史哲学』、勁草書房。

マンフレッド・リーデル（清水正徳・山本道雄訳）『ヘーゲル法哲学――その成立と構造』、福村出版。

ウォルシュ（田中芳美訳）『ヘーゲル倫理学』、法律文化社。

金子武蔵『ヘーゲルの国家観』、岩波書店。

樫山欽四郎『ヘーゲル精神現象学の研究』、創文社。


（伴）

第二章　近現代における市民社会の倫理

　現代社会の実質的な出立点である近代市民社会は、自由にして独立なる市民とその資本主義的経済関係とを基盤とする社会である。それはまた、歴史的には、中世ならびに近代の絶対主義的国家権力からの自立をめざす社会でもあった。

　したがって、このような「市民社会」を、市民（個人）の経済的利益を優先させるというその構造に注目して、「欲望の体系」（ヘーゲル）として捉えることは正しい。だが他方では、その市民社会の倫理は、個人の利益追求が必然的に他者の利益を考慮せざるをえないことを明白に物語っているのである。この、利己性と利他性との調停という古くて新しい問題に、近代市民社会の倫理はどのように具体的に対処しようとしたのであろうか。このことを理解するために、典型的な市民社会を形成したイギリスおよびアメリカの思想家たちに目を向けていくことにしたい。

　中世から近代市民社会への移行をスムーズに実現したイギリスにおいて、その社会への積極的対応を最初に試みたのは、ベンサムであった。彼の快楽主義的功利思想は、その原理と方法の現代性と単純さとのゆえに、社会的実効性を発揮した。しかも、その「功利性の原理」は、個人の幸福追求を第義としながらも、究極的には行為の利他性を要請するという点において、ハチソン、シャフツベリーの「道徳感情」論に連なるとともに、当代のエルヴェシウスの功利思想との明白な相違を物語るものであったのである。

だが、このようなベンサムの思想は、市民社会の構造が複雑化するに伴い、必然的に変質せざるをえなかった。この課題を担ったJ・S・ミルは、ベンサムの功利論の基本的原理は保持しつつも、さらに個人の主体性と尊厳の感情という内的契機を倫理の原理として導入することになる。これによって、彼の思想は、もはや功利思想とは言い難い側面をもつこととなり、むしろその内実においては、伝統的な倫理観への親近性を強めたといえるのである。

さて、アメリカ社会では、南北戦争後の急速な産業の発展に伴い、その伝統にとらわれない風土にプラグマティズムという新たな思想運動が展開した。従来の思想とは異なり、経験を重視し理性や知識をその経験の構成要素とするこの思潮は、まずパースにより論理思想の分野で主張され、ついでW・ジェームズにより心理学・哲学の分野へと展開されていった。さらに、デューイにおいて道具主義（インストウルメンタリズム）へと発展せしめられたプラグマティズムは、行動主義心理学の影響の下に、人間の思考を環境に対応して生きるためのたんなる手段であると主張するに至った。ところで、倫理に関しては、W・ジェームズの「不変的な人間本性」およびデューイの「利他的傾向と利己的傾向とをもつ不変的な人間本性」という観念を通して、社会的自我の実現が主題として扱われた。この自我の実現においては、社会的な諸価値が促進させられるような利他的な行動が個人に要請されるのであった。このように、プラグマティズムの倫理は、行為主体の主体性に重点をおくと同時に、その倫理の規準を社会的自我の実現というわば利他性に基づく自己実現に求めているといえるのである。

以上のように、近代市民社会の主要な倫理思想は、個人をその出発点としながらも、究極的にはその個人の社会的存在としての側面を意識的に強調するに至っている。このように、近代市民社会の倫理が投げかける利己性と利他性との調停の問題は、その社会の延長線上に位置する今日のわれわれにとっても重大な意義をもっているといえるのである。

（関口）

一　社会的幸福の倫理——功利主義

1　功利主義——その意味と成立

「功利主義」は、快楽と苦痛とを人間のあらゆる行為を動機づける唯一の源泉として規定する。あらゆる動機のうちで、ただ快楽と苦痛のみが、われわれが何をなすべきかを指示し、何をするであろうかを根本的に決定する、と主張するのである。そして、この心理法則の基礎のうえに、「功利主義」は行為を評価する客観的基準として「功利性の原理（最大多数の最大幸福）」をたてる。それは、その利益が問題となっている人々の幸福を増大させるようにみえるか、それとも減少させるようにみえるかの傾向によって行為を是認し、または否認する原理である。この原理によれば、あらゆる行為はその結果のもたらすいわば社会的実効性によって評価されることになる。このように、「功利主義」は、一方では、行為の根本動機を快苦という単純な心理法則のみに求めることにおいて決定論的色彩をもち、他方では、その行為を、いわばそれのもたらす社会性によって倫理的に評価しようとすることにおいて結果主義的な色彩をもつといえる。

さて、このような内実をもつ「功利主義」は、おもに十八・九世紀イギリスの市民社会を背景にして、ベンサム、ミル父子によって理論的に形成されたものである。ところで、そもそも「功利性」をその行為の根本動機とする思想は、思想史的には決して目新しいものではなく、その淵源を古代ギリシャにまで遡ることができる。だが、現代の「功利主義」は、「功利性の原理」に表明されている社会性いいかえれば他者への配慮を行為の評価基準とする点において、利己主義的傾向の強い他の「功利」思想とは異なるといえる。では、心理法則と「功利性の原理」とを基礎とするこのような現代の「功利主義」は、道徳論としていったい何を主張するのであろうか。このことを、歴史的な時代状況をふまえて考えてみることにしたい。

中世末期から十七世紀にかけてヨーロッパ経済の大変動と宗教的争乱という大波を乗り切ったイギリスは、スペインやポルトガルに代わる新たな世界史の担い手として輝かしい発展を遂げ、とくに二大政治革命を契機として、その市民社会は順風満帆の状態に入った。このような社会の順調な発展は、それにみあう脱中世的な思想を必然的に要請することとなり、ここに、「大陸合理論」と並び称される「イギリス経験論」という独自の思想的土壌が生まれた。この思潮は、フランシス・ベーコンによって基本的な方向づけがなされた。それは、従来の知識の在り方についての反省に基づく新しい学的方法——実験と観察および帰納法的思惟——と、諸学科の分離・独立の主張である。またこの思潮は、理論と実践との密接な結びつきを意味し、とくに清教徒革命期に対応するホッブスや名誉革命期のロックにみられるように、その哲学倫理思想は、現実の政治社会への積極的な対応を示している。いわば、市民社会のさまざまな発展段階での理論的表現という役割を担っていたといえるのである。このような理論と実践との結びつきは、十八・九世紀にもみてとれる。この二世紀間は、ヨーロッパの産業革命が急速に進展するとともに、他方では、その過程で醸成された諸矛盾が、一八四八年を軸に、ヨーロッパ社会全体を新たな未知の状態へと突入させていく時代でもあった。人間社会のあらゆる分野が強度の政治性を帯びざるをえなくなっていく時代が到来したのである。ところで、輝かしい経済的繁栄を背景とするイギリス市民社会は、進展する時代状況の確実な質的変化に能動的に対応する姿勢をほとんど示さず、その結果、政治的道徳的な腐敗・堕落という内的矛盾を表面化し始めていた。そしてこの諸矛盾の解決に思想的に応えようとしたひとつの試みこそ、ベンサムとミル父子の説く「功利主義」にほかならなかったのである。

2　「功利性の原理」——ベンサム

ジェレミー・ベンサムの生きた時期のイギリスは、すでに述べたように、その繁栄とは裏腹に内政面においてさまざまな矛盾を露呈していた。たとえば、貴族が狩猟中に人を射殺しても罪に問われないが、スリを働いた者は死罪になるという刑法上の極端な不平等が温存されていたのである。このような状況に対して、市民社会の側から、旧来の慣習法に代わり新しい市民社会の法体系と倫理とを要請する気運が高まってきた。ここに、ベンサムの思想の時代的意義があったのである。これによって、ベンサムの思想の目的は、実践的な意味合いを強くもつことになったといえる。それは、「理性と法律の手段によって、幸福の構造を生み出すこと」(『道徳および立法の諸原理序説』第一章』)、すなわち、だれもがひとりとして数えられ、それ以上でもなくそれ以下でもなく、みずからの幸福を追求できる社会構造を理論的に提示することであったと考えられるのである。

彼の思想は、「政治科学と道徳科学の基礎をなす真理を、数学的研究のようにきびしく、比較を絶するほど精密で包括的な研究によって発見せんとする」(同上、序言) その学的方法に発している。このことから、彼にとっては、厳密科学たる道徳科学は、形而上学と宗教の色彩を払拭し、その主観化の傾向（たとえば、道徳感情の存在）を排して、ニュートン物理学のように、人間存在における普遍的で単純な客観的事実に基づかなくてはならないことになる。そのような事実として、ベンサムは、人間の行為を決定する根本的要素としての「快楽」の引力と「苦痛」の斥力とを挙げる。「快楽」の追求と「苦痛」の回避とは、行為の実質的な動機なのである。しかも、彼によれば、その「快楽と苦痛は、それ自体としては、それぞれ善であり悪なのである」(同上、第十章) から、行為には、「それ自体として悪いものであるような、どんな種類の動機も存在しない」(同上) ことになる。たとえば、性的快楽それ自体は、種の保存に不可欠であって、それが非難される理由は、それ自体としてはまったくないといえる(1)。しかしこれでは、快楽（善）を追求する利己心が相対立して、社会状態の存続は不可能となってしまう。そこでベンサムは、行為の意図や動機である快苦の善悪を客観的に評価する基準を「行為の実質的な結果」(同上) に求める。それ自体善ないし悪であるものが、その表現としての結果に基づいて評価されるのである。この点において、彼の倫理説は動機説より結果説の立場に近いといえる。すなわち人間のあらゆる行為の評価は、その客観的（実質的）結果に拠るのであって、行為主体での快苦の感情や内面性に直接的に拠るのではないことになる。ここに、行為の「実質的な結果」を評価する客観的で具体的な基準としての「功利性の原理（最大多数の最大幸福）」が、その根本的な意義を現わしてくる。この原理は、たんに個人にその主観的な快楽の追求を要請するものとしてではなく、快楽追求を意図するその個人の行為を第三者に対して正当化する根拠としても理解されなくてはならないのである。したがって、「功利性の原理」は、「もっとも広範囲の、そして開明的な（すなわちよく熟慮された）慈愛」（同上）といわれるように、社会構成員たる個人に、社会的幸福の増進、言い換えれば社会的苦しみの除去を少しでも図るよう理性的な熟慮を強く要請するのである。だが、この理性的な熟慮について、ベンサムは具体的には述べていない。しかし、理性ないし悟性には「意志の働きを方向づける能力」（同上、序言）があるとされることから、彼の倫理説の最大の特徴である快楽計算の意義をここに見出すことができる（同上、第四章）。それは、主観性の強い快楽をできるかぎり客観的に評価測定しようとするものであり、とくに政策立案にあたる立法者には強く要請されている。その計算は、快楽自体に関する強さ、持続性、確実性または不確実性、遠近性という四項目と、その快楽を結果として生ずる行為に関する多産性（生じる快楽の量）、純粋性（反対感情を生じるかどうか、またその度合い）、範囲（快苦をともにする人数）の三項目との合計七項目に基づいて快楽の価値を測定するものである。だが、ベンサムは、この快楽計算の具体的な適用例を述べていないので、その実際がいかなるものかは判断しにくい。

以上のように、ベンサムにとって、倫理とは「功利性の原理」に基づいて、社会全体に可能な最大量の幸福を生み出すように、人々の行為を指導する術なのであり、その目的はあくまでも「最大多数の最大幸福」実現にある。そしてこの倫理は、具体的には、自己自身に対する義務、すなわち慎慮と、他の人々に関する義務、すなわち他の人々の幸福を減少させまいとする誠実さと、それを増大させようとする慈善の三要素から成ると考えられている。このことから明らかなように、ベンサムの倫理説は、究極的には、各人の人間性の高貴さに期待しているのであって、その原理も義務当為についての定言命法の形式をとることがないのである。

そこでつぎに、こうした観点から、ベンサムのいう外的な「制裁」についてみてみたいと思う（同上、第三章）。

ベンサムによれば、社会を構成する個々人の幸福、すなわち彼らの快楽と安全とが為政者の義務であり、唯一の目的である。他方、個々人は、そのような為政者に依存しているかぎり、みずからの行為をその目的に則って形成しなくてはならない、むしろ形成させられなくてはならないのである。ここに、個々人の行為を最大多数の最大幸福に一致させるよう外部から働きかける力としての「制裁」の意義がある。それは、行為者に外から快苦を与えることによって、行為者を拘束しようとするものであり、快苦が目的としてではなく、手段として考えられている。そのような「制裁」として、彼は自然的制裁（不摂生による病気など）、道徳的制裁（世論の批難、称賛）、政治的制裁（法による賞罰）、宗教的制裁（宗教的な希望や畏れなど）の四種を挙げる。このような意味の「制裁」は、それ自身善なるものも、その実質的な結果において苦痛を招来することもありうること、および「功利性の原理」こそ個々人の幸福と安全を実現する唯一最良の方策であることを、人々に自覚せしめる手段として理解されなくてはならない(2)。「功利性の原理」に適合している行為とは、結局のところ、「してはならない行為ではない、少くとも悪い行為ではない」（同上、第一章）のであって、強制的な当為命法に適った行為を表わしているのではないからである。以上のことから明らかなように、ベンサムは、倫理を支えるものとして、人間理性に基づく慎慮と、それに発する自発的な誠実さと慈善のほかに、とくに人々を「功利性の原理」の自覚へと誤ることなく教導していく制度としての立法ならびに教育の倫理的意義を高く評価していく。というのも、それらを貫く目的原理こそ「功利性の原理」にほかならないからである。

このように、「理性と法律の手段によって、幸福の構造を生み出」さんとする目的をもつベンサムの倫理説は、道徳がたんに主体にのみ係わるものではなく、その主体の生活世界にも同様の重みをもって深く係わっていることを説いている。この点は、みずからの臨終にさいして、使用人に苦痛を与えまい（他の人々の幸福を減少させまい）との配慮から、だれひとり部屋に入れなかった彼の姿に具現されているといえよう。

もちろん、「最大多数の最大幸福」が、立法・行政・教育によって一丸となって要請されるとき、今日的な「公共の福祉」という概念が示すように、そこには両刃の剣となる危険性がある。その名目の下に個人の人格や自由が抑圧されかねないからである。だが、このことを見抜いているはずのベンサムは、行為者とくに立法者の慎慮・誠実・慈善こそ「最大多数の最大幸福」実現のための不可欠な契機であることを指摘しているにすぎない。個々人の幸福の総計たる社会の幸福への配慮は、最終的にはその幸福実現をめざす当の行為主体の理性に委ねられているのである。このことは、ベンサムの人間観に起因すると思われる。もちろん、彼の説く個人は、その快苦のみを行為の動機ないし目的とする点において、利己的な個人であると考えられがちである。しかし、彼のいう人間の利己心・快苦の感情とは、たんなる現象ではなく、人間の行為を根本的に規定する動機という意味で考えられているものなのである。たとえば、自己犠牲や苦行も、その根底には神によって愛されることとの快を期待する人間の心理が厳然として存在する、というような形でいわれているのである。したがって、ベンサムの倫理思想をたんに「快楽説」と称することは、大きな誤解をまねくことになる。彼のいう「快楽」とは「興の知覚」であって、その内包はきわめて豊かである。それは、神的ないし精神的快楽から本能的快楽までを包摂し、一義的には規定しがたい。だが、このような「快楽」追求を支えるものこそ、すでに述べてきたように、彼の楽天的な人間観、すなわち人間は究極的には慎慮と誠実と慈愛とをもって行為するものであるとの信念なのである。人間性への信頼とそれへの期待、これこそベンサムの倫理説の基調なのである。

もっとも、このような彼の倫理説も、当時のイギリスのように社会的な一体感が社会のうちに存在し、しかも経済的な安定が確保されているような時代には十分な意義をもつといえようが、経済的に困難な時代を迎え、しかも社会構造が分化して簡単には埋め尽くしがたい亀裂が生じ始めた時期には、彼の思想はそれの拠る立法―教育―倫理という基本的な枠組みそのものからして再検討されざるをえなくなるであろう。そして、この課題――どのようにして新しい時代状況に功利主義道徳論を対応させるのか――を担った人物こそ、J・S・ミル（以下ミルと略す）なのである。

3　「功利主義」道徳論――ミル

一八三二年という年は、功利主義にとって象徴的な意味をもっている。この年ベンサムが死去し、選挙法の改正案が成立した。この年を境にして、旧来の政敵である地主階級に対して完全な勝利を収めた産業ブルジョアと労働者階級とが互いに袂をわかつことになったのである。すでに述べたように、ベンサムの倫理説は、立法と道徳との不可分離性、人間性と人間理性に対する楽観的な見通しを前提とし、またそれに対応しうる社会的な諸条件を支えとしていた。しかし、三二年以後、貴族化しつつあった産業ブルジョアと広範な民主化を求める労働者階級との対立は、ベンサムの思想の諸前提をことごとく瓦解せしめていったのである。このような状況の下で、功利主義思想が軽視される反面、ドイツ観念論の影響を受けた思潮が影響をおよぼし始めていた。ミルもまた、その思想形成の初期の段階（『ベンサム論』）でベンサムの功利主義思想に批判的な立場をとったが、後年の『功利主義論』では、父のようにたんにベンサムの思想を継受するのではなく、批判的観点に基づいてみずからの「功利主義」思想を主張することとなった。ところで、ミルをしてベンサムの思想に批判的立場をとらせた原因のひとつは、彼のおかれた時代状況がベンサムの場合と決定的に相違したこと、したがって、そのことが両者の社会観や政治観に重大な相違をもたらしたことに求められるであろう。ミルは、みずからが「でたらめな教育、でたらめな社会環境」のうちに生きているとの認識をもっていた（『功利主義論』第二章）。このことは、現存する法体系およびそれに依拠する政治秩序に対する抜き難い不信感となって表明される。したがって、ストア派に共鳴するミルの思想の立脚点は、おのずと「社会に対する個人」に求められていくことになる(3)。「社会の中の個人」を前提とするベンサムとは、その思想傾向が異ならざるをえないのである。とはいえ、このことは、ミルの場合、社会からの逃避を意味するのではなく、社会のうちに生きざるをえない個々人そのものの立場を何よりも重視することに力点をおくと解すべきであろう。

このような両者の差異は、まず学的方法にみてとれる。ミルは、その社会科学的方法に関して、ベンサムおよび父ジェームズ・ミルの方法――複雑な社会現象の解明に直接的に心理法則を妥当せしめる方法――を批判し、最初に帰納法で経験的法則を把握して、それを心理法則に基づく演繹によって検証するという方法をとる。ミルは、倫理学や法学などの対象が自然科学のそれとまったく同一ではありえず、むしろ経験や歴史性の介在する複雑な現象であることを十分に理解しているのである。かれのこのような学的態度は、功利主義思想の批判と擁護にも貫かれている。彼は、ベンサムの非歴史的態度とは異なり、功利主義道徳を擁護するにあたり、歴史にその正当性の検証をもとめる。「功利性」概念の普遍性を立証するために、古代ギリシャ思想史を背景にして、「善」や「徳」という道徳的概念が「有用さ」を原義としてもつこと、「正義」概念が法のもつ功利的な性格を根拠づけるものであること、ならびに人間の生活の唯一の究極目的が幸福であることを明らかにしていく。また、外からの功利主義批判に対しては、エピクロス派（古代ギリシャの快楽主義者）のことばをもって応じている。「人間の本性を下劣な光で照らしだしたのは、自分たちではなく、反エピクロス派の者たちではないか。……なぜならば、反エピクロス派の非難は、人間が豚の快楽しか味わえないものと考えているからである」（同上、第二章）と。この言説からは、ミルの功利主義道徳論が、ベンサムの場合と同様、人間性への深い信頼を基調としていることがうかがわれる。むしろミルの場合には、個人の主体性と自由の擁護という視点から、このことは、いっそう強く感じられるのである。ミルによれば、「人間を本当に動かす力は、その人自身の主観的感情であり、その力は正確に主観的感情の強さに比例（同上、第三章）」する。そして、その主観的感情に養われた「高貴な性格を広く社会全体に開発したとき、はじめて功利主義はその目的を達することができるのである」（同上）。ミルにとって、功利主義道徳を支えるのは、個人の人格以外のなにものでもない。そして、その人間には、「下劣な存在に身を落したくないというためらい」（同上、第二章）の感情があるといわれる。このことから、ミルは、「人間はだれでもなんらかの形で尊厳の感覚をもっている」（同上）という普遍的な事実を導く。ベンサムの場合には明瞭にされなかった人間のもうひとつの根本的な事実が、ここにはっきりと語られている。「満足した豚であるより、不満足な人間である方がよく、満足した馬鹿であるより、不満足なソクラテスであるほうがよい」（同上）といわれるゆえんである。だが、この言明では、高級な快楽（とくに精神的快楽）が絶対的で客観的な価値をもつということが語られているわけではないことに注意すべきである。具体的な個人に立脚すれば、「幸福の成分は千差万別である」（同上、第四章）。しかも、その「各成分はそれ自体望ましい」（同上）のである。もし、快楽の質的側面に高級・低級という絶対的で客観的な価値評価を与えるならば、それは、かれの道徳論にふたつの原理、すなわち快苦という心理的事実に依拠する「功利性の原理」と、快苦に客観的かつ普遍的に妥当する価値序列のアプリオリな存在を認めることとなり、もはや経験論に根ざす功利主義道徳論とはいいがたくなるであろう。むしろミルは、快楽の総量の多少のみをもって各人がみずからの快楽を評価することを「不合理」であると指摘しているにすぎない。各人によって「望まれるもの」は、各人の人格に則って「望ましいもの」なのである。「望まれるもの」と「望ましいもの」との同一視は、あくまでも主観的感情に係わる事柄であって、純粋に概念的な事柄ではないように思われる。ミルにとっては、

「(高級・低級の快楽) 両方を知り、等しく感得し享受できる人々が、自分のもっている高級な能力を使うような生活態度を断然選びとることは疑いのない事実」(同上、第二章) であり、「畜生の快楽をたっぷり与える約束がなされたからといって、なんらかの下等動物に変わることに同意する人はまず存在しない」(同上) のである。このことをふまえれば、どのような快楽を選ぶかは、その選択する主体の人格如何にかかわってくるといえよう。

ところで、以上に述べたことは、いわば利己心に係わることである。だが、ミルはさらに重要な契機について述べる。ベンサムは、各人に「功利性の原理」を自覚せしめる手段として四種の外的強制力を挙げたが、しかしこれらが「自己と他者への義務」という内的なものにどのように係わるかを理論的には明らかにしなかった。むしろ、ベンサムの倫理説にとっては、すでに述べたように、慎慮という人間理性の自発的な働きを外からどのように啓発するかが、大きな問題であったように思われる。これに対して、ミルのもつ外的強制力への不信は、この問題の解決を行為主体の内へと求めていく結果になっている。ここに、ミルの功利主義道徳論の最大の特徴である内的強制力が強調されることになる (同上、第三章)。内的強制力とは、「人間本性における事実」(同上) としての人類の「良心」から発する感情である。それはまた、強力な「自然的心情」として「人類の社会的感情の根底」(同上) をなす「同胞と一体化したいという欲求」(同上) なのである。この欲求は、その「一体感が完全なら、自分にとってどれほど有利な条件でも、他人の利益にならないものは、だれでも考えたり望んだりしなくなる」(同上) ような傾向を人間に生ぜしめる。これによって、功利主義道徳論の「功利性の原理」は十分に行為主体に発現することとなる。しかし、ここで注意すべきことは、「功利性の原理」(最大多数の最大幸福)での「最大多数」という概念が、かならずしも社会全体・人類・世界などの普遍的で抽象的な観念を指示してはいないということである。「自分の行為が社会全体に影響をおよぼすような人だけが、いつも広い対象に関心をはらう必要があるにすぎない」(同上、第二章)のであって、それ以外は、「すべて私的な功利、ごく少数の人々の利益や幸福を考えておけば十分なのである」(同上)。むしろ、「自分に関係ある人々のほかは考えなくともよい」(同上)のである。さきに述べた「同胞との一体感」ということもこのようなことから理解しなくてはならないであろう。ミルの功利主義道徳論は、その目ざす対象を具体的な個人におくのであって、ベンサムのそれがおもに立法者の如き人間においているのとはだいぶ趣きを異にするといえる。現に存在する法体系や政治制度は、ミルの場合、倫理や道徳には直接的には係わってこないのである。このことは、後のT・H・グリーンなどの理想主義的倫理学とも異なる点である。ミルには、「……からの自由」(消極的自由)という視点はあるが、「……への自由」(積極的自由)という視点は欠けているのである。国家や社会の掲げる「最高善」の理念に導かれる自己実現への途が、人間性の抑圧という危険性を帯びていることを、ミルは承知している。むしろ、ミルにとっては、「何ものも貧乏でなく、金持ちになろうとも思わず、前へ進もうとする他人の努力で押しのけられる心配もない社会」こそ、「人間性にとって最善の状態なのである」(『経済学原理』)。

このように、ミルの説く功利主義道徳論は、徹頭徹尾、「功利」と「自然的心情」に基づく個人を起点としている。そこには、「自由論」の場合と同じく、尊厳の感情に裏うちされた人間存在と、その能力への深い信頼がうかがわれるのである。

しかし、時代はすでに社会全体の政治化、人間の大衆化への傾向を示しており、一八四八年を軸として新しい思潮が来たるべき時代への対応を模索していた。ベンサムによって明瞭な表現をえた功利主義道徳論は、ミルによる哲学的深化にもかかわらず、すでに当時の社会ならびに思想状況に対応しきれないものであった。時代は変革を要求していたのである。ミルの「功利主義」には、その変革に積極的に応えていくことのできる契機が欠けていた。たしかにミルは、「市民的自由」について語ることはできた。しかし、行為の根本動機を快苦という素朴な心理法則のみに帰す「功利主義」の立場を最後まで採ったために、現代の求める「人間的自由」そのものの深い洞察への途がミルにはとざされていたように思われるのである。

4　「功利主義」思想の評価

現代の「功利主義」は、純粋に思弁的な営みではなく、むしろ現実世界に対応したひとつの経験論的な思潮である。したがって、その道徳論を評価するにさいしては、たんに理論的側面のみに眼を向けるだけでは十分とはいえない。たしかに、功利主義道徳論は、論理的な緻密さや高度の哲学性を欠如していることは否定することができない。だが、このことのみがとくに道徳論に関する唯一の評価基準ではないであろう。いわんや「俗物の元祖」として批難する根拠とはなりえないはずである。むしろ、ベンサムとミルの思想からは、みずからのおかれた時代状況に積極的に対応せんとした思想家としての真摯な態度を読みとることができる。前者は、市民社会の中の個人が「いかに行為すべきか」

の基準を提示し、後者は、現代的な社会の中で個人は「いかに在るべきか」を模索しているといえる。とはいえ、功利主義道徳論は、歴史的には、快苦という心理的事実を道徳論の基礎原理とする点において通俗的な誤解を招き、その道徳論を支える精神としての啓蒙主義的なヒューマニズムにおいて来たるべき時代状況との間にズレを生ずることになった。だが、この事情は、かれらの思想が基調とした「人間の尊厳」という思想そのものの価値を低めるものではないであろう。かれらにとって疑いえない厳然たる事実としての「人間の尊厳」の感情こそ、人間的快楽に真の意味を与えるものなのであり、またその感情こそ現代社会に生きる個人が見失いかけている当のものにほかならないと思われるからである。

（1）ベンサムは具体的に次のように述べる。「陳腐な道徳観は色欲、残虐、食欲などという名称に非難のしるしをつけるだけである。それはものごとに適用されたときは誤りである。それは名称に適用されたときは、実際に真実ではあるが、しかし無意味である。あなたが人類に真に奉仕したいのであれば、性的欲望が色欲という名称に、不愉快が残虐という名称に、金銭的関心が貪欲という名称に値する場合を、彼らに示さなければならない」。ここには、ベンサムの鋭い批判精神がはっきりと表現されている。（第十章）

（2）法の限界についてのベンサムの見解。

「自己の幸福を増大する道を誤ることは本人の無知によるものであって、立法の介入すべき余地はない。個々の幸福については、本人がもっともよく知っているのであり、立法者の不用意な干渉（宗教的弾圧がその例である）は不幸を生み出すだけである。」（第十七章）

刑法に関する基本的な態度は次のように表現されている。

「すべての刑罰はそれ自体としては害悪であり、功利性の原理によれば、より大きい害悪を除去するかぎりにおいて承認されうる。」（第十三章）

（3）「自由論」の序で、その論文の扱う問題を次のように規定して、ミルの念頭にある個人と社会の関係を表明している。
「この論文の主題は……意志の自由ではなくて、市民的ないしは社会的自由である。すなわち、社会が個人に対して当然行使してよい権力の性質と限界とを、問題にするのである。」

参考文献

シャトレ編（花田圭介監訳）『シャトレ哲学史』、第六巻、産業社会の倫理学、白水社。
J・プラムナッツ『イギリスの功利主義者たち』堀田彰訳、福村出版。

（関口）

二　社会的行動の倫理――プラグマティズム

1　プラグマティズム――その意味と成立

プラグマティズム（Pragmatism）の名称は、もともとパース（Charles Sanders Peirce, 1839〜1914）の命名によるが(1)、これはギリシャ語の πράγματα に -ism(2) がついてできた語であることはよく知られている。命名にあたって、パースの友人は"Practicalism"を提案したが、カント哲学におけるその独特の意味から誤解されることを避けて、パースはこれを拒んだ。カント哲学では、道徳や神や霊魂が扱われる実践理性の領域を Praktisch と呼ぶが、パースによると、これは、かれのような実験科学者の問題とすべき領域ではない。これに対し、Pragmatisch の語は、人間の思想が人間の行為の目的と直接かかわりをもつことを重視するために用いられる。かれが命名しようとしている思索の目的とするところは、人間の合理的思索と人間の合理的目的との関係を明らかにすることにあったのであり、ここからかれは Pragmatism の名称を用いることとしたのである。

このような由来が示すように、プラグマティズムの名称は命名にあたってパースの熟慮がその後の発展の基本線を方向づけており、端的には、実際行動によって理論が有効かどうかを確かめようとする根本精神が一貫して流れている。

プラグマティズムは、広大で豊饒な新大陸とその開拓から生まれた開拓者精神《フロンティアスピリット》を土壌として生まれ出た、アメリカの理想実現の一形態であり、アメリカ人のアメリカ的なものの考え方を端的に表わした思想である。

このような思想の根底がかためられたのは、十九世紀の七〇年代である。この時代は、アメリカが多大の犠牲を払って奴隷制度を撤廃し、統一国家をふたたび完成した南北戦争（1861〜1865）の後である。それ以後アメリカは、典型的なブルジョア民主主義国家として、その資本主義的生産を飛躍的に展開し始めることになる。だがやがて米西戦争を転機として、帝国主義の段階に突入し、二十世紀になってからの社会のさまざまな矛盾の萌芽を育むこととなるのである。

一方、思想面では、自然科学をはじめとして種々の学問が長足の進歩を示した十九世紀後半において、そこに形成された新しい科学的世界観が、建国以来の伝統的なピューリタニズムによって培われてきた宗教的世界観と深刻な対立の様相を示すとともに、既成の思想をもってしては現実に生ずるさまざまな問題を処理することが困難であることが人々に意識されるようになってきた。しかも、ルネサンス以来の西欧思想は、現実に対するその効力を失ってしまってはいたものの、なおその形骸だけがさまざまなかたちをとって形而上学的伝統として残存していた。このような時期に、アメリカは南北戦争後の時代を背景として、自ら包蔵する文化的な潜在能力に次第に目覚めていった。アメリカの大学には哲学の伝統はなかったものの、時代に適応しなくなった西欧の形而上学的思想がアメリカの風土にも適合しない、無益なものであることが痛感されていた。かくしてついに自らのアメリカ的な

「実践」をなによりも強調した新しい独自な思想が自覚されて、特に当時圧倒的に優勢を誇っていたドイツ観念論と闘いながら、それがプラグマティズムとして結晶するにいたったといえよう。

当初はこの思想は論理実証主義的傾向が顕著であったものの、ジェームズ（William James, 1842〜1910）の活躍によって哲学の一つの流派へと仕上げられ、心理学的・生物学的分野も開拓された。さらに十九世紀の九〇年代の中頃からはデューイ（John Dewey, 1895〜1952）の活躍も加わり、社会へと目が向けられてプラグマティズムの倫理が明確化され、さらに教育方面も開拓され、かくしてアメリカ独自の思想として確立されるにいたったのである。

2　プラグマティズムの考え方

プラグマティズムの基本的な考え方として、ある知識が真理であるか否かは、その知識が「働き」をもっているかどうかにかかっている、とされる。すなわち、その知識に基づいて人間が行動した場合、その行動の結果が有効であるかどうかによって知識の真理が決定されるとする。

現代にあって知識とは人間の脳細胞であれコンピュータの記憶媒体であれ、情報として貯えられる。現代社会はよく情報化社会と特徴づけられるが、氾濫する情報の洪水の中から必要な情報を選択することは容易ではない。コンピュータの場合、情報としての知識はディジタル化されたデータとして記憶されるが、入力にあたっては取捨選択が行われ、入力されたものも絶えず更新が行われていてはじめて生きた情報となる。そこでの入力や更新の基準となっているのは、コンピュータのもつ知識、すなわち記憶された情報がなんらかのかたちで人間に役立つかどうかということにほかならない。

この知識は、世界に関する事実であっても人間の思想であっても同じである。人間のある考えがどれほど立派であると讃えられようと、それが意味するところを実際の場で観察により経験的に確かめられるものでなければそれまでである。いま、互いに異なった二つの考えがあった場合、それらがそれぞれ別の意味をもつとすれば、それらの考え方の有効性も必然的に異なるはずであり、したがってそれらの価値は異なるといわなければならない。もし有効性が同じであるとすれば、それらの表現がどんなに異なっていようが、それらの考えは全く同じであるとみなしてよいのである。どのような考え方の有効性も、ただわれわれの経験を通じてのみ得られるものであり、これが真理にほかならない。

このことは、真理が前もって決定されてわれわれに与えられたもの、すなわち絶対的で普遍妥当的なものではなくて、あくまでも相対的なもの、不完全なものであるということを意味する。不完全であるからこそ、知識の価値は人間の生活が進歩発展するにともなって変化していくものでなければならない。「青い鳥」ははるかかなたに求められるのではなくて、日常の生活そのもののうちにあるのである。

このようなプラグマティズムの立場では、高遠な理念よりも事実が重視され、しかも特定の科学的真理に固執したり、あるいは特定の教義を信奉したりすることがしりぞけられる。プラグマティズムは確かにイズムとは称せられるものの、それ自身特定の世界観たろうとはせず、むしろ対立するさまざまの世界観を調停する仲介者たろうとする。たとえば、理性論と経験論、科学と宗教、個人と社会などの間に生ずる思想上の対立を調停することを目指し、その意味ではプラグマティズムは思想そのものというよりはむしろ思想的な方法であるというべきであり、われわれにひとつの手段を提供するものと考えるべきであろう。

このようなプラグマティズムの根底にあるのは、さまざまな科学上の成果、具体的にはたとえば物理学上の相対論、生物学上の進化論、心理学上の行動主義などであり、ある意味ではこれら諸科学の延長上に位置づけることができよう。もともとプラグマティズムは、イギリス経験論や功利主義の流れに立ちながら、諸科学の学説上の革命と呼応して思想上の「独立宣言」を行ったとみることができる。伝統的な経験論の立場では、一切の思想に先行させて感覚的経験を考える。いわば心の白紙（tabla rasa）に文字が書き込まれるようにして最初にまず受動的な知覚の働きがあり、そこから思想へといたる過程も受動的にとらえる。これに対してプラグマティズムは、感覚的経験に先行させて能動的な人間の行為を考える。このような、「はじめに行為ありき」とするプラグマティズムの主張は、ある意味で近代思想の流れを正統的に継承しているともいえよう。だがそれのみにとどまらず、プラグマティズムでは相対論を真理から善へと拡張する。相対主義に関する限り、プラグマティズムは古代ギリシャのソフィストたちの相対主義を復活させたように考えられることもあるが、確かにプラトンのように完全な概念が既成のものとして前提されていて、人間の不完全さがそれを不十分にしか捉えることができない、などとは考えない。真理や善そのものが人間の生活の展開のなかで相伴って変化、発展すべきものと考える点で、ソフィストたちの考えに通じるところがあるように見える。しかし、ソフィストたちの考えと決定的に異なる点は、真理の検証を重視する点にある。真理の基準を主観には置かず、行動・実用による概念の適不適の検証という客観的な基準を認める点で、ソフィストたちと同一視することは誤りである。

相対的なものの中に善を含めることにより、行為の主体である、したがって倫理や道徳の中心である人格的信念が等閑視されることになるのではないか、という批判がプラグマティズムに向けられることがある。これは唯物論批判の論拠とされることもあるものであるが、しかし観点を変えるならば真理を神的なもの、絶対的なものの手から人間の手に移し、現実のものとした点に注目しなければならない。唯物弁証法でもまた真理の検証を重視するが、プラグマティズムが唯物論と大きく異なる点は、前者が実践による検証を説く場合に唯物論そのものがすでに前提されているのに対し、プラグマティズムではこのような先験的公理を一切前提することはない。あくまでも生命活動としての人間の生活から出発し、そこから離れて思弁に走ることを努めて避けようとする。

このようにして、行為の主体としての人間の成長発展を強く主張し、人間の個性を尊重するプラグマティズムの根底には、オプティミスティックなヒューマニズムの精神が溢れている。人間の行為により世界は改善され、歴史が発展し、人間の未来に展望が開けてくる。このようなヒューマニズムはやはり西欧の思想の流れに立ちながらも、やはりアメリカ独自の風土を背景として開花することができた思想である。このような思想の形成に大きな貢献をした代表的な思想家の主張を個別に概観しながら系譜をたどってみることにしよう。

3　観念の行動的意義――パース

プラグマティズムの基礎を築いたパースは、もともと物理学者であった。かれの意図は、「いかにしてわれわれの観念を明晰ならしむべきか」の方法を樹立するところにあった。従来の考え方によると、観念の明晰判明性は観念そのものの本質に属する事柄であるとはじめから前提してかかり、したがって観念としてたくわえられる知識を明らかにするには、観念の持ち主である人間がその所在としての心を観察すること、すなわち内省することが必要であり、そしてそれで十分である、と考えていた。

このような前提に対してパースは疑問を抱き、観念の意味は外にあらわれた行為に対して観念がもっている意義にある、と考えた。かれによると、ある対象についてもっているわれわれの観念とは、その対象がわれわれにもたらす感覚的な結果の観念にほかならないのである。観念とはただ単に内的なものにとどまるものではなく、むしろその本質はその観念を用いたわれわれの行動の範囲である外的なもののうちにあるのである。たとえば、〃本〃というものをわれわれが知っているということは、そのものをあらわす「本」という語を用いた言語行動が実現可能である、ということである。その本の観念の内容とは、「本」という語が外に行動の場でもたらす結果の内容にほかならないのである。したがって、本という観念を明らかにするには、本についてわれわれがなにを知っているか内省することではなくて、「本」という語を用いた実際の場での行為の結果について判定することが必要である。このように、人間の行為こそ、思考や知性の意義をあらわす唯一のものであると主張し、このような考え方は、その後のプラグマティズム的な考え方の基礎となった。

パースは観念ないし知識についてのこのような考え方を人間の習慣にも適合させた。かれによると思考や知性の本来の役割は、「行為の習慣」をつくり出すこと、すなわち、悪い習慣はこれを変え、良い習慣はこれを維持することでなければならない。このことは日常的な習慣だけのことではなく、道徳的な習慣についてもいえることである。思考や知性は、実践を通して、われわれになにが道徳的行為であるかを指示する役割を果たすものである。われわれの行為がその都度の時代や社会にふさわしいものに変える指針を与え、管理するという任務を果たすことが、人間の思考や知性の本来の在り方であると考えたのである。

4　心情の行動的意義——ジェームズ

パースの理論を承け継ぎ、プラグマティズムを完成にまで導いたのはジェームズである。かれはニューヨークに生まれ、ハーバード大学で医学、生理学、生物学を専攻して同大学の教授となったが、やがて人間の知的、宗教的生活の心理研究から哲学、心理学に転向し、心理学の研究を深めながら新たな哲学的立場を確立していった。

心理学の分野では、かれは『心理学原理』を著わし、それまでの静的な心理学に対して意識の流れを重視するダイナミックなアメリカ心理学の基礎を築いた。意識をあつかう場合にジェームズが重視するのは、切り取られた固定的な意識状態ではなくて、まさに流動しつつある状態そのものであり、このような状態は、内省によって得られるものであると考える。このような心理学的立場に立ってこれを哲学的な原理にまで拡張する。認識論的な主観・客観の対立、物と心の対立を超えたところに、いわば主客未分の意識の流動状態である「純粋経験」としての具体的実名を考える。これは、知るものと知られるものとが知るという働きのなかでひとつになって展開する意識の流れであり、これを分析的に把握することは不可能である。この純粋経験は、わが国の西田哲学にも大きな影響を与えたものであり、これに基いた認識論的な立場では、カント的な「物自体」のような先験的、超越的な概念を認めず、いわば相対主義の立場に立つものである。ジェームズの考えでは、認識とは行為を導く働きであり、認識によって導かれた行為の結果が予期された通りであったならばその認識は有効であったのであり、これが真理と呼ばれるものである。逆に予期に反した結果が得られた場合の認識は虚偽と呼ばれる。このように、真理とはそれ自体において妥当するものではなく、それのもつ作業価値によって左右されるものと考えなければならないのである。したがって、人間の思考や知性の価値は、それが現実の場で有効かどうかによって決まる。われわれが真理を追求する場合に、それが有効でないことが明らかになれば、それを避けることがわれわれの義務である。

ジェームズは、道徳的行為の基盤を人間の「心情」の中に置く。心情には、たとえば親切、正直、貪欲等さまざまなものが含まれるが、それらの心情の善悪や真偽は絶対的なものではなくて、それによる行為の結果によって決められるべきものである。このような心情がわれわれの道徳的行為を促すのであり、したがって行為の善悪は人間の思考の進歩、発展にともなって変化するものである。ここから、ジェームズはわれわれにとって重要なことは何が有益であるか、何が人間の生活に役立つかを見出すことであり、そしてそれをさらに一層発展させて行くことであると説いている。

このような考え方は、宗教についてもいえることである。ジェームズによると、宗教の真理性は、人間の心に平安を与えることによって人間に役立つことのうちにある。その限りで宗教は有効であり、真理性を有するものである。ただ、その真理性は個人的なものであり、宗教に無縁な者には価値がないといえるかもしれない。しかし宗教の価値はそれだけにとどまるものではなく、個人個人にばらばらな道徳的価値の多様性に統一を与え、秩序づけて行く働きを認める。だが、そのためにも、絶えず善いものへと向上しようとする個人個人の努力が必要とされる。ジェームズによると、このような努力を支えるのは「信じようとする意志」であり、それが宗教的信仰である。人間が各々自らの最善を尽くすことによって世界は救われる。このような努力は、神の存在を信ずることによって達成されるのであり、ここに仮設としての宗教の稔り豊かな意義があるとされるのである。

5　知性の行動的意義——デューイ

ジェームズのプラグマティズムが宗教的な方向に向かったのに対して、デューイは自然科学に関心を示し、これとの対比の観点から科学と人間の生活をもっと結びつけた人間の在り方を考えようとした。彼の考えによると、科学や技術がめざましい進歩を遂げているのに対して、人間の生き方そのものは旧態依然であってそこに不釣合いが生じている。科学の進歩を特徴とする現代にあって、人間はそれにふさわしい生き方をすべきであるとかれは考えたのである。

デューイによると、人間は解決の困難な問題状況に当面した場合、そこに知性が働いて、問題の所在を明らかにし、困難をもたらす原因を見抜いて、そのような状況に対処する合理的な方法を提示することになる。このようにして働く知性を、デューイは「創造的知性」と名付け、実験的なもの、熟慮的なもの、探求的なものとして特に重視している。

デューイにあって、主観と客観とは固定的に対立する実体ではなく、ジェームズの流れをくんで相対的に働く経験のなかのダイナミックな関連としてとらえる。われわれは日常生活のなかでさまざまな経験を積み、その集成が知識となっているが、このような知識を形成する人間の「知る」働きを伝統的な主観・客観の対立のなかでとらえた場合、知識はいわば死せるものにすぎなくなる。経験における「知る」働きは、ただ現在の与えられた条件をそのまま受動的に受け取るだけではない。その受け取られたもののなかに、すでに未来の可能性が含まれていることを看て取り、これを未来に向けてのわれわれの行動の指針とすることが、人間の知性の本来の働きである。未来の可能性は、現在の条件のうちに概念とか観念として含まれており、それらは実は、われわれが予測とか予知とか計画などと呼んでいるものにほかならないのである。

このような意味で、知性は常に未来を先取りし、いわば能動的に未来を創造していくものであり、未来の経験に対して人間の行為のなかで道具としてはたらくものである。知性の価値は知性そのもののうちにあるのではなくて、いわばそれを使用した結果にあらわれる道具としての作業能力のうちにある、とデューイは説く。馬車に自動車が代わり、タイプライターにワードプロセッサが代わるのも、それらの道具としての作業能力によるのである。道路の価値も、暴走族やスピード狂に役立つか否かにあるのでもなければ公共予算の消化のための工事に役立つためでもなくて、目的地に到達する歩行者の歩行に、あるいは輸送の手段としての自動車の通行に役立つか否かの観念で判断されるべきものである。慢性渋滞を呈して道路として機能しない道路には道具としての価値は認められない。このような道路をつくることをくり返す知性は未来を先取りしていたとはいい難く、その意味で道具ではない以上、知性の名に価しない。

思想も決して特有の意義をもつものではない。人間が現実の生活のなかでさまざまに役立てて用いている道具となんら変わるところはない。いうまでもなく、道具とは、日常生活のなかでさまざまに使われるいわばハードウェアであるが、コンピュータもソフトがなければただの箱といわれるように、それを使いこなすノウハウがなければならない。しかもその場合ソフトウェアもまた道具であり、マニュアルがなければそれをどのように使うか途方に暮れるであろう。それと同じように、知性や思想もこれまでの種々の科学の成果と密接に結びついてこそ、はじめて人間の生活に直接役立つようになるものであり、道具としての価値を発揮するものである。このような意味で、デューイの立場は（概念）道具主義（Instrumentalism）と呼ばれる。

その場合、知識の価値は一定不変のものではなく、たえず変化発展するものである。しかもその発展といっても、ヘーゲルにおけるような絶対精神の自己展開としての発展ではなくて、有機体が成長するように発展するのである。このような知性の発展過程において、思想はわれわれの生活のなかで鶏頭を切るのに牛刀を用いることのないように、環境に適応すべくたえず修正され、改善されていかなければならない。そしてその都度の結果としての知性の価値を、自分の望み通りの結果を得るのに有益であったかどうかというかたちで、自然科学上の実験によって確証することができる。このような確証をくり返すことが、未来を予見し、生活を進歩させ発展させるべき道具としての思想に欠かすことのできぬものである。この道具をいつでも使える状態に保ち、それを積極的に使い、そして実験を試行錯誤によってくり返していくうちに、なにがよい道具か、適当な道具はどれであるのかということを、すなわち、なにが価値ある知識であるのかを知るようになる。このように、知識や思考の実験を重視するデューイの立場は、実験主義（Experimentalism）と呼ばれることもある。

デューイは、このような知性の作業仮設に基づいた道具主義的な考え方を、道徳の理論にそのまま適用している。従来の思想は、ある一つの善を絶対的なもの、最高のものとみなし、この最高善を追求することを道徳の目的としてきた。思想的な立場の違いにより、最高善をあるいは徳と考えたりあるいは幸福であると考えて、それ以外の善をこのような最高善の下に配置してきた。しかし、デューイによると、善とはそのように序列づけられるものではない。真理が道具としての知性によってつくられるものであるのと同じように、善もまたつくられて行くのである。したがって、最高善はまったく問題にならない。道徳の目的は、徳・幸福・人格の完成といった具体的な善にあるが、その善も有機的にいわば成長するものなのである。したがって、道徳的行為といった特別な行為があるわけではない。いかなる行為も道徳的行為の対象となりうるのであり、したがって善悪の判断の対象となりうるのである。

このように、善とはいかなる場合にも具体的なものであり、個別的なものである。一般的な友愛とか共感を説いたり、あるいは抽象的な誠実さを述べることは意味がない。なぜならば、どのような行為についても言えることとして、行為の価値や行為の善は実際にその行為が行われるところに与えられることは疑いないからである。しかも、行為する主体は一般的な人間ではなくて、ある特定の個人であるからである。

道徳の目的は具体的な善にあるといった場合、このような目的自体に価値があるわけではなく、その善が生活に道具として役立つところに価値がある。したがって、道徳の目的はその正しさが行為の結果によって確認されてはじめて道徳の目的たりうるのである。もしそれが失敗したとしても、その失敗は未来における改善を指示していると考えるべきであり、道徳の目的をこの指示にしたがって修正したり、開発したり、再調整したりしなければならないということがそこに示されているのである。

そもそも何故に道徳が必要とされるかということは、デューイによれば、現在の状況に欠陥や弊害があるからだと言ってよいのであり、それらの欠陥の所在を明らかにし、これを取り除くための作業仮設として道徳が必要とされるのである。このようにして、道徳の価値は、われわれのなすべき行為の標準を示し、未来を予測し、そしてそこからさらに新たな行為を選びとるための道具としての価値にほかならない。

デューイは、さらに知性を人間の行動のなかに生かすことによって、ただ環境に適応するだけではなくて、環境としての社会を積極的に改善することを目指した。デューイにとって、社会とは個人と独立に個人と対立して存在する環境ではなく、個人の連続した延長上にある存在である。社会はいわば個人のうちに存在し活動しつづけているものであり、その意味で人間は社会的存在であるといえる。人間の思考や行為は、単に個人的なものにとどまらず、それらに一定の傾向を与えるものとしての社会的条件が当初から加えられている。個人において意識は絶えず社会と交わり、そこに行為の道徳的評価が成立する。たとえば、われわれがある行動を行おうとするとき、自分の行った行動に対する社会的な反応——賞讃されるか、あるいは非難されるか——に対して予測が行われて、それが行為に反映される。そこに、行為に対する道徳的責任の源泉が求められる。成長する知性の持ち主である人間は、個人として社会的に形成されていると同時に社会の成員として社会が進歩発展する原動力でもある。個人が社会の一員として生きて行くと同時に個人の実験的な知性に導かれた活動によって社会を改善し、よりよく組織された新たな社会を創造するためには、ひとりひとりの個人に知性の実験の場が提供されなければならない。その機会が与えられ、個人が実験を反復し、そしてそれによって個人が小さな自我からより大きな自我へと成長することによって、理想的な社会の実現が同時に可能になるのである。理想的な社会とは単なる目標として理念的に存在するものではなく、個人が自我を拡張し、自らの行為の目的を拡大しようとする生きた関心のあらわれである。

このような意味でデューイが望ましい理想社会と考えたのは、民主主義の社会である。デューイにとって究極の目的として目指していたのは民主主義であり、民主主義こそ、成長し続ける人間の知性や善の向かうべき究極の目標でもあったのである。個人との相互作用のうちにある社会は、絶えず新しい科学的、技術的、文化的な力によって人間に働きかける。その結果、新たな世界観や価値が創造されるが、それらは古いものとの相克を生じる。その相克を解消するには、新しい科学的、技術的、文化的な力を正しく評価し、これを積極的に利用していくことが必要である。ただ単に環境に順応するだけでは人間の自由は得られない。環境に能動的に働きかけてこれを人間の諸条件に合致するように改造し、それによって生活を進歩、改善させてゆくことが必要である。デューイにとって自由とは環境と人間の欲望の適合によって成り立つものであり、環境と分離した人間の内面に自由意志として成り立つものではない。それは個々の具体的な状況の下での人間の行為の能力を意味する。このように、本来的に客観的な性格をもつ自由は社会的なものであり、社会環境と離れた個人的自由というものは存在しない。自由は人間の活動と環境との間に調和が存在することに基づいており、このような調和を得るためには、人間の個人個人の知性を媒介にした積極的な活動によって環境社会に働きかけてこれを改造することが必要である。そしてそれが可能なためには、民主主義の社会がどうしても必要であると考えられるのである。

このような考え方は、デューイの教育論にも反映されている。道徳の過程が経験を改良する不断の進行であると同じように、教育もまた社会の進歩、改造のための最も経済的な手段と考えられる。教育の場としての学校は、単により大きな社会へいたる前段階としての準備機関ではなく、それ自体生活し、成長し続ける生きた社会である。このような社会としての学校における教育は、個人の人間的な成長を促進するということだけをその規準とする。成長とは、現実から絶えず最善のものを得て、個人の人生における進歩、発展を促すということに尽きる。このような観点から、学校は学課目を中心とするのではなく、実践による教育に重点が置かれることになる。教師は生徒の個々の段階に応じてその成長を援助し成長に協力するという役割を持つものであって、生徒が自らの生活経験にしたがって自主的に研究を進めることを可能にすることが教育の眼目である。このようにして、具体的な日常生活の経験を通じて生徒が個性を伸ばし、社会の一員として備えるべき能力と品性を体得するようにさせることがデューイの教育の意図するところであった。このような立場から、デューイは学校教育のみならず社会教育にも力を傾注した。

「プラグマティズムの倫理は」、また、フレッチャーらのいわゆる「状況倫理」(situation-ethics)と関わるものでもありうる。固定した倫理的基準に縛られず、現実の状況に即応した現実的な対処と決断が求められるという意味では、一面ではプラグマティックな、他面ではまた実存的な倫理観であるということができよう。

(1)　パースは後にジェームズもプラグマティズムを主張するにおよんで、ジェームズのプラグマティズムは自分の主張と全く異なったものであると考えて自分の思想の方法がジェームズのものと混同されて誤解されることのないよう、Pragmaticism と再命名している。このことから、ジェームズのプラグマティズムは、かれがパースのプラグマティズムに誤った解釈をし、そこに成立したものであるといわれることがある。

(2)　*πράγματα* は *πρᾶγμα* の複数形、これはもともと「通り抜ける」ことの原義から出て〈仕事を〉「なし遂げる」ことを意味する *πράσσω* という動詞（イオニア方言では *πρήσσω*、アッティカ方言では *πράττω*）からできた名詞形（イオニア方言では *πρῆγμα*）であり、「行われたこと」すなわち「行為」の意から出て、ラテン語の res と同じように「物事」、「事柄」の意、さらには行うのが正しい、あるいは適したこと、すなわち「仕事」の意もある。複数形ではさらに周囲のこと、すなわち「環境」の意から政事、公事の意もある。パースは、このような語源的意味に基づいた用い方をしたカントの Pragmatisch によったのである。

参考文献

G・ケネディ、峰島旭雄訳『プラグマティズムとは何か』、以文社。
鶴見俊輔『アメリカ哲学』上・下、講談社文庫。

（中田）

第三章　現代における倫理性の分析

本章においてはまず現代の分析哲学におけるいくつかの主要な倫理学説が紹介される。これらの学説に共通の特徴は、それらが倫理的名辞や倫理的命題に冷徹な言語哲学的分析をほどこし、はなはだもって明快なる理論的基礎の上に学的客観性を有する倫理学の樹立を試みたことである。この分野においては今日でもたえず新たに提唱される理説が活発な議論を呼んでおり、今後の倫理学研究の前進に大きく貢献することは疑問の余地がない。

次に紹介される現象学派の三つの学説のうちブレンターノのそれは、厳密にいえば、現象学の前段階とでもいうべきものである。このブレンターノの所説を一層発展せしめたものがフッサールの現象学であり、またシェーラーのそれであるということができる。これらの両現象学者のうちフッサールは、いわゆる厳密学の構築に対し異常なまでの執念を抱いている。この点は分析哲学者があくまでも言語という「論理の顕在化した場」に身を置いて考えようとするのにある程度似ている。フッサールはシェーラーの学説を「現象学まがいのもの」と評しているが、その理由はシェーラーがこの厳密学を十分顧みていないということにあったらしい。厳密学という概念には種々の意味合いがこめられている。

とりわけ世界全体を物理学や心理学などの個別科学によって徹底的に解明しうるという自然主義的見方への反発がみうけられるし、一方意味や法則を理念的存在と解すべきだという主張も含まれている。

そもそも現象学とはいかなる学説だろうか。われわれが常識的にその中で生きている客観的世界、あるいは自然諸科学が理論的に構築し、客観的に妥当するものとして示してくれる世界、そのような世界の客観性は、現象学的なものの見方からすれば、その客観性そのものを凝視するわれわれのまなざしを塞ぎ、遮ってしまう。一体客観性を意識して日常的に生きるとか、客観性を目指して科学的に思考するとはどういうことなのか。現象学はその客観性を目的論的に志向することとそのものへと反省し、客体がどのような志向のどのような絡み合いの中で客観化されるのか、その間に客体の側にどのような意味の堆積がおこるのか、そしてかかる志向的構成に主観が——厳密にいえば、多くの主観が——どのように関与するか、そして最終的にはそのような意味の歴史がそもそも何ゆえに生起するのか等々の問題の解決を試みるのである。

このような現象学にとって意味および意味連関の法則性が理念的存在であるということは何よりも重要である。やや誇張したいい方をすれば、理念としての意味はわれわれの外に在る。したがって心理主義の相対論を超えることができるのである。分析哲学者が分析の対象とする言語も、それを用いる主体から切り離された、つまり特定の主体に限定されない言語の抽象的側面である。だからして、しばしばその言語は形式言語である。ここでも心理主義的相対論が登場する余地はない。

しかしその一方で後期ウィトゲンシュタインの分析哲学におけるごとく、人間の具体的な行為と一体化した言語が問題になることもある。この場合、言語は主体の生活様式をそのまま反映している。

そのような言語について論ずることは、とりもなおさず生の現実を論ずることである。このことは後期のフッサールが人間によって形成され、拓かれ、開化された直接的生活世界を論ずるのと大方軌を一にしている。実際、分析哲学と現象学とは一方が言語、他方が意識を扱うものの、その発展過程を通じて相互に類似する点は少なくないのである。

さて、本節では分析哲学の諸説が従来の規範倫理学への反省からメタ倫理学を生み、もろもろの展開過程を経てカントの定言命法を思わせるヘーアの指令説へ行きつく道筋を素描している。一方、現象学派からは既述の三思想家の価値倫理学をとり上げて略述するが、これらは第一節で論じられる認識説と情緒説との区別をある意味で打破するという一面をもつ。すなわち現象学者は感情の中に認識と同様、客体を志向する類いのものがあると考えるからである。快・美・善などの理念的な価値の感得がそれである。

ところで、フッサールとシェーラーの関係はどうかといえば、前者が後者に影響を与えたのはフッサールの初期の思想に関してであり、中期になると両者は互いに疎遠になる。その頃のフッサールのいわゆる超越論的主観性の思想がシェーラーには体質的に合わなかったようである。そして後期のフッサールは既述の生活世界への還帰を説くが、年代的にみても、シェーラーがこの所説に出会うことはなかったであろうと推測される。両者の倫理学説は共にブレンターノの影響を蒙ったということの他には、ほとんど独立に考えられたものとみてよかろう。現象学的倫理学はその後N・ハルトマン、ヒルデブラント、ライナーなどによって受け継がれて行く。

（遠藤）

一　倫理の論理――分析哲学

1　分析哲学と倫理学

世界、事物、人間、これらは科学の主題であると同時に哲学の主題でもある。しかし科学はそれらの事実的知識を求めるのに対し、哲学はその事実的知識の意味を明らかにしようとする。哲学の仕事は、意味分析ないしは論理分析に尽き、哲学は科学の論理学にほかならない。このような哲学観にたつ分析哲学にあっては、倫理の問題もまた論理的あるいは認識論的、意味論的な問題としてとらえられる。

これまでの倫理のほとんどは、たとえば、「人に親切にするのは善い」「人にうそを言うのは悪い」「どんなことがあっても、法に従った行動をとるべきである」というような規範的判断を主張し、こうした判断によって主張されていることに理由を与え、われわれの行為を「善い」「悪い」「道徳的に正しい」「道徳的に誤っている」と評価するための一般的基準や「なすべき行為」か「なすべきでない行為」かを判定するための一般的基準の確立を目指してきた。このように妥当な倫理的原理の定式化と正当化を課題とする倫理学の部門を、分析哲学においては「規範倫理学」または「規範倫理理論」とよぶ。これに対し、規範倫理学においてしばしば無反省かつ無批判につかわれている「善い」「悪い」などの倫理名辞の意味分析や用法の解明、「うそを言うのは悪い」「人を殺すべきではない」などの倫理的価値命題は、果たしてまたどの程度まで学問的客観性をもって正当化されうるか、という問題をとりあげて追究してゆくところに分析哲学が目指す倫理性についての論理分析が成立する。これは、規範倫理学の後で（meta）その理論・方法に対する反省、根拠づけの努力が規範倫理学を超えた（meta）批判的立場からなされるものであるから、「メタ倫理学」（metaethics）とか「メタ倫理理論」または「批判倫理学」といわれる。

メタ倫理学における立場は種々の観点から分けることができるが、最もひろくとられているのは、メタ倫理学説を、まず認識説と非認識説とに大きく分け、次いで、認識説を「倫理的自然主義」と「倫理的直観主義（または直覚主義）」とに分けるやりかたである。認識説と非認識説との基本的なちがいは、次の点にある。認識説は、「Aは善い」「Bは悪い」というような倫理的価値判断は客観的な事態の存否を主張しているものであり、したがって、その事態が本当に存在しているときには真であり、そうでなければ偽であると主張する。これに対し、非認識説は、倫理的価値判断というものは単に話者の情緒的な態度の表現にすぎず、したがって、この種の言明について真であるとか、偽であるとかは原理的に論ずることはできないと主張する。また認識説における自然主義と直観主義とのちがいは、両者がともに倫理的価値判断が客観的な事態の存否の主張にかかわるものであり、したがって、真偽を論じうることを認めながらも、それが言及する事態は事実判断が言及する経験的ないし自然的事態とは異なる、一種の「直観（または直覚）」によってのみ確かめうるところの独特な種類の事態であるとするのが直観主義である。これに対して事実判断も価値判断も、それらが言及する事態に質的なちがいはありえないと主張するのが自然主義である。次に、事実と価値という観点から、「事実から価値を導き出せる」と主張する事実と価値の一元論と、その主張を否定する事実と価値の二元論とに分けることができる。自然主義は前者に属するが、直観主義と非認識説は後者に属する。

このような倫理性の論理分析へのみちを開いたのは、分析哲学の思想的な源の一つであるケンブリッジ分析学派においてバートランド・ラッセルとともに指導的役割をた果したG・E・ムーアである。したがって、分析哲学におけるメタ倫理的思索の展開は、なによりもムーアから始めなければならない(1)。

2　直観主義——G・E・ムーア

ムーアは、その著『倫理学原理』(一九〇三年)において、倫理学の主題は人間の行為のみでなく、行為をも含めたすべてのものに対し "What is good?" を普遍的にたずね、それへの答えを提示することであると主張する。ところで、この問いは、「どのようなものが善いか」ということをたずねることのほかに、「善」という概念自体の本質を問う「善とは何か」、つまり「善はいかに定義されるべきか」という意味がある。この後者の問いこそが、倫理学の最基本問題であると言う。この問いに対するムーアの答えは、次のとおりである。

「〈善とは何か〉と問われるならば、わたくしの答えは善とは善であるということであり、それで終わりである。あるいはまた〈善はいかに定義されるべきか〉と問われるならば、わたくしの答えはそれは定義できないということであり、これがこの点についてわたくしの言うべきことのすべてである。」(『倫理学原理』)

どうして善は定義不可能なのか。それは「善」は「黄色」という概念と同じく、それ以上分割することのできない単純な概念だからである。黄色とは何かということを、すでに知っている人に対してでなければ、いかなる方法によっても説明できないと同じことが善についてもあてはまるからである。ムーアは、善が定義不可能だから善いものもまた定義できない、と言っているのではない。「善いもの」は「善」という形容詞がそれに対して適用されるものであり、善そのものとはちがう。たとえば「黄色いものは一定の光の振動を持ったものである」と言うことができるように、「善いものは快楽に満ち、知的である」と定義できよう。しかし黄色が一定の種類の光の振動とまったく別のものであると同様、快楽に満ちているとか、知的であるということは、善そのものの定義ではない。このように、善いものは定義できるにしても、善そのものは定義不可能である。それにもかかわらず、これまで多くの倫理学者たちは、たとえば、「善とは快楽である」とか「善とは欲求の対象である」とか主張し、「善＝快楽」「善＝欲求の対象」とみてきた。それにとどまらずこのことが、善の定義を与えたのだと考え、「善」と「善いもの」とを同一視する誤りをおかしてきた。このことが、これまでの倫理学を誤らせた大きな原因であるとして、ムーアはこれを「自然主義的誤り」とよんだ。

「善は定義不可能である」ということから、ムーアは「何が善であるかは、直観によってとらえるほかない」という直観主義の主張を導き出してくる。彼によれば、「価値は事実から導き出すことができる」または「価値は事実によって定義できる」と主張する自然主義者たちは、たとえば、「善とは快楽である」とか「善とは欲求の対象である」と言って、善の定義を与えたと思っている。しかし「善＝快楽」「善＝欲求の対象」とみられない。なぜかと言うと、われわれは「果たして快楽は善であろうか」「果たして欲求の対象は善であろうか」と問うことができ、この問いは十分な意味がある。もと もと「善＝快楽」「善＝欲求の対象」であれば、さきの問いは無意味になるはずだからである。善が定義できないものなら、「Aは善である」という判断は直観的にとらえるほかない。と言うのは、「Aは善である」という判断になんらかの理由づけをしようとするなら、「Aは善である、なぜならAはBであるから」と主張しなければならない。しかしこの場合、「どうしてBは善であるのか」と問うことができるし、Bが善の定義でありえない以上、ついにわれわれは何が善であるかの直観にたよらなければならないからである。ムーアがこう主張するとき、それは倫理学の根本原理についてのみ言っているのであって、個々の具体的行為についての判断、たとえば、「これこれの行為は善である」という判断まで直観的にとらえられると言っているのではない。言い換えると、あるものに常に「善」という性質が直接関係することを述定する判断、つまり「それ自身における善」について言っているのであって、あるものがそれ自身における善を結果として生ずる原因もしくは必要条件として間接的にのみ善であることを述定する判断、つまり「手段としての善」について言っているのではない。またムーアの主張する「直観」というのは、ただそれ自身における善についての判断が他の判断からの推論でないこと、それ自体で明証なことを意味するのであって、われわれが特別な倫理的直観という能力を持っていて、この特別な能力によって真である倫理的価値判断をうることができると言っているのではない。

確かに、どんな判断についてもその理由をどこまでも問いつづけてゆくなら、ついにはその理由づけをまったく与えることのできない原理的な価値判断に達するであろう。この点、ムーアの主張は十分な根拠を持っている。しかし彼が直観によって客観的な倫理的価値判断をくだすことができると主張するけれども、そうならば、倫理的原理についての大多数の意見は一致するはずである。だが現実はそうなっていない。われわれが直観によって自分の倫理的価値判断の正しさを主張し、他の人も同じく直観によって自分の価値判断の正しさを主張するとき、われわれはそのどちらを正しい判断とするか決定できない。この欠点を補うため、ユーイングは「倫理学における理論の真理性の基準は、その理論がわれわれの倫理的直観（常識倫理）をできるだけ整合的な体系にすることができる点にある」（『倫理学』）として「整合性」ということを持ち出してくる。それは、倫理的原理についての直観の不一致があるとき、その直観のどちらが他の直観と矛盾のない整合な体系をつくるかということを吟味することによって、その直観の正しさを決定することができるということである。しかしこの基準は無意味ではないが、たとえば、自分の直観を基礎として整合な体系をつくったにしても、他の人もやはり自分の直観を基礎としてまったく整合な体系をつくったとしたら、そのどちらの体系が正しいかをどのような方法で決定できるのかという問題がやはり残るであろう。

3　価値情緒説――A・J・エイヤー

自然主義も直観主義も倫理的価値判断を認識と考え、いかにすればその客観性が保証されうるかを求めてきた。そのために自然主義者は「事実から価値を導き出すことができる」と主張し、直観主義者は事実と価値とは別種の実在であり、倫理的価値判断は「直観」に支えられて客観性を持つことができると主張する。しかしそのどちらにも難点があり、それらの主張が論証されたということはできない。これらの試みの失敗から、倫理的価値判断は認識という性格を持つものではなく、単に話者の情緒的態度の表現にすぎず、したがって、その正当化は不可能であるとの考えが生じてきた。この考えにたつ立場を「価値情緒説」とよんでいるが、この最も単刀直入な主張がエイヤーの『言語、真理および論理』に提示された。

エイヤーによると、これまでの倫理学の体系は、次の四つの主要なクラスに分けることができると言う。㈠倫理的な用語の定義を表現している命題、あるいはある定義の妥当性ないし可能性に関する判断からなっているもの、㈡道徳的経験の現象とその原因とを記述する命題からなっているもの、㈢道徳的徳行への勧めからなっているもの、㈣実際の倫理的判断からなっているもの。このうち、㈠は倫理哲学を構成するものであり、㈡は心理学ないし社会学に属する。㈢はまったく命題ではなく、読者をある行動へとかりたてるためになされた叫びであり、命令であり、それゆえこれは哲学や科学のどの部門にも属さない。㈣は倫理的用語の定義でも、定義に対する評注でもなく、引用でもないから倫理哲学に属しないが、それがどのような本性のものであるかを示そうとしているわれわれの当の主題である。そこで、エイヤーは「倫理的価値命題は、感覚的知覚に直接訴えることによって検証することはできないが、そのように検証することのできる命題へ還元できる」と主張する見解を吟味することから始める。なぜなら、この見解が正しいものとして受け入れることができるなら、倫理的価値判断は、さきにあげた㈠のカテゴリーの経験判断に属することになるからである。この見解は、主観主義者とよばれている倫理学者と功利主義者として知られている人たちによってとられているとエイヤーは言う。主観主義者たちは、たとえば、「Xは正しい」は「Xは一般に是認されている」ことだと主張する。さらに極端な主観主義者になると、「Xは正しい」とは「わたくし自身がXを是認していると主張する。しかしいずれの場合にも、「Xは一般に是認されているが、しかし正しくない」、「わたくし自身がXを是認しているが、しかし正しくない」はいずれも自己矛盾とならない。つまり「正しい」と「是認されている」とは同値でない。したがって、「善い」「正しい」などの倫理名辞は「誰もが是認する」「わたくしが是認する」などの経験名辞へ還元できない。同様の論拠によって、「最大幸福をもたらす行為は誤りである」と言っても矛盾に陥らないから、「正しい行為」と「最大幸福をもたらす行為」とは同値でなく、「善い」「正しい」などの倫理名辞を「快楽」「幸福」などの経験名辞へ還元できない。事実と価値との一元論にたつ自然主義を、以上のようにしてエイヤーは退ける、と同時に、「価値についての言明は、経験命題のように観察などによってコントロールされるものではなく、ただ神秘的な∧知的直観∨によってのみコントロールされる」との直観主義者たちの見解をも退ける。なぜかと言うと、この見解を受け入れることは、論理実証主義の哲学がとっているところの、意味のある非分析命題のみが感覚知覚によって検証できるとする一般理論と両立しないからである。

エイヤーは、直観主義者と同様、基本的な倫理概念が分析不可能であることを認めるが、ムーアが主張したようにその概念がまったく単純なものであって自己のうちになんらの部分を持っていないがゆえにではない。それは、倫理名辞が命題のなかに現われても、その命題の事実的内容になにもつけ加えることのできない「擬似概念」だからである。たとえば、誰かに「君があの金を盗んだとは悪いことをしたものだ」と言っても、それはただ「君はあの金を盗んだ」ということ以上のものを言っているのではない。ただ自分がそれを道徳的に認めていないことを表明しているにすぎない。それはあたかも特別な恐怖の調子で「君はあの金を盗んだ」と言ったと同じであり、あるいはその言葉のあとにいくつかの特別な感嘆符をつけ加えて書いたと同じである。声の調子や感嘆符は、文章上の意味になにもつけ加えない。それは、ただその表現に話者のある感情がつけ加えられていることを示すのに役立つのみである。このことから、エイヤーは次のように論ずる。

「〈A君があの金を盗んだとは悪いことをしたものだ〉という言明を一般化して〈金を盗むことは悪い〉と言うとき、なんらの事実的意味を持たない文章をつくっている。言い換えると、真か偽でありうるような命題を表現していない文章をつくっている。それは、あたかも〈金を盗むこと!!〉と書き、その感嘆符の形と太さとが適当な規約によって、特殊な道徳的非承認の感情が表現されているると同じことなのである。この場合、真であるか偽であるかはなにひとつ言われていないことは明らかである。」(『言語・真理・論理』)

つまり、「Aは善い」「Bは悪い」などの倫理的価値命題は、ただその発言者の道徳的心情の表現にすぎず、真偽を問うことのできない「擬似命題」だということである。

このような価値情緒説については、当然のことながら「倫理学を誹謗する試み」であるとの批判が提示された。その批判は誤解に基づくものであったにしても、エイヤー、カルナップ、ライヘンバッハらの論理実証主義者たちにまったく責任がなかったと言うことはできない。一九三〇年代の論理実証主義者から第二次世界大戦後の分析哲学への発展過程を通じ、価値情緒説そのものも重要な発展を遂げてきた。分析哲学者たちは、倫理学に固有な、原理上回避できない主観的要素を率直に認めたうえで、「倫理学の科学化」という理想を、論理的に可能な形で慎重かつ徹底的に追求してきている。その一つは、倫理学における公理的方法の探求というみちをとり、現代論理学の成果をふまえて「義務論理」(deontic logic) として展開されてきている。もう一つは、スティーヴンソンの意見の不一致の分析から出発し、あくまでも自然言語に従って倫理的ディスコースにおける合理性の探求として展開されてきている。前者については、他の著書を参照してもらうことにし(2)、スティーヴンソンからヘーアにいたる後者の展開をみてゆくことにする。しかしそれに先立って、倫理学の公理化と倫理的ディスコースの合理性の探求との中間的な立場にあるとみられるライヘンバッハの「意志倫理学」についてふれることにする。

4　意志倫理学――H・ライヘンバッハ

ライヘンバッハによれば、ある倫理的決定、たとえば、「盗みをすべきではない」という具体的な倫理的価値判断がなされるためには、その前提としてなんらかの「道徳公理」、つまり第一次的な道徳目的を述べたものが必要である。なぜかと言うと、われわれが行動に関する決定をしなければならないとき、目的と手段との「伴立関係」(implication) だけでは、われわれの選択を決定するには十分でなく、まずなによりも目的を決定しなければならないからである。たとえば、「もし盗みが許されるとすれば、繁栄する人間社会はなくなるだろう」という伴立関係を証明できるかも知れない。しかし「盗みをすべきではない」という結論を導くためには、まずなによりもわれわれは「繁栄する社会を欲する」ということを決めなければならない。次に、人がいかなる道徳公理をとるべきかは、認識論的に決定できるものでなく、各人が自己の意志によって決定する以外にない。なぜなら、倫理的価値命題は真であるか偽であるか決定できるものでなく、単に「指示命令」(directive)、すなわち話し手の側における意志決定を表現しているものにすぎないからである。倫理的価値命題が持っている道徳的指示命令から話し手を除外することは不可能であり、「〜すべきだ」という倫理名辞にはつねに「それがわたくしの意志だ」という意味内容が暗々裏に含まれている。したがって、われわれは正しい規範倫理を認識するという意味での「認識倫理学」を入手できないが、それにかわって「意志倫理学」に到達する。この意志倫理学は、道徳公理が前提されると、その達成のために必要な従属目的とそれへの手段についての認識をその道徳公理から導き出すことのできる秩序だった体系として成立する。

「もしわれわれがある根本的目的をみたそうとすれば、ある他の目的――目的に対する手段という意味での第一の目的に従属する目的――をも喜んで追求しなければならないことがわかってくる。このような明快化というものは、論理的性格を持っている。……そこに示されることは、物理的、心理的諸法則に照らして、その目的は論理的にその手段を必要とするということである。この議論は、ただ単に論理的証明に類似したものなのではなく、それこそ論理的証明にほかならない」(『科学哲学の形成』)

ライヘンバッハは、われわれが直面する倫理問題の大部分は第一次目的に関するものでなく、目的と手段との伴立関係の解明によって認識的に処理できるものであると考えている。第一次的な道徳目的、つまり道徳公理は認識の圏外におかれ、ひとびとの意志におかれる。このようにして、ライヘンバッハはわれわれに対し次のように説いている。

「哲学者に、われわれは何をすべきか、などとたずねてはならない。諸君みずからの意志に諸君みずからの耳をかせ、そして諸君の意志と他の人たちの意志とを統一させようと試みよ。この世界には、諸君がみずから課する以上の目的や意味はないのである。」(前掲書)

5　倫理的ディスコースの合理性

スティーヴンソンは「あるものの価値についてひとびとが一致せず、ある人はそれが善いとか正しいとか言い、他の人はそれが悪いとか正しくないと言う場合、どのような議論や探求の方法によって彼らの意見の不一致を解消することができるであろうか。それは科学の諸方法によって解消できるものであろうか。それとも、なにか他の種類の方法が必要なのであろうか。この問題はいかなる合理的な解決も受け入れないものなのか」(3)という問題意識から出発し、倫理的な意見の一致・不一致の性質を考察する。彼によると、一般に意見の不一致には二種類ある。その一つは、「確信の不一致」である。これは事実についての意見の不一致であり、自然科学や歴史や地理など事実についての学問、あるいはまた日常生活において事実が問題となるときに生ずる意見の不一致である。もう一つは、「態度の不一致」であり、これは事実についての意見の不一致でなく、目的・望み・好みなどの不一致である。確信の不一致については、科学的証拠、その他の証拠、反証などをあげるなど合理的方法で解決できる。これに対し態度の不一致については、証拠や反証をあげるなど合理的方法によって解決することはできない。もっとも態度の不一致が確信の不一致から生じている場合もある。この場合は、合理的方法によって確信の不一致を解決し、それによって間接的に態度の不一致を解決することができる。確かに、確信の不一致と態度の不一致とは互いに密接に関係しあっているが、しかしその関係はあくまでも事実的なものであって論理的なものでない。たとえば、科学的理論構成を導く理想や目的を共通にしながら、しかも異なる確信に達するかもしれないように、態度の不一致がなくて確信の不一致はありうる。逆に、たとえば、AとBがともにXがQを持つという確信の一致がありながら、まさにそのためにAはQを持っている対象Xを是認し、Bはそれを否認するというように、態度の不一致がありうる。(『倫理と言語』参照)

ところで、倫理現象は人間の広義の実践的営みであり、それは人と人との同意・不同意の現象である、とスティーヴンソンはみる。倫理的な意見の一致・不一致にも、確信のそれと態度のそれとがある。しかし倫理的な意見の一致・不一致において重要な役割を演じているのが、態度の一致・不一致である。倫理的価値判断は認識の領域を超えて、人々の意欲的・情緒的本性に語りかけてゆく。この点に、倫理的価値判断を科学における事実判断から区別する特徴がある。確信の一致・不一致も倫理的価値判断において重要性を持っているが、それは態度の一致・不一致を生ぜしめる限りにおいてである。と言うのは、倫理的価値判断は科学における判断のようにただ事実の認識を目指すものでなく、他人をして自分の態度に同調させることを目的とし、そのためにあるものを是認し、また非難するように勧めるものだからである。それゆえ、すべての倫理的な意見の不一致は合理的方法で解決することはできない。

このことから、スティーヴンソンは、倫理的価値命題は「記述的意味」と「情緒的意味」との双方を持ち、その特性は「擬似命令機能」にあるとみる。倫理的価値命題も、また命令もともに事実の認識を目指すものでなく、人々の目的や行為をはげましたり、変えたり、新しい方向を与えたりすることを目指している。それは、態度の不一致を解消し、他人に自分と同じ態度をとらせようとするものである。したがって、「これは善い」という倫理的価値命題は「わたくしはこれを是認する、あなたもそうしなさい」という意味であり、また「これは道徳的に誤りである」という倫理的価値命題は「わたくしはこれを否認する、あなたもそうしなさい」という意味である。命令機能を果たしているのが、「あなたもそうしなさい」という部分である。この賛意と他人の側の賛意を要求することが倫理的価値命題の情緒的意味であり、態度の一致・不一致を生むものである。このようにスティーヴンソンは、情緒的意味と態度の言語表現としての形態を命令文に、記述的意味と確信の言語表現としての形態を叙述文にそれぞれ求め、倫理的価値命題のなかに含まれている二つの意味の言語的定式化をはかった。これによって、分析の作業モデルをつくり、倫理的価値判断の構造を解明し、倫理学の科学化をすすめようとした。このスティーヴンソンの倫理的価値命題における命令機能を前面に打ち出し、その命令のなかに指令の機能を重視する「指令説」(Prescriptivism) を展開したのがR・M・ヘーアである。

ヘーアによれば(4)、倫理言語は「指令言語」の下位クラスに属する言語である。ここで言う指令言語とは、人々に行為の進路を示唆するためにもくろまれた言語である。したがって、倫理的価値判断は、自然主義者や直観主義者が主張するように経験的ないしは非経験的事実についての言明ではないし、また価値情緒説におけるような話者の情緒的態度の単なる表現でもない。それは、相手方の行動になんらかの変化を与えることを意図してなされるところの勧めである。さらに、指令言語は明白な種類の命令法と評価的な言明との二種類に分けられる。倫理的価値判断もまた明白な命令法か評価的なものであるかのいずれかである。「すべし」「すべからず」という倫理名辞を含む倫理的価値判断は、明らかに命令法である。また正しい行為とはなすべき行為であり、不正な行為とはなすべきでない行為であるから、「正しい」「不正な」という倫理名辞を含む倫理的価値判断もまた命令法である。これらの命令法で示される道徳的指令には非道徳的指令とは異なる性格がある、とヘーアはみる。非道徳的指令はある人またはあるグループに対して発せられ、ある特定の個別的状況にのみ適用されるものである。これに対し道徳的指令は、たとえば、「この動物をいじめるな」という単独の命令法をとっていても、これは「あらゆる生命に畏敬の念を持つべし」という普遍的命令法の特殊的帰結とみなせるから普遍化が可能である。それゆえ、道徳的指令は普通の指令とちがって広い範囲に及び、同じ状況における人のすべてに義務を負わせる。ヘーアは、この道徳的指令の普遍化可能性のなかに倫理的ディスコースの合理性を認める。

ところで、「善い」「悪い」などの倫理名辞を含む評価的な倫理的価値判断についてはどうか。確かに、「よい」「わるい」などの語は指令という効力を持っていない。しかし、それは物や人を推奨したり、物や人を悪く言うために用いられ、選択などにおける助言や勧告を与える。たとえば、「この自動車はよい」という価値判断は「もしあなたが自動車を求めているなら、この自動車を選びなさい」という意味内容を含んでいる。このような非倫理的価値判断においての「よい」は、信頼性・経済性・乗り心地などその自動車の持つ一連の機能がすぐれているから選びなさいという助言や勧告を与えている。これに対し、倫理的価値判断における「善い」という倫理名辞は右の例における機能的意味とは別の道徳的意味を持っている、とヘーアは主張する。ある人を道徳的に善い人であると言った場合、たとえば、その人が親切・正直・謙虚・勇気などの美徳を持ち、それを実践しているがゆえに、その人に対する感嘆を表現していると同時に、われわれの感嘆の感情がすべての人によって共有されるべきであるということを意味内容として含んでいる。つまり、われわれの行動のモデルとして模倣すべきことを勧告している。

このようにヘーアの指令説は、倫理的価値判断を命令法としてとらえ、しかもその中核である道徳的指令に普遍性と合理性とを認める点において、エイヤーに始まる価値情緒説を、道徳法則を定言命法としてとらえたあのカントの倫理説へ接近せしめたということができよう。そこに、倫理学がたどらなければならない運命を観取することができる。

（1）メタ倫理学の解説については、詳しくは、弘睦夫「メタ倫理学」（小倉志祥編『講座哲学4―価値の哲学』東京大学出版会、一九七三年、一二三―一五〇頁に所収）を参照のこと。

（2）たとえば、Risto Hilpinen (ed.); *Deontic Logic: Introductory and Systematic Readings*, 1971, Risto Hilpinen (ed.); *New Studies in Deontic Logic*, 1981（いずれもD. Reidel Pud. Co. から刊行）などを参照のこと。

（3）Charles L. Stevenson; The Nature of Ethical Disagreement, 1947, (in "*A Modern Introduction to Ethics*" Readings from classical and contemporary sources, ed. with introductions by Milton K. Munitz, The Free Press, 1958, p. 547)

（4）以下については、『道徳の言語』参照。

参考文献

A・バルッツィ他著、池上他訳『倫理学の根本問題』晃洋書房、一九八〇年。

日本倫理学会編『現代倫理学と分析哲学』以文社、一九八三年。

（白石）

二　価値の倫理——現象学

1　価値の客観的基準——ブレンターノ

現象学の一つの課題は意識の庭に立ち現われるもろもろの現象を、志向的体験がもたらす意味の層へ分析し、その層の生成がたどった過程を、それの根源へ溯って記述することである。したがって志向性（Intentionalität）は、いわば、現象学の活力源であるが、もともとその志向性を心理現象に固有の性格としてはじめてとり上げたのはブレンターノである。ブレンターノは次のように述べている。「あらゆる心理現象は…ある内容へ関係すること、ある対象へ向うこと…を特徴としている。…表象においては何かが表象され、判断においては何かが是認あるいは否認され、欲求においては何かが欲求される。…物理現象はこのような特徴を示さない。かくて心理現象は、それ自身の内に対象を志向的に包みこむような現象であると定義しうるのである。」（『経験的見地からする心理学』一巻、二篇、一章、五節）

一八八九年ブレンターノは『道徳的認識の源泉について』と題する講義を行うが、この中で彼は右の志向性の概念を中枢に据えた自らの新しい心理学説に基づいての倫理的客観性の基準を打ち立てようとする(1)。

まず、心理現象は表象、判断、情動の三種類に分別される。このとき判断の領域における志向的関係と情動の領域における志向的関係との間には共通点があるという。第一に、いずれも対立を含んでいる。判断には肯定と否定の対立があり、情動には愛と憎の対立がある。そして第二に両者とも正しさの基準をもつと彼は主張する。判断においては〈明証《エヴィデンツ》〉がその基準である。いまこの瞬間にある音が聞こえている、などという内部知覚の判断はまさに明証的である。だが、これに対応する情動の領域での正しさの基準とはどういうものだろうか。そもそも正しい愛の基準などありうるのだろうか。

ブレンターノによれば、まず、正しい愛によって愛されるに値するものはそれ自体において善いものでなければならない。かかる自体的善への愛はアリストテレスが「人間はだれしも生まれながらにして知ることを愛する」と語るときのような〈知ることへの愛〉、〈悲しみよりもむしろ喜びへの愛〉、〈善いものに対する情意活動そのものへの愛〉、〈表象作用そのものへの愛〉等々である。これらはいずれも正しいという性格をもつ愛である。だからこそ、仮りにそれらの愛が憎におきかえられるならば、その結果はいずれの場合も倒錯した心理状態とみなされてしまうのである。それではこれらの愛の志向的対象である自体的善のうち、どれが他よりも善いものであろうか。そして最高の実践的善とはどういうものなのだろうか。

まず〈より善い〉という心理状態を分析してみなければならない。それは直接的に一方の優越性をとらえる心の単純な評価感情である。これをブレンターノは「先取」(Vorzug)とよんでいる。この先取にも衝動的なものと、明証的判断になぞらえて正しいといわれうるものとがある。彼の洞察によれば、正しい先取とは次のような基準に則った先取である。

a、善いと認識された、それ自身善いものは、悪いと認識された、それ自身悪いものに優先する。

b、善いと認識されたものの存在は、それの非存在に優先する。悪いと認識されたものの非存在はそれの存在に優先する。また、純然たる善いものは悪いものの混った善いものに優先する。そしてその善悪混合体は純然たる悪いものに優先する。さらに善いものの全体はそれの部分に優先する。悪いものの部分はそれの全体に優先する。また時間的にみれば、一時間続く喜びは、一瞬のうちに消え去るそれの部分に優先する。

c、善いものは、それの部分ではなく、部分に等しい別の善いものに優先する。言い換えれば、ある善いものとあらゆる点で等しい別の善いものに新たな善いものをつけ加えるなら、その和においてはじめの善いものよりも一層善いものがえられる。悪いものについてもこれに対応することが成り立つ。

以上bとcとは価値における一種の加法を表現しているとみてよい。そこで、すでに述べた自体的善のうち、どれか一つの種類をとり上げ、そこでの個々の善の事例を一つ一つ加え合わせて、限りなく善さを高めて行くならば、必ずや他のどの種類の善をも――それらはどれも有限であるのだから――超えることがあるに違いない、とブレンターノは考える。つまり、いずれの種類が本質的に他の種類に優先するのかは解らない、というのである。だから高尚な愛が学問的知識を全部合わせたものよりも価値があるとか、知る作用の方が倫理的徳性の作用よりもより多く善であるなどという古来の見解には正当な理由がない。

そこでブレンターノは「実践上の最高善が実現されるべき範囲を単に自己自身のみならず、家族、都市、国家、現在の地上の全人類、いや遠い将来の時代まで広げ、その範囲の中で可能な限り善を増進させることこそが人生の正しい目的である」（『道徳的認識の源泉について』三五節）と説く。それこそは他の一切の命令が従属すべき唯一至上の命令なのである。この命令の下では先述の高尚な愛の作用と明証な判断の作用とは、内面的価値において互いに測り比べることはできないにしても、一方が他方の犠牲の上に先取されるというのではなく、ともに調和的発展を遂げることこそ求められるべきものである。われわれのもつすべての資質について同様のことが言えるのである。

法的義務も右のごとき実践上の最高善を達成するために社会生活を営むべく倫理的に規定されている人間存在にとっての必要な条件として、またかかる条件としてのみ承認することができる。

ブレンターノによれば、ここでわれわれがたどりついた結果は、ちょうど航海者が無事旅を終えて、かなたに浮かぶ故国の海岸を眺めたときに感じられる風景の懐しさのようなもの、また古い知人に出会ったときの喜びのようなものをわれわれに与えてくれる。ブレンターノがみるところ、こういう宿命的な回帰は、カントが形式主義という反ブレンターノ的な見方から出発しながら、最後にはカント自身が始めから承知していた右の正しさの基準に無事に行きついているようにみえること、またヘーゲルが始めから知っていたもののみを弁証法的に導いているということの中にうかがえるという。そういうことが起こるのは「実に多くのものがわれわれの認識の貯えの中に収められていて、それらが、その過程についての明瞭な意識を伴わないままに、新たな認識を豊富に産出する」（同書四三節）ためである。したがって、一般人がすでにかなりの程度に右述の正当性の基準を認識しているようにみえるし、過去において提唱された多くの倫理的命題がそれを示唆している。瞬間の幸福ではなく、全生涯の幸福をこそ問題にすべきだと説かれたり（エピクロス）、民族の幸福を個人の幸福よりも高い目的とみなすことが教えられたりしている（アリストテレス）。宗教における隣人愛の教理も、自他を問わず等しいものは等しい重みをもつということの教えと解するならば、既述の加法が働いているのであり、そうであってこそ集合的全体への個人の従属的献身が帰結するのである。いやそればかりではない。ブレンターノによれば、われわれが神という概念のもとに、あらゆる種類の善を無限の高さにおいてそなえているものを理解するのも加算の原理の特殊な適用例なのである。

さて、以上のブレンターノの学説を継承し、発展させたものとして、まずフッサールの所説をとり上げよう。フッサールはブレンターノから志向性の概念を受けつぐと同時に、心理学的見方から脱皮して、超越論的哲学を説くにいたる。その倫理学説は人格主義の色彩がきわめて濃厚である。

2　形式的および実質的価値論、人格の陶冶——フッサール

フッサールは倫理的概念や倫理的命題を理念的統一体とみなし、その法則を理念的法則と解することによって、いわゆる純粋倫理学なるものを提唱する。この倫理学が拠って立つ基盤は倫理的価値をも含めて価値一般をとり扱う純粋価値論である(2)。これは形式的価値論と実質的価値論に分かれる。まず形式的価値論は理性的価値づけが一般に可能となるための形式的諸条件を問うものである。ここではとりわけブレンターノによってすでに示された善なるものの加法、その他の法則が数学的な表現

を用いて厳密に定式化され、その論理的特性が論じられる。フッサールにとってこれは、いわば〈感情《ゲフュー》の論理学《ルスローギク》〉である。そのような作業の狙いは結局次の点にある。すなわち、われわれは加法その他の形式的法則によっておのおのの実践的領域における最高善に到達することができる、そして次にその実践的領域そのものを理念的に無限に拡大するならば、形式的にみる限りでの無限の最高善が理念として眼前にすえられ、すべての理性的行為を遍く支配する目的論を打ち立てることができるということである。この考え方は前節で論じたブレンターノの所説を形式的に整理し、理念的に発展させたものとみなすことができる。

　これに対応して意志の側にも若干の形式的法則が示される。「善なるものを意志することはそれ自体善である。」「正しく動機づけられ、全くもって十分に基礎づけられた意志は単に正しい意志より善である。」等である。意志する者は自らの意志をかかる法則に基づいて統治し、善なる意志を獲得しようと努める〈洞察的意志〉をもつべきであるとフッサールは説く。かくて最高の形式的意志規範とは「汝の理性の影響下にある全領域において獲得可能なもののうち最善なものをつねに行え。」である。ここでもフッサールは、より高い価値への洞察的意志を導入することによってブレンターノの命法の拡張を試みているとみられる。

　次に、実質的で総合的な真理を扱う実質的価値論についてみるならば、まず価値意識が成り立つために、その価値を有する対象が表象されなければならない。対象についての明確な判断がなされる必要はないにしても、少なくとも表象は欠かせない。このとき対象はその価値の〈担い手《トレーガー》〉とよばれ、対象の表象は価値意識を〈基づける《フンディーレン》〉といわれる。あるいは端的に後者は前者に基づくともいわれる。

さて、この基づけの連関を明らかにすることによってさまざまな〈価値の担い手〉の発生が記述され、それぞれの価値の特性が明示される。その点を詳論する余裕はないが、それらの価値とは、たとえば、物質的事象の価値、生命的事象の価値、人格の価値、社会的主体の価値、そしてそれらの混合価値として文化的対象の価値等々がある。これらの価値の中でフッサールは感性的な価値よりも精神的な価値を重視する。とりわけ人格の価値はフッサール倫理学の核心であるといってよい。

フッサールにとってそもそも価値を感じとるのは、自然から刺激を受け、それに反応するという、自然的に理解された限りでの人間ではなく、環境世界との間に動機づけと志向の相互連関を成り立たしめる人格《ペルゾーン》としての自我である（『純粋現象学および現象学的哲学の理念』第二巻、五〇節）。したがって価値意識の主体として人格そのものが優れた意味において有価値であることは言うまでもない。

さらにフッサールによれば、人格的自我をそれが進展する諸連関の中で眺めるとき、それは大きく分けて二つの層、すなわち二つの主観性から成り立つという。上層は際立って精神的な層であり、自由なる作用、すなわち本来的理性作用の主観としての人格的自我である。そしてこれに帰属する下層は感性に左右される暗い〈基底《ウンター・グルント》〉ではあるが、フッサールはこの層をも〈隠蔽された理性〉とみなしている（同書、第二巻、六一節）。ここでも連合、保持、規定の傾向等々が支配し、それらが自然の〈構成《コンスティツチオン》〉を可能にするからである。すなわち精神が体験する物世界は諸精神の、客観的に規定された環境世界――この意味で第二の環境世界ともよばれる――に他ならず、相互主観的に成り立つ可能な現出の規則性、いやそればかりか、すでに個々の精神の可能な感覚的複合体の規則性の中で、環境世界はあらゆる精神的現存在の一つの理性的底層を溯示している。精神とはこの基底に根を下ろしつつ、高度な動機づけ——すなわち態度決定という本来的な理性的動機づけ——が支配する一層包括的な連関に織り込まれた上層である。

　そして人格は精神としての上層においてこそ絶対的個体性を獲得する。下層における個体性は、まず意味づけられる何ものか——意味の核——を置いてそれに意味として多数の一般的性質を与えるという手順を経なければえられないが、このような方式では絶対的個体性に到達することはできない。一般性が必然的に他在をまきこむからである。精神は精神の体験の中で与えられたものそのものであり、ここにおいてこそ人格の絶対的個体性が確立しうるのである（同書、第二巻、六四節）。人格的価値が先取されるべき主たる理由はこの点にある。

　しかし既述のように下層においても理性が隠蔽されて伏在している。このことは身体が主体的に生きられる身体としての精神性をもち(3)、自他の人格的交流の媒介として作用しうるための根拠である。かくして多層的人格は、ますます高い段階において自己統一に達するようなつねに新たな規範体系を生み出しつつ、そのことを通じてその都度より高い次元の人格としての「われわれ」という多頭的《フィール・ケプフィゲ》主観性、すなわち「超越論的相互主観性（transzendentale Intersubjektivität）」を展開せしめる。そして当然のことながら、おのおのの人格は自己を規範の下におき、自己責任を負わねばならないのである(4)。

　フッサールはかかる人格を愛せよと説く。多層的人格を愛するとは、享楽に耽ることではなく、理性によって貫かれた全体としての人格を愛し、それが絶対的個体性を獲得する精神的人格性を愛すると同時に相互主観性の中で自己を規制することでなければならないであろう。かように人格の価値を自らの内で実現することについて、言い換えれば、自己の人格の陶冶についてフッサールは次のように論じている。

われわれは自分が価値ある人間であるか否かという問いに答えようとする際、人間の価値の高さという基準に照らすことになるが、しかしその問いを自らの倫理的な良心の問題として受けとめるなら、外的基準に照らして比較検討することは全く問題にならず、すべての基準は私自身のうちに存することになる。その内的基準は次のようにして生ずる。

人はおのおの自らの職業の中でそれなりの規範に動機づけられて生活している。やがてその職業にとっての規範意志が培われて、そのときどきの顕在的な意志を支えるようになる。そこでフッサールはこの職業を〈普遍的職業《ウニベルサーラー・ベルーフ》〉にまで拡大するのである。それは人間であることそのもの、つまり、もっとも真正な人間であろうとする職業（＝使命《ベルーフ》）である。かかる職業の中で規範意志を普遍的にとらえるとき、われわれは本来的に道徳的なものの入口に達しているのであり、一般的定言命法を前にしているのである。かくてフッサールによれば、私の環境世界において素朴に、偶然に行動するのではなく、もっとも厳密な意味において知と良心とに則って最善なことを選び、それを行うことを志向する意志と、純粋に善い人間であろうとする意志とが相互に結合する。もし私が純粋に善い者であれば、私からは必然的にただ善い作用だけが、ないしは可能な限り最善の作用だけが湧きいでるのである。

3　価値の位階、倫理的善、愛——シェーラー

シェーラーもフッサールと同様、価値を理念的なものと考える。赤色は赤い物に固有の性質として

ではなく、純粋なスペクトルの中での赤のようにそれ自体を把握することができるが、「快適な、魅力的な、好ましい」などの語が指し示す価値も財（Güter）——すなわち価値が隅々にまで行き渡っているとみなされる限りでの事物——に固有の性質としてではなく、当の価値そのものを直観的にとらえることが原理的に可能である。実のところ価値はその担い手についての経験から全く独立である。シェーラーによれば、むしろ対象の価値がいわば対象の先に立って歩むことさえある。そのとき対象の価値は対象の特殊な本性の最初の＜前触れ＞なのである。さらに言葉を換えて言えば、対象そのものは未だ明晰判明でなくとも、それの価値はすでに明晰判明でありうるのである。シェーラーの洞察によれば、世界は純然たる事物でもなく、純然たる財でもない何か価値のありそうなものから成り立っている。それらが没価値なものとして集められれば、自然的な事物の集まりとしての世界がえられ、それらを価値の滲透した統一体、分割すると当の価値が消滅してしまうような統一体として集めれば、財の総括としての世界がえられる。その際、価値そのものは既述のようにその財から独立であるし、いわんや単なる事物に依存するものではない。色性質や音性質とともに価値性質も理念的客体である。しかも価値はおのずから位階を形成するが、この価値位階は財世界の形成を導き、そのかぎりで財世界に対してまさしくアプリオリな存在である。

　ところで、その位階は、理論的に導出されうるというような性格のものではなく、位階には直観的な先取の明証が内在するとシェーラーは論ずる。現象学者にとって明証とは対象そのものが自らを露け出していること（対象の自己能与《ゼルプストゲーブング》）であり、そこでは理論的導出におけるような根拠への問いはもはや不要である。

しかし諸価値には位階におけるそれらの位置の他にもろもろの本質的特性が備わっているはずである。そこで位階での位置づけとそれらの特性の間にどのような関係が成り立つのかが問われてしかるべきであろう。この点に関してシェーラーはある価値が先取されるための五つの規準を提唱している。

a、価値はより持続的であればあるほど、それだけ高い。——ここではまず〈持続〉という概念をどう解すべきかが問題になる。これによって財が現存する客観的時間の長さが意味されていると解するならば、右の命題は、持続的な財を移ろい変化する財よりも先取すべきだと述べていることになり、あまり意味をなさない(5)。なぜなら、制作後間もなく破壊されてしまった芸術作品が最高の価値をもっていたということもあるからである。ある価値が持続的であるとは、その価値の担い手が現存する長さがどうであろうと、当の価値が時間を貫いて現存しうるということである。たとえば、「ある人格を一定期間だけ愛する」という命題に合致するような内的態度をとることができないのは、そもそも本物の愛の作用が本質的にある程度「永遠に持続しうる」という可能性を内含しているからである。これにくらべて感性的快という価値は変移的なものとして与えられている。また浄福は幸いの変移のなかで持久し、幸いは喜びの変移の中で、また喜びは感性的な快の変移の中で持久し持続する、等々つまりそれぞれの感情体験の質には本質必然的に持続性も含まれているのである。

b、諸価値はそれらが分割可能である度合いが少なければ少ないほど高い。——一枚の布、一塊のパンなどの物質的な財を享受することはその財が分割可能であることによって可能となる。というのも感性的快に関する諸価値はそもそも本質的に広がりをもち、それらの感情体験も身体において一定の広がりをもつ。したがって物質的な財は広がりが大きければ(すなわち、より多く分割可能ならば)

それだけ価値は増すことになる。これに対して、芸術作品は元来分割不可能である。つまり分割の結果がまた同様に芸術作品ということはない。その上認識や美などの諸価値はそれが多数の存在者によって感得される際、それの担い手は物質的な財と違って分割される必要もない。聖の諸価値の場合には、それへの志向の中に、分割どころか本質的に人々を結びつける働きさえ含まれている。

c、基づける価値は基づけられる価値よりも高い――たとえば、有用価値は快適価値に基づいている。さらに快適価値は生命的価値に基づいている、等々。

d、価値の高さの感得作用には満足の深さが伴う。より高い価値はある、より深い満足を与えるのである。――この際、満足とは快のことではなく、ある価値への志向がこの価値の出現によって充実されるという体験である。たとえば、散歩の喜びに満足するためには、生活の一層基本的な部分に満足していなければならない、というような場合である。このようにより深いところでの満足を背景にしてはじめて生活の表面的な喜びにも満足しうるのである。

e、より少なく相対的であるような価値はより高い価値であり、絶対的な価値こそが最高の価値である。――シェーラーによれば、これまでに挙げられたもろもろの本質連関は結局この本質連関に基づいているという。

ここで価値が相対的であるとはつぎのようなことがらを意味する。感性的に感得することのない存在者にとっては快適価値は存在しない、またある人が快適を享受する感性的感得機能をなしえたとしても、その機能を遂行しなければ、そのような価値を感得することはできない。このとき快適価値は現に感性的にそれを感得する存在者に対して相対的であるといわれる。これに対して感性の本質および生命の本質から独立な感得、つまり純粋な感得がとらえる価値は絶対的であるといわれる。たとえば、真理を認識するとき、あるいは芸術作品の静かな美のうちに安らぎを感じるとき、われわれは己れの生活にまつわる感情から己れが分離しているということを直観する。私が体験するある人格への純粋な愛においてもその人格は私の感覚や生活感情と結びついた価値層から分離している。ここに絶対的価値の存在の保証がある。

しかしそのような相対性と絶対性は直接的事実として明るみに出されるどころか、むしろ隠蔽されている。シェーラーは次のように述べている。

「われわれの内にはある深みがある。この探みの中でわれわれは体験された諸価値がいかに絶対的あるいは相対的であるかを、たとえ判断や比較や帰納によってどのように自分自身に対して覆い隠そうとしても、いつも秘かに知っているのである。」（『倫理学における形式主義と実質的価値倫理学』一部・II・B・3）

以上述べてきた五つの規準を満たすようなアプリオリな実質的価値位階がどのようなものか、シェーラーはその様式の実例を、カントの形式主義に対するもっとも明確な反駁として提示している。

a、最低位にくるものは快適、不快適の価値の諸系列である。

b、次に生命的感得作用がとらえる諸価値の総体がくる。たとえば、健康や病気の感情、老いや死の感情、喜ぶこと、悲しむこと、復讐、衝動、怒り、等々。以上の生命的諸価値は一個の独立した価値様態であって、快苦の様態に還元されることはない。シェーラーによれば、このことを誤認したことが従来の一部倫理学説の根本欠陥であるという。

c、次に精神的諸価値の領域がくる。この価値は身体および環境世界全体から切り離されたものとして与えられる。その主要な種類は、美と醜の対立、あるいは義と不義の対立がそれぞれ包括する諸価値の全領域、さらにまた純粋な真理認識の諸価値およびそれに従属する科学の諸価値である。これらの価値の財価値は文化価値である。

d、最後に挙げられるべき、したがってまた最高の価値の様態は、聖と非聖の対立が包括する価値系列のそれである。ここでの自体価値は財価値ではなく、人格そのものに直接的に帰属する人格価値である。この価値系列に対応する心の状態としての価値は聖の近さが体験されるか、遠さが体験されるかによって浄福と絶望とに分かれる。

さて、われわれにとって問題なのは善とは何かである。以上の価値論を拠りどころにしてシェーラーは善ないしは悪の問題をどう解決するのだろうか。彼は、善悪をそのもの自体明らかに感得可能な実質的価値とみなす。よしんばムーアがいうように、善悪の本質の何たるかを定義することはできないにしても、われわれは善悪を感得する際に直接体験しうるものを正確に見つめて、善悪がありうるための本質必然的な基準をとらえることができる。それは次のごとくである。「絶対的な意味における善の価値は各自の認識段階において最高の価値を実現せしめるような作用に即して現出する価値であり、悪の価値は最低の価値を実現せしめる作用に即して現出する価値である。」ここで〈作用に即して現出する〉とは善悪が意志作用そのものの実質ではないということを意味する。善悪という実質的価値を担うものはむしろ人格あるいは人格的存在である。すなわち、善という価値は、いわば既述の価値位階の外から高位の価値を先取する人格の価値なのである。かくして、絶対的な意味における最高の善の価値を実現した人格は聖なるものの信に生き、心的状態はつねに浄福であると説かれる。ところでシェーラーにあっては、かかる聖の諸価値の先取を根源的に導くものは「愛」である。すなわち聖へと向上する善のあらゆる段階において先取は根底において愛に支えられている。愛は価値の全位階を自らの内に反映している。だからこそ人格はまさしくこの愛において高い段階の価値へと上昇することが可能になる。

また、シェーラーにおけるこの愛は価値そのものにではなく、根源的には価値の担い手としての人間に向けられる。その意味では愛は先取そのものではない。むしろ担い手を愛することをとおして担い手の価値へ先取を導くのである。そもそも愛は愛される者に「汝のあるところのものになれ」と語ることに等しい。すなわち、愛する者にとっては、愛される当の人格において、まさしく担い手の現存在そのものが価値と一体化しており、愛はそのつど先取を導きながら改めてその一体化を現実化し、体験するのである。かくて愛される者は愛されることの中で単なる価値の媒体ではなく、真に具体的な個的統一たりうるし(6)、一方、愛する主体はかかる愛において自らの人格の完成に向かうのであり、その力動的上昇の中で個的統一が実現されるのである。したがって人間は自他ともに愛において真の個的実存たりうるが、同時に、既述のごとく、価値位階を上昇せしめる愛の本質的な機能によって最終的には浄福に達しうるものなのである。

(1)　G・E・ムーアはこのブレンターノの学説を高く評価している。ただしムーアはそのように優れたブレンターノさえも自然主義的誤謬を犯していると論じている（『倫理学原理』序）。この点については一二〇頁を参照されたい。

(2)　フッサールの倫理学説は草稿として残されてはいるが、未だ一冊の書物にまとめられ、出版されてはいない。それらの草稿については今のところロートの著作を通じて知る以外に方法がない。そのロートによると、フッサールにおいて倫理的価値を他の価値から区別するものは前者が当為を含むということであり、かかる当為的性格は愛の人格的価値において最高度に達する。(『エドムント・フッサール倫理学研究』四〇節)

(3)　フッサールによれば、感覚的心性（ジンリッヒエ・ゼーレ）および身体は、いずれも二次的な意味における自然であると同時に精神的実在でもある。感覚的心性は自然化された精神（ナトゥラリジールター・ガイスト）である。そして自由に動かせる身体は、精神がそれによって環境世界に働きかけるものであり、精神的実在の性格を有するとされる（『純粋現象学および現象学的哲学』第二巻、六二節）。

(4)　このことは『相互主観性の現象学』第三巻、二五号においてもっとも明快に論じられている。最終的にフッサールは相互主観的共現在（Mitgegenwart）を通じて、いわばその彼方に神の共現在が体験されることを説くにいたる（K・ヘルト著『生ける現在』第三章C）。

(5)　ブレンターノやフッサールの加法は現実的な財の持続が問題になっている。

(6)　この点で愛は共感と密接に結びついている。シェーラーによれば、他我の心身はもともと全体として直接感知される。身体だけを知るのはそうした全体からの抽象に他ならない。したがって身体が先で、次にいかにして心を知るかという問題設定は、抽象的なものに出発点を置くという誤りを犯している。そもそも自他の共感が可能なのは右のような事象に基づいているのであるが、真の共感は、他我の個的統一を実現する愛においてこそ成立するといいうる。

参考文献

ロート著、藤本・桑野訳『エドムント・フッサール倫理学研究』(北樹出版）昭和五七年
小倉貞秀著『価値倫理学研究』(理想社）昭和四三年
小倉貞秀編『倫理学叙説』(以文社）昭和六〇年

（遠藤）

第四章　現代における根源的倫理の追求

一、生の哲学と実存の哲学はいずれも人間の能動性、主体性を強調し、人間をそのもろもろの営みの根源としての存在の次元からとらえ直そうとする。その意味で両者は類縁性をもち、歴史的には生の哲学を実存の哲学の一つの源泉と見ることができる。

「生の哲学」という語は、広く人生哲学、処世の知恵というほどの意味で使われることもあるが、狭義においては、十九世紀後半以降ヨーロッパでさかんになった、非合理主義的性格をもつ思想潮流を指している。その具体的形態は思想家により多様であるが、「生」を他に還元できない究極の実在と見、生を生それ自体から全体的にとらえようとする点において、また知性よりも意志や感情を、概念よりも直観や体験を、機械的必然性よりも自由な自発性や創造性を重視する点において、共通の傾向を有している。ドイツでは、すでにショーペンハウアーが、苦に満ちた「生きようとする盲目的意志」が世界の根源であるとするペシミズムの世界観を説いて、生の哲学の先駆となった。ニーチェはショーペンハウアーの影響を受けながらも、力強い生肯定の立場へと転じ、生の真相を「力への意志」とする主体的超越の思想を展開した。ニーチェの思想は、キルケゴールの実存思想と共に、「実存のニーチェの自己超越的生の理念を受け継いでおり、「より以上の生」を求め、「生より以上」のものを生み出す文化形成の原動力としての生を考えた。同じく生の哲学の代表者であるディルタイは、歴史や文化を生の客観的表現として了解し、解釈する、解釈学的な生の哲学を主張した。彼はハイデガーの解釈学的現象学に影響を与えている。そのほか、オイケン、カイザーリンク、クラーゲス等、ドイツにおける生の哲学者は多い。なお、生きようとする意志への共感によって、人間のみならずすべての生物に対する愛と責任を強調し、「生命への畏敬」の倫理を説いたシュヴァイツァーが、生の哲学者の一人に数えあげられるであろう。一方フランスでは、ベルクソンが、直観によって生命を把握しようとする直観の哲学としての生の哲学を樹立した。彼によって生の哲学は大きな発展をなしたと言える。フランスにおける生の哲学の先行者としては、「われ意志す、ゆえにわれあり」と言って生と意志の力を重んじたメーヌ・ド・ビランや、「フランスのニーチェ」と称され、進化論的な立場から道徳、宗教、芸術を考察したギュイヨーらがいる。

二、実存の哲学における「実存」(Existenz, existence) とは、〈自己自身として生きる主体としての人間〉であると言ってよかろう。この実存という概念は、全体性のうちに客観的真理を求めたヘーゲルに抗して、ひとり神の前に立つ単独者の主体的真理を追求したキルケゴールに由来する。彼は永遠の救いへの無限の主体的関心と情熱をもって、真のキリスト者となることを欲した。一方、「神は死んだ」と宣言し、ニヒリズムを超克する「超人」を希求した生の哲学者ニーチェが、実存の哲学のもう一人の先駆者とみなされる。第一次大戦後、この二人の影響の下に、ヤスパースとハイデガーによりドイツにおいて実存の哲学が展開されることになる。はっきりと「実存哲学」を唱えるヤスパースは、人間とは何かという問いを押し進めて、疎外されたあり方を克服して真の自己すなわち実存を実現することをわれわれに訴える。彼の哲学は形而上学であり、実存が一切のものの根拠である存在そのもの、すなわち超越者に関係することを説く。このように、実存の哲学は単に実存論に尽きるのではなく、同時に、存在そのものを問う〈存在の哲学〉でもある。ハイデガーは明確に、フッサールの創始した現象学を方法として存在の意味を問う現象学的存在論を企てた。彼は人間の日常的あり方である現存在《ダーザイン》の分析に力を注いでいるが、そこでは、現存在としての人間が良心の呼び声に応えて、没個性的な「ひと」という頽落状態から本来的自己たる実存へと投企することが示されている。
第二次大戦後、フランスでサルトルが「実存主義」を提唱し、実存の哲学は文学、芸術の分野に及ぶ大きな思想潮流となる。ヤスパースでもハイデガーでも「存在」は神的な意味をもっているのであるが、サルトルは大胆に存在の無意味性を宣言し、無神論的実存主義を貫く。しかし彼の哲学には、実存の自由と投企との強調と共に、誠実性と責任への強い訴えが込められていることを忘れてはならない。ほかに、思想の上でも生活の上でもサルトルの伴侶であり、とくに女性問題を実存主義的に考察したことで知られるボーヴォアール、カトリックの立場から「存在の神秘」を問い、ヤスパースと同じく実存と実存との「交わり」を強調するマルセル、身体を通して世界に内属する実存を現象学的に分析するメルロー＝ポンティ、世界と人間との関係としての生を「不条理」としてとらえ、しかも生への愛によってこの不条理を生きぬくところに真の人間性があると説くカミュらが、フランスにおける実存の哲学の代表者である。

（佐藤）

一　生の倫理——生の哲学

生の哲学の特色は、主知主義的、科学主義的な立場に対して批判的であることである。抽象化する理性に対抗して、あくまでも具体的、根源的な現実経験に基づいて人間、自然、文化、社会を理解しようとする。そのため生の哲学は非合理主義の哲学として性格づけられるのであるが、合理主義的観点からは見失われがちな生の原体験に忠実であろうとする生の哲学の態度は、科学の時代である現代に生きるわれわれにさまざまな反省を促す。ここでは特にベルクソンとニーチェの思想をとりあげることにする。このうちニーチェの思想は、実存の哲学との関連において理解する必要がある。

1　生命の直観と愛——ベルクソン

ベルクソンは直観の哲学を説いた人として知られている。彼が直観を絶対視したとは言えないが、知性に対する直観の根源性を主張したことは確かである。このことは実在についての彼の考え方と関連している。

ベルクソンにとって、実在そのもの、あるいは存在の真相は、生命である。すなわち、植物、動物、人間、ありとあらゆる生物を通じて、それらの根底にあって活動している生命が考えられているのである。この世界は物質を貫いて脈動する巨大な生命の流れであり、宇宙の全体が進化の過程にある生命であるというのである。そして彼によれば哲学とは、抽象的な概念や知的記号を操作する技術であってはならず、みずから実在そのものの流れの中に身を置いて、実在を内側からとらえる具体的な精神的営みでなければならない。そこで、生命を把握するにはどのような方法によればよいのかということが問題になる。生命を直接的に、絶対的に認識するのが直観なのである。哲学が求めるのは事象に即した明証的認識であるが、知性による対象の分析はそこまでは至らない。知的分析は外部から対象をとらえ、それを記号化する。そして質的なものを量的なものに還元する。それは対象を直接に見る態度ではない。それゆえ科学的認識は相対的認識にとどまる。直観こそが絶対的認識をもたらす。直観は、知性と異なり、外部に視点を求めるのではなく、対象の内部に、事物そのものの中に入って対象との一致によって事物そのものを把握する。それはまさに直接的で絶対的な認識である。ベルクソンはこのように直観を哲学的営みの根本と見ている。すべての哲学の根底にあるのは直観であって論理的思惟は直観によって支えられているのである。彼は直観を説明するさいに「共感」という言葉を使っている。これも、事象と一致し、一体化することによる絶対的認識を表現しているのである（『形而上学入門』参照）。

さて、哲学的直観に直接与えられるものは流動する実在である。真の実在は、結局、前述のように生命の流れなのであるが、まず直観がわれわれ自身のうちにおいて働くとき、さしあたり実在は純粋な「意識の流れ」としてわれわれに示される。ベルクソンの第一の主著である『意識の直接与件についての試論』(『時間と自由』という別名で知られている) は、そのような立場から、科学的認識の立場で主張される「決定論」を克服して、意識の創造的自由を基礎づけようとしている。彼は、質的なものを量的に考え、時間的なものを空間的に考えるという錯誤を批判する。意識はたえず質的に変化していく流れであり、この意識のあり方を彼は「純粋持続」(durée pure) と呼ぶ。彼の言う持続とは、同じ状態の継続ではなく、過去の異質な諸瞬間を融合させつつ変化していく流れである。そして意識の質的変化の継起が真の意味での「時間」であるとされる。時計で示される日常的、客観的時間は、純粋持続としての時間が空間化されて、すなわち等質化され、量化されて、分割されたものにほかならない。空間の世界は必然性の世界であり、持続は量的な延長と化し、そこにはもはや、新たな質を生み出す自由はない。このように、時間は空間よりも根源的であり、時間の中にこそ自由があるのである。

もちろん、実在は人間の意識の流れに尽きるのではない。意識の流れは同時に生命の流れでもある。哲学的直観がわれわれ自身の存在を超えて働くとき、宇宙における「生の躍動」(élan vital) が直観される。『物質と記憶』をへて『創造的進化』に至るベルクソンの思索の歩みは、かかる生命の哲学への歩みである。『創造的進化』においてベルクソンは、意識と同じように宇宙の全体が生命として持続し、創造的に進化していくという生命の形而上学を確立したのである。生命の進化は直線的な進歩ではなく、次々と分裂し分散していく過程である。それは、根源的生命が無機物を同化し有機化して顕在化しようとする努力である。生命は原始的生命体から始まって、植物と動物に分化した。植物は静止と無意識の方向に向かい、意識と感覚は眠った状態にある。動物は運動と意識の方向に向かった。棘皮《きょくひ》動物と軟体動物は植物的生命に近い半眠の麻痺状態に陥ったが、節足動物と脊椎動物がそれぞれの方向に進化していった。ベルクソンによれば、節足動物は「本能」を発達させ、脊椎動物は「知性」の獲得に向かった。各々の進化の頂点は、節足動物では昆虫（とくに蜂や蟻のような膜翅《まくし》類）、脊椎動物では人類である。両者の共通の特性は社会化していることである。植物的麻痺状態、本能、知性は生命進化の三つの方向であって段階ではないと見る点が、ベルクソンの思想の特徴である。ところで、人間において知性が、すなわち意識としての生命が最も明瞭に現われているわけだが、その代わりに人間は直観から遠去かる結果になった。というのも、本能が実は一種の直観なのであって（より正しくは、自覚的になった本能が直観である）、人間は知性への進化の過程で直観能力を失いかけているからである。ベルクソンが人間に期待するのは、失われつつある直観を回復し、直観と知性を兼ね具えて両者を十分に展開させることである。そうであってこそ、人間は生命の流れと一体化して、その可能性を十分に実現しうるであろうからである。

　ベルクソンは以上のような生命哲学をふまえて、晩年に第四の主著『道徳と宗教の二源泉』を著わした。この書に彼の倫理思想と言うべきものが示されている。主題は道徳と宗教であるが、両者は平行的に考えられ、ほぼ同じ観点から論じられている。

　ベルクソンの見解の基礎になっているのは、「閉じたもの」(le clos) と「開いたもの」(l'ouvert) との、言い換えれば閉鎖性と開放性との対比である。個人も社会も、その閉鎖的、固定的あり方を突破して、開放的で活動的なあり方へと飛躍することによって新しい創造的な発展が生ずると彼は考えるのである。

まず、蜜蜂や蟻の社会を考えてみよう。蜂窠や蟻塚では成員たる個体はそれぞれの職分が決まっており、組織は全体として不変である。蜂窠や蟻塚には一つの有機体におけるような秩序があり、それはまるで自動装置のように一定し、固定している。昆虫社会は成員の本能によって成り立っている。そこには変化や進歩は見られない。これはまさに「閉じた社会」である。では、人間の社会はどうか。そこにもやはり閉じた社会の性格が認められる。昆虫社会が、一つの有機体として、必然的法則に従う自然的秩序を有するのと似た仕方で、人間社会は習慣の体系を一定の秩序としてもっている。いわば、習慣が第二の自然として働くのである。もちろん人間には自由意志がある。そして社会は多数の個人の自由意志から構成されている。しかし社会の習慣は、「責務《オブリガシオン》」あるいは「義務《ドゥヴォアール》」として、諸個人に一定の規律を課する。社会的責務が抽象化と一般化をへて一つの社会道徳が成立するが、これがベルクソンの言う「閉じた道徳」である。閉じた道徳は統一と秩序を保つ没個性的な拘束力として、社会的圧迫として、強制力として作用し、画一性、一律性をもたらす。そこでは個人は自発性や創意を失っていくことになる。閉じた道徳は人間社会を閉じた社会たらしめる。なぜなら、一つの社会の結束は必然的に他の社会に対抗せざるをえず、排他性を免れないからである。これは未開社会に限ったことではない。「われわれの文明社会もまた閉じた社会である」とベルクソンは言う。家族や都市のみならず、最大の社会単位と言うべき国家の場合にしても事情は同じで、祖国への愛は国家間の対立を引き起こさずにはいない。

ベルクソンはさらに、閉じた道徳の背後にあってこれを強化している宗教、すなわち「静的宗教」

(religion statique) について語る。これは彼が二つに分ける宗教のタイプの一方のタイプで、具体的には諸民族における自然的宗教を指す。彼はこの種の宗教の起こりを「自然の防衛反応」として説明する。静的宗教とは、進歩をもたらすはずの知性が破壊的に働き、個人や社会に対して否定的な作用を及ぼすことに対抗する自然の反作用なのだという。たとえば、人間は知性によって死の不安や利己主義的態度をもつに至る。これらのことは、人間をして意気消沈せしめ、また社会秩序を脅かすことになる。このような傾向に対して、もろもろのタブー、神々、死後の生というような宗教的イメージが、「仮構機能」として生み出される。かくして宗教は人間に安らぎをもたらすわけである。要するに、静的宗教とは人間と自然との間の調停機能であると言ってよかろう。しかし静的宗教は閉じた社会の宗教である。それは様々の不合理、迷信を伴っている。それは超えられるべきものである。

ベルクソンがわれわれに訴えるのは、閉じた社会から「開いた社会」へと移行することである。そのためには、われわれは家族や市民社会や国家の立場を超えて、人類愛の立場に達しなければならない。なぜなら、「開いた社会とは、原理上、人類全体を包含するような社会である」からである。しかし段階的に人類愛に至れというのではない。人類と他の集団との相違は段階的なものではなく、本性上のものである。だから飛躍によるしかない。「われわれは、一跳びで、人類よりも遠くまで行ってしまうのでなければならないし、人類を目的とすることなしに、人類を超出することによって、人類に達しているのでなければならない」。そのような飛躍をわれわれに促すのは、完全な道徳の化身たる例外的人物、すなわち偉大な道徳的人格である。キリスト教の聖徒、ギリシャの賢人、イスラエルの予言者、仏教の阿羅漢、等がそういう人たちである。彼らは「愛の躍動」(élan d'amour) によって全人類に向かった。彼らの人類愛は新しい「開いた道徳」を人々に告げているのである。開いた道徳とは物質的、社会的拘束を超えて、人類愛を基礎とする道徳にほかならない。しかし道徳的偉人たちは具体的に何事かを人々に要求するわけではない。彼らはただ存在するだけでよい。彼らの存在そのものが人々への呼びかけなのである。社会化された自我の根底に隠れた個的自我がその呼びかけに応えるとき、人々の魂は開かれ、人々は開いた道徳を基調とする開いた社会に参与することができる。生命哲学の原理たる「生の躍動」から、さらに「愛の躍動」が説かれるようになったところに、ベルクソンの思想の発展ないし深化が認められるであろう。

開いた魂は、同時に、新しい宗教的態度を獲得する。それが静的宗教に対する「動的宗教」(religion dynamique)である、動的宗教とは、神への愛と結合した人類愛の立場であり、神と合一する「神秘主義」の立場である。ベルクソンが真の動的宗教と考えているものは、聖パウロ、聖テレサ、聖カタリナ、聖フランチェスコ、ジャンヌ=ダルクというような人たちにおいて現われている、キリスト教神秘主義である。ギリシャの神秘主義も東洋の神秘主義も、観想的態度に傾きすぎたがゆえに不完全であった。完全な神秘主義は観想的なものではなく、かえって行動的なものであり、愛と創造が一つになった、生命の大いなる躍動そのものでなければならない。ベルクソンはキリスト教神秘主義をそのようなものと見るのである。

以上のようなベルクソンの道徳論、宗教論の本質を一言で表わせば、∧閉じた魂の態度から開いた魂の態度への飛躍∨である。それが初めに述べた直観の立場とつながることは言うまでもない。そして、開いた道徳、動的宗教を実現するということは、真の実在である生命の流れに帰入し、それと一体化することにほかならない。したがって、彼の倫理思想が依然として生命哲学、生の哲学であることに変わりはない。また、彼が人間中心の狭いヒューマニズムを説いていると考えてもならない。なぜなら、生命は宇宙的生命なのであり、開いた魂の愛は「動物へ、植物へ、全自然へ及ぶ」からである。

ベルクソンの論じ方は二元論的であるが、実は閉じた魂・道徳・社会も、開いた魂・道徳・社会も純粋な形で現実に存在するわけではない。現実はつねに両義的であり、双方を含んでいる。ただ、閉鎖性とそれに伴う排他性を突破する創造的な生の営みのうちにこそ、人間の人間らしさがあると言えるであろう。

2 運命愛における遊戯と創造——ニーチェ

ニーチェに影響を与えたショーペンハウアーによれば、人間のみならず世界のすべては「生きようとする盲目的意志」を本質とし、この意志による生存はたえざる不満、欠乏、苦痛にさいなまれている。つまるところ、生とは苦にほかならない。インド思想の影響を受けたショーペンハウアーは、最終的に、意志の否定によって苦の世界から脱して涅槃の境地に達することを理想とした。彼の思想は結局、生否定のペシミズムであった。これに対しニーチェは、生を積極的に肯定する立場を求めた。彼は「生そのものが力への意志(Wille zur Macht)である」と言う(『善悪の彼岸』)。生はただ盲目的に自己を保持しようとするのではなく、たえずより以上の生を、より以上の力と充実を求めるものだというのである。「生」はニーチェの思想における基本的概念の一つである。それは必ずしも人間および他の生物に限定されない。むしろ、世界そのもの、あるいは存在そのものが生としてとらえられている。ショーペンハウアーにおいては盲目的生存意志が世界の本質であったが、ニーチェは力への意志が世界の本質であり存在の真相であると見るのである。「内から見られた世界……それはまさに、〈力への意志〉であってそれ以外の何ものでもないであろう」（同書）。したがって、「力への意志」はニーチェの哲学における形而上学的原理という性格をもつ概念である。つまり、存在は不動の実体として考えられているのではなく、生成し運動する力動性においてとらえられているのである。言い換えれば、真の実在は生きているものである。「存在——われわれはそれについて《生きている》というより以外の表象をもたない。それゆえ、何か死せるものがどうして《存在する》ことができようか？」（『力への意志』遺稿）。この生としての存在の原理が力への意志なのである。

しかし、ニーチェにおいては、「力への意志」にしても、後に述べる「永劫回帰」（ewige Wiederkunft）にしても、形而上学的、存在論的な意味をもつと同時に、すぐれて倫理的な意味をももっているのである。ニーチェの思想は、世界の存在そのものを生と見、力への意志と見る形而上学を背景として、人間存在の自己超克的生の問題に収斂していくと言うことができる。それはまさに、今日われわれが言うところの「実存」の問題にほかならない。そこに「超人」（Übermensch）という理念が生ずるのである。以下、倫理学的な面に沿ってニーチェの思想を追ってみよう。

ニーチェの思想は「ニヒリズム」の問題をめぐって展開されていると言ってよい。

「ニヒリズムとは何を意味するのか？　至高の諸価値が無価値になること。目標が欠けている。

＜何のために？＞に対する答えが欠けている」（『力への意志』）。

ニヒリズムは、彼にとって、単なる個人的、内面的現象ではなく、何よりもまず、「ヨーロッパのニヒリズム」という歴史的現実性をもつ問題であった。彼は「ヨーロッパの最初の完全なニヒリストとして」、不可避な「ニヒリズムの到来」を告げ知らせる。ニヒリズムの到来の告知は、キリスト教的世界観が実質的に崩壊したという認識と結びついている。その事態をニーチェは「神は死んだ」（Gott ist tot）という言葉で表わした。「近代の最大の出来事――＜神は死んだ＞ということ、キリスト教の神の信仰が信ずるに足らぬものとなったということ――、この出来事は早くもその最初の影響をヨーロッパの上に投げ始めている」（『悦ばしき知識』）。「神」は、キリスト教の神であるが、それだけにとどまらず、さらに、キリスト教信仰に基づく道徳的価値、形而上学的理念、生活上の理想、等々の一切を包括的に意味している。だから、神の死とは、キリスト教信仰によって価値づけられ、意味づけられていたすべてのものが無価値、無意味となり、世界と人生との虚無性があらわになるということである。それは、これまでに人々を根底において支えていた精神的基盤が失われることである。かかる存在全体の無意味性という事態が、ヨーロッパ文化における歴史的必然性として把握されると同時に、自己自身の存在の虚無性、無意味性として主体的に自覚されたところに、つまり、歴史的現象としてと同時に自己の生そのものの問題としてニヒリズムがとらえられているところに、ニーチェの思想の深みがあり、真剣さがある。無論、ニーチェはキリスト教を守り、その力を回復させようとするのではない。むしろ、「反キリスト者」として、キリスト教を打破し、ニヒリズムを極限まで徹底させることによって、起死回生的にニヒリズムを克服しようとするのである。だから、ニヒリズムといってもニつのタイプを区別しなければならない。「高揚した精神の力のしるしとしてのニヒリズム、すなわち能動的ニヒリズム」と、「精神の力の下降と後退としてのニヒリズム、すなわち受動的ニヒリズム」との二つである（『力への意志』）。ニーチェが自己を「ニヒリスト」と呼ぶ場合のニヒリズムは、言うまでもなく能動的ニヒリズムであり、彼はそれを自己の使命として貫くのである。一方、受動的ニヒリズムは、ペシミズムやデカダンスに通じるものである。

では、極限まで徹底されたニヒリズムとはいかなるものか。それが「永劫回帰」の思想である。永劫回帰とはあらゆる事物、出来事が同じ形で永遠に繰り返されるということであり、古代ギリシャ人の円環的時間概念の影響のもとに形成された、ニーチェ哲学における存在論をなす思想である。「同じ姿の、意味も目標もない、さりとて空無に終わるフィナーレもなしに不可避的に回帰する存在、すなわち〈永劫回帰〉。これがニヒリズムの極限形式である。すなわち、無（〈無意味なもの〉）が永遠に！」（同書）「おまえが現に生き、また生きてきたこの人生を、いま一度、いなさらに無数回にわたって、おまえは生きねばならぬだろう」（『悦ばしき知識』）。このように語るニーチェは、永劫回帰を、物理学的、数学的な意味においても基礎づけようとしたが、この思想は、倫理的な意味において理解されるときにこそ、われわれにとって最も訴える力をもつであろう。つまり、人間の生き方が問われているのである。現在の自分の生が永遠に繰り返されるとしても、それを悦びをもって肯定しうるように生きよ、現在の自分の生に永遠性を与えよ、という倫理的要求がそこにあるのである。「おまえは、このことを、いま一度、いな無数回にわたって、欲するか？」（同書）「死に面して私はこう言うであろう、『これが――生だったのか？　よし！　もう一度！』」（『ツァラトゥストラ』）。このように、ニーチェは、最も恐るべき、ニヒリズムの極致としての永劫回帰の思想を、最も力強い生肯定の思想へと転換させるのである。そして、このような生肯定の意志が、力への意志にほかならない。

ニヒリズムを担い、力への意志を原動力として生きる人間、かかる人間をニーチェは「超人」として具象化する。「神は死んだ。今やわれわれは欲する——超人が生きることを」（同書）。「超人」を進化論的な意味で理解してはならない。「超人」は、現にある自己を否定し、乗り超え、新たな自己を創造しつつ生きる人間の、自己超越的生を象徴的に表わしていると考えるべきである。人間は創造者として生きるべきなのである。神が死んだがゆえに、ア・プリオリに与えられている価値も意味も目標も存在しないからこそ、人間は自己創造者として、価値創造者として、自由なるものとして生きることができるのである。超人は、〈超えている〉人間という固定的、静的な意味においてではなく、〈超えてゆく〉人間という動的な意味において理解されなければならない。「人間とは乗り超えられるべき何ものかである」とニーチェは言う（同書）。超人は乗り超え、言い換えれば超越のかなたに出現するというよりもむしろ、その意志的、主体的な超越そのものが超人としての人間のあり方であると考えられる。ニーチェはまた、「人間はまだ固定していない動物である」とも言う（『善悪の彼岸』）。これは、人間が無規定な可能性としてあることを意味している。これらの言葉から、次のように言うことができよう。われわれは各々、自己の生き方によって、人間とはかくのごときものだ、これが人間というものだ、ということを身をもって示す、いな示さざるをえないのである。ア・プリオリに与えられた人間像はもはや存在しない。われわれは人類という種に属しているというただそれだけのことで人間の尊厳を有するわけではない。人間としての生とは何か、いかなる意味で自分が〈人間である〉と言えるのかを、われわれは反省しなければならない。ニーチェは、このような意味で、たえずおのれの現状を否定し、あるべき自己を求めてかなたへと自己を超えてゆくことをわれわれに訴えているのである。「人間であるとは人間となることである」と言うヤスパースも（『哲学入門』）、「人間とはみずからつくるところのもの以外の何ものでもない」と言うサルトルも（『実存主義はヒューマニズムである』）そのようなニーチェの精神を受け継いでいると言えよう。

人間は自己創造者であるが、そのことは同時に、生存に意味と価値を与える立法者的存在であるという意味において、人間が価値創造者であるということである。「神は死んだ」という近代の歴史的出来事によって、人間の生存と世界はア・プリオリな意味を失ったが、一切が無意味化したということは、かえって人間がすべてのものを新たに意味づけ、価値づけるものとして生まれかわるという結果になるのである。それゆえ、ニーチェは「道徳」の問題に強い関心を寄せる。キリスト教との対決はこの場面において激烈なものとなる。ニーチェによれば、隣人愛、同情、忍耐、謙虚、禁欲等を説くキリスト教道徳は弱者の道徳であり、「奴隷道徳」(Sklavenmoral) である。それは、迫害された者、圧迫された者、苦悩する者、自由を奪われた者、疲労した者たちの道徳であり、人間を平均化し、卑小化し、人類を退歩させる道徳である。「今日のヨーロッパにおける道徳なるものは畜群的道徳である」とまでニーチェは言う（『善悪の彼岸』）。奴隷道徳に対抗するものとして、彼は「君主道徳」(Herrenmoral) を賞賛する。これは高貴な人間や貴族的人間に、言い換えれば強者に体現されている道徳である。そのような人間たちに特徴的なのは、充実感、あふれんばかりの力、高く張りつめた幸福感、贈り与えたがる豊饒さの意識である。彼らは善悪の彼岸において自由に行為する人間なのである。

ニーチェは、ヨーロッパにおけるキリスト教道徳の勝利、すなわち君主道徳に対する奴隷道徳の優越化を、「ルサンチマン」(Ressentiment) による道徳上の奴隷一揆と見る。「道徳における奴隷一揆は、ルサンチマンそのものが創造的となり、もろもろの価値を生み出すときに始まる」(『道徳の系譜』)。道徳的なルサンチマンとは、君主道徳の立場で価値なきことを奴隷道徳の立場で価値あるものたらしめる独特の「価値の転倒」によっておのれを正当化するという、弱者たちの復讐感情である。たとえば、〈戦えない〉という無力が〈戦わない〉という善良さに転換され、弱さが善に、強さが悪に変ぜられるというような価値観の逆転である。それは、「正義の名のもとに復讐を神聖化しようとする企て」である(同書)。ニーチェが求めるのは、ルサンチマンによってなされた価値の転倒を、さらに逆転させることによって、強い者、高貴な者の道徳、君主道徳を回復することである。君主道徳に基づいて生きる人間こそが価値創造者であり、それが力への意志を原動力とする超人の理念と一致することとは明らかであろう。

ニーチェが求めるものは善悪の彼岸に立つ超人の自由で創造的な生であったが、力への意志の主張といい、弱者への侮蔑と強者の賛美といい、超人の思想には何か戦闘的なイメージがつきまとい、それに異和感を覚える人がいるかもしれない。しかし、ニーチェの理想とするところは、決して戦闘的な荒々しさではなく、むしろ、小児のごとき無垢な精神なのである。彼は主著『ツァラトゥストラ』の中で、精神の理想的境地を「小児」という比喩で表わしている。「精神の三つの変化を私は汝らに示そう。すなわち、いかにして精神が駱駝となり、駱駝が獅子となり、そして最後に獅子が小児となるかを」。この精神の三段階論は、ニーチェ自身の思想的発展を表わすものであると同時に、われわれに精神的飛躍を促す訴えでもある。駱駝とは何か？　それは、服従し、重荷を担う忍耐の精神である。既成の価値、理想、道徳をそのまま受け容れ、その重さに堪えることに喜びを感じる精神である。それは「汝なすべし」（Du sollst）という要求に従う精神である。重荷に堪える禁欲的態度はある意味では美徳と言えるかもしれないが、そこにはいまだ本当の意味での自己も自由もない。しかし精神はいつか自己に目覚める。そのとき精神は駱駝から獅子へと飛躍する。獅子は自主独立性と自由を獲得しようとする。獅子の精神は既成の諸価値に対して「否」と言い、反抗する。獅子の立場は「われ欲す」（Ich will）の立場である。ニーチェの哲学にはこの獅子の様相が強烈に表われ出ており、そのために戦闘的な外観を呈していると言えるのではあるまいか。さて、しかし、「否」と言い、抵抗する相手がいるかぎりにおいておのれの存在をもつ獅子は、いまだ真に自由であるとは言えないであろう。なぜなら、獅子の自由は戦う相手によって条件づけられているからである。獅子はさらに小児へと飛躍しなければならない。小児とは、何ものにもとらわれずに自在に戯れる遊戯の精神である。「小児は無垢であり忘却である。新しい開始、遊戯、みずから回転する車輪、第一の運動、然りという聖なる肯定である」。小児の精神は、もはや堪えることも反抗することもなく、一切を然りと肯定し、生成としての存在と一体になって戯れる最も深い意味での自由の境地である。それは「われ在り」（Ich bin）という絶対肯定の立場である（『力への意志』）。そこにニーチェの「運命愛」（amor fati）がある。

「私はますます物事における必然的なものを美しきものと見ることを学ぼう……運命愛、これを今後私の愛としよう！」（『悦ばしき知識』）

「人間の偉大さを表わすための私の決まり文句は運命愛である。……必然的なものを単に堪え忍ぶのではなく、ましてや隠蔽するのではなく……それを愛すること……」（『この人を見よ』）。運命愛は必然性への愛である。かくあらざるをえぬという必然性を愛によって肯定し、受け容れるところには、もはや自由と必然性との対立はない。そこにあるのは遊戯する小児の無垢な精神である。そして、遊戯する小児こそまさに、創造する超人にほかならないであろう。このように、われわれは「運命愛」と「遊戯」のうちにニーチェの倫理思想の究極的立場を見ることができる。

「生の倫理」は、いわゆる「バイオエシックス（生命倫理）」（bioethics）という形でもありうる。換言すれば、臓器移植や安楽死や尊厳死という「医の倫理」に関わってもありうるのである。また、自然のうちなる人間という意味では、「公害」問題という社会的な形で、人間の生の尊厳が問題となる場合もある。いずれも、倫理の現実的把握の面からみて由々しい問題であり、至難な課題でもあるといえよう。

（佐藤）

参考文献
O・F・ボルノー『生の哲学』戸田春夫訳、玉川大学出版部。

坂田徳男・澤瀉久敬共編『ベルグソン研究』勁草書房。

淡野安太郎『ベルグソン』、勁草書房。

信太正三『永遠回帰と遊戯の哲学――ニーチェにおける無限革命の論理――』、勁草書房。

L・ギース『ニーチェ――実存主義と力への意志』樫山欽四郎・川原栄峰訳、理想社。

二　実存の倫理——実存の哲学

近代的な科学技術の進歩にともなって、個々の人間の生活は一変した。科学技術の進歩は、確かに人類に多大の幸福をもたらしはしたが、半面また人間を平均化して、機械の奴隷ないしは単なる道具のように取り扱うといった非人間的弊害を現にもたらしていることも事実である。また政治経済的な進歩が人間の生活を向上させはしたが、一方では緻密に管理された社会機構のもとにあって、もろもろの組織や集団のなかで、人間が疎外されていることも否定できないであろう。機械文明の発達、非人間的な技術至上主義、経済的合理主義など、いずれも人間自身の欲望が生み出した産物ではあるが、いまやそれらが逆に人間を苦しめ、人間の生活を脅かしさえしているといってもよい。これらの弊害はとめどもなく人間生活のなかに忍び込んできて、ひいては人間の精神生活までも蝕みかねないであろう。こうした不安と絶望の時代をまえにして、このような非人間的状況を時代の危機として、現代人にむかってひとつの警告を発してくれたのが、実存哲学である。ここでは、この哲学のうち、とりわけキルケゴール、ヤスパース、ハイデガー、サルトルの倫理思想を考察することにする。

1　宗教的実存の倫理――キルケゴール

個々の現実的な人間は、平均的な人間一般ではなくて、ある特定の時間に、ある特定の場所において、特定のあり方をする存在（現実存在）である。言い換えると、人間の本質ないしは人間性一般というものが先にあって、その後に個々の人間が存在するのではないということだ。にもかかわらず、個々の現実的な人間を度外視して、もっぱら人間性一般を考察しようとするのが哲学の任務とされているようにみえる。このような哲学的視点は、実に本末顚倒というべきであろう。そこで、まず実存哲学特有の表現に従って、「人間の実存はその本質（人間本性）に先立つ」という点が注意されなければならない。

キルケゴールにとって、哲学の主題は確かに「人間」であるが、近代合理論が問題にしたような抽象的本質としての人間ではなくて、思考の対象にならない主体的思惟者としての人間であり、つねに自己自身について無限の関心をもっているような個別者としての人間的実存であった。この実存（Existenz）という言葉に「人間的現実存在」ないしは「人間本来のあり方」といった現代的な意味を与えて、ことさらこの言葉を強調したのは、もとよりキルケゴールであり、この実存の立場に固執して彼がヘーゲルを批判したこともよく知られている。

個人が群衆のなかに埋もれ、人間が機械の一部品・一歯車におきかえられていることに無関心であるような、人間性喪失の時代に対して、また無反省にも個別を否定し、全体のうちに弁証法的に止揚してしまうヘーゲル的＝思弁的方法に対して、キルケゴールは厳しい批判をあびせたのであったが、この反省をとおして彼は、「単独に実存する人間」すなわち「単独者」(1)の概念を獲得したのである。個別が普遍におきかえられ、時間が永遠とすりかえられているような抽象的な純粋存在は、時間のうちに実存する現実的存在ではなく、むしろ永遠なる本質といってよいものであろう。そこでは、生きた人間の苦悩や罪責といったことなどはなんら問題になりえない。しかし、このことこそ実は、現実に悩めるこの私にとっては唯一の重大な関心事といえまいか。そうであってみれば、抽象的な客観的真理に基づく思弁的体系は、この私にとってはもはやどうでもよいものだ。というのも、個別的な決意・苦悩・情熱・信仰などといったことどもは、すべてこの体系からこぼれ落ちているからである。この私にとって肝要なことは、客観的真理をただ眺めることではなくて、「私にとって真理であるような真理」を見出すことであり、また真理と主体的にかかわることに無限の関心をもちつづけることだといってもよい。真理は、それを主体的に問う実存的思惟のうちに、あるいは個別的な人間の内面的な主体的活動のうちに開示されるものだ。キルケゴールのいわゆる「主体性が真理である」という命題は、いまいう点を約言したものとみられる。

キルケゴールにとって、現実の人生は、実存する人間が苦悩し絶望しながら、段階的に深化し上昇する発展過程であると考えられた。そこで彼は、周知のように、自らの体験から、実存の生成過程を美的・倫理的・宗教的という人生の三段階において展開させようと試みた(2)。これら「実存の三段階」は、直接的に連結しているのではなく、それぞれの境地は互いに異質的なものであるから、一段階から次の段階への展開は、飛躍的運動（質的飛躍）によって行われるということだ。実存の主体的な生成には、つねに自由による決断があり、またそれと同時に、この決断による「あれか＝これか」の選択があるとみられる。この現実のもとにおいて主体的に生きるということは、このような二者択一の選択にたえず決断を強いられながら生きることにほかならない。このさい問題なのは、正当なものを選ぶことではなく、むしろ選択のために用いられる気力《エネルギー》、その情熱《パトス》、その真剣さであろう。そして、これらのなかに人格の内面的な無限性が啓示され、またそれらによって人格はいよいよ堅固なものとなるということだ。

(1) **美的実存**　これは実存の最も直接的な段階であって、この段階にある人間はまだ自らの実存の真の意味と課題を自覚していない。ここでは、ひとがたとえそれに気づいていたとしても、実際は無関心であるため、これを強いて実現しようと努力するわけではない。その生活態度たるや、ただ気のおもむくがままに身をまかせ、あるがままに生きる、といった生き方である。人生を享楽するにあたって、ひとは自分の外にそれを求めようとし、しかも次から次へと新たな享楽の可能性を求めて生きようとする。それゆえ、この段階の実存は「実存可能性」といわれる。こうして、ひたすら新しい享楽を追求しようとするこの生き方は、結局はひとを快楽の奴隷に転落させるであろう。「人生を享楽せよ」ということをモットーとするこの人生観に即して生きようとするとき、ひとは退屈につきまとわれる。つまり、この場合の人生の目的は、健康・美・富・名声などを果てしなく希求するところにあるわけだが、しかしひとの健康は気まぐれであり、少女の美しさというものはあまりに色褪せやすい。それゆえ、享楽は倦怠であり、また退屈であるということができよう。そこで、次々に繰り返されるこの悪循環を断ち切るためには、ひとは現実に立脚して真実の自己を回復するよりほかはない。それは感性の誘惑を避けて、良心の命ずる善を選択せんと決断することである。この主体的決意は、ひとを高次の実存の段階へと飛躍させる。

(2) **倫理的実存**　人生の重大な局面にあたって、善悪の選択を決断しうる人間は、すでに倫理的段階に立っているともいえる。この段階にある人間は、自らの実存の真の意味を自覚しており、前段階でみられたように、才知をもって自由奔放に生きようとするのではなく、道徳的に良心をもって社会生活を営もうとするのである。すなわち、厳粛に、かつ良心の立場において生きるということは、まずは義務をよく自覚することであり、しかも普遍妥当的道徳律によって自己を限定し、よりよき市民として責任をもって自らの職務を果たすことである。ここにおいて、確かにより深い実存の境地が獲得されているようにみえる。それではこの倫理的実存たることによって、本来的な真実の自己としての実存の境地が達成されえたといえるのであろうか。否、この段階においては、まだなお真実の自己の自覚に達していないことが暴露されるであろう。この場合、もし自己の内面に深化することを本質とする倫理的実存に徹しようとすればするほど、ひとは厳格な道徳律のまえに、自己の無力をおもい知らされ、悔恨するにしろ、あるいは逆に日常性のなかに逃避するにしろ、絶望せざるをえないであろう。倫理的実存の境地にある人間の絶望は、自分が神のまえにあることを自覚するとき、たちまち罪の意識となる。そこで罪を問題にすることは、倫理的段階の限界を超えることになろうが、しかしそれは実は同時に宗教的段階に移行することでもある。言い換えると、この倫理的実存の挫折は、絶望を介して、真実の自己自身でありうるための、さらにもっと高い実存の段階——つまり信仰に生きる宗教的実存への飛躍をうながすということだ。

(3)宗教的実存　この境地に到達した人間は、自らの個別的な実存意識をつよく抱いており、その人生の信条とするところは、信仰をもって生きることである。信仰をもつということは、理性を放棄して逆説《パラドックス》を受け入れることである。永遠なる神が人間となり、永遠が時間のうちに現われることは逆説である。またキリストが神であり、かつ人間であるということは不条理である。こういった逆説とか不条理は、客観的には不確実なものであるが、これらを主体性の情熱において固守すること、それが信仰である。このさい肝要なことは、そのなかに身をおき、主体的にそれに悩み、それを躓きとせずに生きることであるが、まさにこのことによってひとは、真に個別的な実存の根底に到達することができるであろう。

ところで、「創世記」にみられるあの敬虔なアブラハムの試練(3)は、われわれになにを教えるか。──アブラハムは、モリアの山において最愛のひとり子イサクを燔祭として捧げるようにと神から命じられた。だが彼は、何のために愛児を燔祭に捧げるのかその理由をなにひとつ知らされなかった。彼はただひとりで実存的に主体的にそれに悩まねばならなかった。しかし、彼は神に対する確固たる信仰のゆえに、ただひたすら神の背理的な命令に服従しようとするのである。絶対服従といっていいほどの深い信仰があったればこそ、アブラハムは神の試練に堪えることができたのであり、このことによって彼の信仰は確かめられたわけである。彼は、その信仰のゆえに神の祝福を受け、再びイサクを神からの贈りものとしてわが腕に抱き、山をくだる。

ここにみられるアブラハムの生き方は、なんらの疑念もなく、ただひたすら信仰に生きることをめざす宗教的人生観を具現しているであろう。一般的な倫理的格率は、「ひとを殺してはならぬ」と命じているが、にもかかわらずこの道義に反してアブラハムは、わが子を犠牲《いけにえ》として神に捧げようとする。このアブラハムの行為は、一般的倫理の見地からすれば、明らかに殺人であり、倫理的悪の極致であるといってもよい。一般的には許しがたいこの不倫の行為が、しかし宗教的には、実に信仰に基づくものとして、つまり神の命令に忠実な行為として是認されるということだ。すなわち、信仰の立場からすれば、〈契約の子を神の手に返すことによって神は再びその子を贈りものとして授けてくれるにちがいない〉という確かめの行為であるということができる。

宗教的信仰は、もとより個別者（単独者）にかかわることがらである。したがって、信仰のもとにおいては、「個別者が一般者（普遍的なもの）よりも高い」価値をもつものとされる。アブラハムが迷うことなく個別者として神のまえに立つとき、神なる絶対者とこの個別者との間に絶対的な緊張関係としての信仰が成立しているはずである。この信仰をまえにして、倫理的普遍性（一般的な倫理的立場）は、無意味なものとなり、また無力と化してしまう。しかし、神命による絶対の断念をつうじて、再び倫理的関係は回復されるのであり、しかもそれは以前にもまして強固なものになっているとさえいうことができる。信仰は、こうしてその場に立つ人間の個別的な実存意識を極限にまで深めるものとされる。これらの点から察するに、キルケゴールにとっては、倫理的なもの（あるいは倫理学）は、宗教的関係をぬきにしては色あせた無価値なものとなり、かえって宗教的関係に媒介されることによってはじめて真に成り立ちうる、ということができるであろう(4)。

2　実存的交わりの倫理――ヤスパース

この節の冒頭でも注意を喚起したことだが、現代は実に機械化・集団化・水平化の傾向が著しく、その歪みは、日常の家庭生活や娯楽にいたるまで、あらゆる社会の断面のなかに浸透しているばかりか、国家や教育の全体的理念までも破壊しているということだ。われわれを不安に陥れている現代の危機は、まさに人々が自らにとって本質的な実存を喪失しようとしている精神的状況にほかならない。――ヤスパースは、『現代の精神的状況』(5)において、以上のような時代批判を行っているが、そのいわんとするところは、キルケゴールの時代批判と本質的に違いはない。しかしながら、ここに示されている現代の歴史的状況がヤスパースにとってはその哲学的思索の出発点(源泉)になっているということ、しかもこのことが彼の「実存哲学」に包括されている倫理思想(6)そのものにも大きく反映しているのではないかということ、これらの点は注意されるべきであろう。

ところで、ヤスパースにとって、実存とはいったいどのようなあり方であろうか。彼は、こう定式化している。「実存は、自己自身に関係し、そのことにおいて超越者に関係するところのものである。」(『哲学』I・緒論)つまり実存は、人間の単なる生存としての「現存在」(7)とは異なって、まずは自己自身に基づく存在として個別的存在であり、自己自身への内面的かかわりにおいて、いっそう深められた人間存在のあり方をいうのである。したがって、この存在は、ただ現にあるのではなく、ありうる存在であり、またあるべき存在であるともいわれる。というのも、われわれは本来的自己(真の自己存在）を選択することができ、またすべきである（しなければならない）がゆえに、実存はつねに可能的実存であり、また自由存在でもあるからである。

ヤスパースの実存概念の規定について特異な点のひとつは、自由存在としての実存は相互に他人との「交わり」（Kommunikation）をつうじて真の個別者となり、自覚を深めるとみられていることである。なるほどわれわれは、自他相互についていろいろの事柄（例えば、性格・社会的身分・経歴・教養など）を知っているが、しかしこのような現存在の知識だけでは深い人格的交わりに達することはできない。そうした空しさ（不満）を充たそうとして、ひとは互いにより深い実存的交わりへと踏み入ることになる。それは、互いに自己自身を意識しつつ、しかも相手の実存の核心に直接触れ合いたいと願望すること(8)といってもよい。こうした闘争的交わりによって、ひとは互いに孤独であり、個別者であることを知り、しかもそのことを自覚する者の間においてのみ、相互に真の実存を認め合うということだ。

現存在としての人間は、つねに状況のうちにあるわけだから、いまいう実存的交わりも現実の状況を離れてはありえない。人間は、可能的実存として自らの状況のうちに投げ出されて生きている(9)。あたかも運命的な場として自らに与えられたこの状況のもとでのこの私の存在は、「私が未だそこに存在しなかった暗黒（非有）から、私がそこではもはや存在しなくなるような暗黒（非有）へとすべり落ちてゆく」（『哲学』I）ところの、いわば「途上にある存在」である。そこで、可能的実存としての私は、自らの状況のなかに生きながら、その瞬間ごとに自らの運命を選択し、決定するわけだが、しかしそのつど、人生の重大な「あれか＝これか」の岐路に立たされるであろう。だが、われわれが真に自由な自己自身となり、また自己自身を自由そのものとして自覚するのは、実は重大な「あれか＝これか」の岐路に直面して、いくつかの将来的可能性のなかから、ただ一つの真実のあり方を選択する「決断の瞬間」においてである。

人間は、このような決断の瞬間において、過去から歴史的に限定された現存在としての自己を引き受けることによって、将来の可能的自己を主体的に決定してゆくのであるが、二度と繰り返すことのない一回かぎりの人生の選択であるとの意識がともなわなければ、この決断の瞬間はなんら意味をもたないことになるであろう。現存在のうちに自己を自覚し受け取りなおしてゆく実存としての人間は、それゆえ根源的に自らの「歴史性」(10)をになっているということができる。この歴史性は、実存が本来的な自己を選びとる決断の瞬間から開けるということだ。実存にとって一回かぎりのこの歴史的状況において、この主体的決断をつらぬいている実存のいわば運命意識が、いわゆる歴史的意識である。経験的現存在は、過去から歴史的に与えられたものとして必然性の鎖でしばられているが、自由存在としての実存は、決断によってこれを断ち切り、未来の存在可能性を自主的に決定するものであるから、歴史性は「現存在と実存との統一」として、あるいは「必然性と自由との統一」として規定されることになる。また、歴史性は「時間と永遠との統一」としても意識される。実存は無時間性でもなければ、さりとて単なる時間性そのものでもない。実存のこのような性格が顕わになるのは、実に「瞬間」においてである。つまり、過去と未来がつながるところの「永遠の現在」としての瞬間において、実存は自らの現存在のうちに自己の本質を顕現するということだ。

さきにも述べたように、現存在としての人間はつねに自らに与えられた一定の状況のなかに生きている。私がいまある現在の状況は、私の過去を支えてきたものとして、私がなんとしても引き受けなければならないものであるが、しかし私はこの状況を見透かしたり、また働きかけたりしながら、未来にむかってこれを変更してゆくこともできる。ところが、実存としての人間は、単独者として一回かぎりの人生を主体的に受けとめて生きているかぎりにおいて、変更することのできない特定の規定性のなかに置かれてもいる。それゆえ、実存としての私は、いわば運命とも宿命ともつかぬこのぬきさしならない状況のなかに閉じ込められて、これから逃げ出すこともできない。どんな思慮や策をめぐらそうと打開できないこのような困窮状態を、ヤスパースはとくに「限界状況」(Grenzsituation)と呼ぶ。例えば、死・苦悩・闘争・負い目などの状態は、まさしくわれわれにとって不可抗的な状況である。このような限界状況に直面することによって、かえって単なる現存在としてのわれわれは真に実存としての自己を自覚するにいたるということだ。それにしてもわれわれは、回避することのできないこれらの状況をまえにして、はじめは困惑と絶望に陥り、挫折せざるをえないであろう。だが、われわれは真実に自己であろうとする実存的人間として、挫折の痛みをのり越え、あくまでも敢然とこれを引き受けて生き抜くのでなければならない。この態度こそ、「良心」の要請に合致した真実の自己のあり方ではあるまいか。また、実存的人間の人生目標がひたすら本来的自己を実現することであるかぎり、いまここにおいてそれをめざしてよびかける良心の声を受けとめる高い誠実さこそ、ヤスパースの実存倫理を支える根本徳性なのではなかろうか。

なお、いまいう限界状況をつうじて、実存の姿はいっそう明らかになるとともに、またこの限界状況に直面することによってもたらされる自己の挫折の体験は、さらに実存を「超越者」へと導くことになる。あらゆる存在の源泉であるこの超越者は、しかし対象とはならないため、直接には認識されない。それゆえ、実存は、自らの言葉として語りかけるこの超越者の「暗号」を読みとるしかないわけだが、それも真の挫折を体験した者だけが、はじめてその「暗号解読」（Chiffrelesen）をなしうるということだ。しかも、実存は、この超越者との信仰的交わりをとおして、はじめて自己の存在と自由を恵み与えられるということである。ヤスパースのいうところの「実存は超越者に関係する」とは、要するに以上のことを意味している。

3　実存的・本来的自己の倫理――ハイデガー

実存喪失の危機意識にみちた精神的状況をまえにして、人間の本来の姿である死への存在を自ら決意して引き受ける以外に実存としての自己を回復する方法はないということを説くところのハイデガーの哲学が、サルトルによって「無神論的実存主義」として位置づけられたことは、あまねく知られている。その当否は別にして、さきの両思想家が、あるいは神のまえに単独者として立つキリスト者の生き方のうちにみる実存を問題にし、あるいはまた人格的には神といってもよい超越者とのかかわりのなかに立つ実存を説いたのに比べると、確かにハイデガーの哲学にはそういった思想的傾向はみられないであろう。

それにしても、ハイデガーの思惟は、ことごとく存在論への試みにそそがれていて、いまそれらの著述から倫理学的帰結をひき出すことはかなり困難である。ただし、主著『存在と時間』[11]における

〈人間存在の実存論的分析をつうじて人間の本来的なあり方を問う試み〉は、彼の実存的倫理思想をさぐるためのひとつの示唆を与えてくれるように思われる。

ハイデガーによれば、人間存在は、現にそこにあるもの、すなわち「現存在」(Dasein)として規定され、それの根本構造はただ世のなかにある(存在)という点で、「世界内存在」(In-der-Welt-sein)として特徴づけられるということだ。この世のなかにある人間存在のあり方は、「気がかり」(Sorge)という現象によって示される。すなわち、日常のひとは、自分の身のまわりの事物(環境)には気をくばり、また周囲の他人に対しては気をつかうところの「共にある存在」である。この共同存在としてのひとは、世のなかにまぎれこみ、本来の自己を見失って、ただ公衆存在へと埋没しているような「世人」のことであり、誰といって名指されない中性的な「ひと」(das Man)である。このような「ひと」の生きている状態は、あたかも本来の自己から転落したようなあり方として、現存在の「頽落」(Verfallen)といわれる。なぜそうなのであろうか。

現存在は、そこに(世のなかに)投げ出されてあるもので、しかもそこで時間的なあり方をするところの有限存在であり、それゆえはじめから自己の死を可能性として抱えているという点で、「死にかかわる存在」であるともいえる。誰かに代わって引き受けてもらうことのできない自分の死――それは、何時かわからぬが、確実にやってくる。現存在は、始まりも無であり、いまや死によって終わるべき存在(終末への存在)として、終わりもまた無である。このような現存在のあり方そのものが、限りない不安をひき起こす。不安は、死に対する不安へとゆきつく。このような不安をおそれ、死の底に潜む「無」の深淵をみるにしのびずして、ひとはつい本来の自己の姿から目をそむけ、日常的世界のなかに頽落するのである。このような非本来的なひとの状態から、実存としての自己を目覚めさせるものはなにか。

日常性の戯れのなかに転落している現存在は、とつじょ、本来的な自己を回復するよう求める「良心」の呼びかけによってゆすぶられる。すなわち、良心は現存在のうちに不安を目覚めさせ、これを媒介として現存在を非本来的な頽落態から、本来的な自己へとたち帰らせるということだ。この場合、われわれが不安に身構えて、人間に最も固有なその本来的なあり方に対して、毅然たる態度をとるといったその「決意性」(Entschlossenheit)こそ、良心の呼びかけにこたえることであろう。つまり、われわれは自己の有限性、すなわち「死への存在」たることを自覚するとともに、この死をまえもって引き受けるのでなければならぬ。ここにおいて、死は本来性の可能的な様態となって、現存在としてのわれわれのうちに取り込まれることになる。そこでひとは、死への不安から解放されて、もはや死をまえにしてたじろぐこともないであろう。このようなわけで、われわれは死への決意において、かえって自己の本来的あり方を了解することになるということだ。

ここにおいて、さきのヤスパースの場合とはいささか違った意味ではあるが、実存としての自己を回復するのに、とりわけ良心の呼びかけとそれにこたえる絶大なる勇気の必要性が説かれていることは注目されてよいであろう。

4　実存的自由の倫理――サルトル

第二次世界大戦中における非人間的な捕虜収容所での生活体験、ドイツ軍によるフランス占領下での悲惨な対独レジスタンス運動の体験などの試練をへたサルトルの実存主義(12)は、その反映であろうか、人間性への絶望や神に対する不信から、きわめて徹底した無神論の立場にたつ闘争的人生観を展開する結果になったのではないかとみられる。

さて、サルトルによれば、人間存在は、個別的な自由の主体であり、何ものにも制約されない自由の自己意識にほかならない。人間の意識は、存在について「それはなにか」と問いを発し、また存在について「それは……である」と何ごとかを言い表わしうる働きそのものである。一般の事物存在は、ただあるところのものであるから、「それ自体においてある存在」すなわち「即自存在」(être-en-soi)といわれるが、これに反して意識は、「自己に対して」何ものかが存在するというあり方をするがゆえに、「対自存在」(être-pour-soi)と呼ばれる。この存在は、「それがあるところのものであらず、あらぬところのものであるような存在」と規定されるところからも知られるように、「脱自的」なあり方をする(13)。

このようなわけで、意識の特質は、脱自的な「自己への現前」、つまり「その存在においてその存在が問題になるような存在」と規定される。実存するとは、このように脱自的なあり方で、自己自身の外へ自己を投げかけ、自己を形成していくことである。それゆえ、実存としての人間は、未来へむかって現在の自己をのり越えるべく「投企」(projet)を試みる自由の主体であり、無限の可能性であるということができる。これこそ、人間にとって「実存が本質に先立つ」といわれる所以であろう。

現実的な人間存在は、サルトルの場合も、世のなかに投げ出されてあるものとみられ、この私として存在する。しかも私は、ひとりではなく、他の人間存在である他者とともにこの世界のうちにあるのであり、そのかぎりで私は、他者との関係のうちにあることになるが、この関係は私の存在にとって本質的であるといえる。「他者の実存は私の実存にとっての条件である」とサルトルはいう。それゆえ、人間存在は「他者に対してある存在」という意味で、また「対他存在」(être-pour-autrui)ともいわれる。そして、この他者は「出会い」によって私のまえに登場するのである。

サルトルによれば、人間は対自存在として脱自的なあり方をするかぎりにおいて、誰もが自由であるべく運命づけられているということだ。つまり、自由は特定の人間の専有物なのではなくて、脱自的な仕方で実存する人間のあり方をいったものにほかならないから、その意味で人間は根源的に自由な存在であるということができる。ところで毎日の日常生活のなかでも、人間はつねに何らかの「あれか＝これか」の選択の岐路に立たされているが、このような場面において、自由は選択の自由としてあらわれる。そこで、私が自由な選択を行使するのは、いま私がおかれているこの状況のうちにおいてである。それゆえ、実存倫理のつとめは、この状況から離脱することなく、むしろこの状況を私のものとして引き受けることである。人間は、現にあるものからの「自己解放」(dégagement)として存在するとともに、いまだあらぬ目的にむかっての「自己拘束」(engagement)として存在するものだともいわれるが、さしあたって人間は自らの状況を引き受け、そこに生きるかぎり、さらにすすんで積極的に社会問題や政治の問題にまでかかわらざるをえないことにもなる。このような場合の自己拘束《アンガージュマン》は、周知のように、とくに「参加」ともいわれるが、それが人間の自由な企てを前提とする点において倫理的な意味をもつことになり、とりわけサルトルの実存倫理の重要な概念となっている。彼によれば、人間は将来の可能性にむかってたえず自己を投げ企てようとする存在だが、この将来の可能性とは人間にとっていまだあらぬところの不確実なものである。現にあるところの確実なものを放棄して、この不確実なものに対して自己を投げ出すこと、それは賭けであろう。「参加」とは、この意味で自己を賭けることにほかならない。

ところで、サルトルのユニークな自由論には、とかく責任不在の雰囲気がただよっているようにみられがちであるが、しかし実際には、彼は自由にともなう「責任」によって道徳行為を基礎づけようと試みているということだ。彼によれば、人間は自由な存在であり、しかもみずから自由に自己の存在を選択するものであるかぎり、彼はいまある自己の状態に対して責任を負っている。この場合の責任というのは、自分が現在の自己の状態を生み出した当事者だとの意識である。しかも、自己自身を選んだことに対する責任の意識は、同時に全人類への責任の意識でもあるという点に、サルトルの責任概念の特徴があるとみられる。例えば、私が結婚を決断するとき、私はそれによって私自身ばかりか、一夫一婦制の価値を認めることによって全人類を巻き添えにするということだ。つまり私は、実は「自己を選びながら全人類を選んでいる」のである。すなわち、私は自己の行為によって私個人についての責任を負うだけではなく、私個人としての自分への責任は、ただちに全人類への責任につながるということだ。

サルトルの実存倫理について、それが道徳的ニヒリズムに転落する危険をはらみながらも、われわれが積極的にこれを評価しうる点は、それが現代人の間に強烈な自由の意識とそれにともなう責任感を提示したこと、さらになお安易な自己欺瞞を排し、また不安と絶望に堪えながら、新しいモラルのもとで勇気と誠実さをもって生きるためのヒントをわれわれに提示していることであろう。

(1)　キルケゴールは、自己自身以外のことはなにひとつ語らなかった思想家であるといわれるが、彼独自の用語にも、彼自身が自らの人生体験から得た意味を付与している場合が多い。例えば、この「単独者」(den Enkelte) という用語も、日常のデンマーク語では、「ただひとりのひと」の意であり、それは実は彼の原体験では、若き日のただひとりの(恋)人レギーネ・オルセンのことを指していた。

(2)　キルケゴールは、これらの人生観について、『あれか＝これか』、『人生行路の諸段階』において詳細に論じている。とくに後者は、倫理学の領域に重要な貢献をはたしたものとしてすでに定評あるものである。

(3)　キルケゴールは、『おそれとおののき』において、アブラハムの堅い信仰を称えるとともに、自己の救いとなるべき信仰にいたることの難しさを、「弁証法的抒情詩」として叙述している。なお、この物語にことよせて、最愛の恋人レギーネ・オルセンを捨て去らねばならなかったときの、実にキルケゴール自身の直面した状況が、みごとに描き出されている。

(4)　なお宗教的段階において、実存的パトス（激情的なもの）の極まるところは、「負い目の意識」であり、このところに成り立つ内面的宗教（宗教性Ａ）と、内面性との絶対の断絶から生じる「罪の意識」を介して成り立つ逆説弁証法的（キリスト教的）なものとしての宗教（宗教性Ｂ）との差異については、『哲学的断片への後書』において詳述されているので、該当箇所を参照されたい。

(5)　これは現代という時代が直面している状況に対する哲学的批判の書であるが、同時にこれをとおしてヤスパースの「実存哲学」への思想的動機が示されている。

(6)　ただし、ヤスパースには、倫理学と題する著作はもとより、倫理学の伝統的内容を主題にした著作もなく、ためにそれにかかわるものとして、彼の主著『哲学』のうち、とくに第二巻『実存解明』、他に『理性と実存』などの書が、ここでは重視されるべきであろう。

(7) 「現存在」(Dasein) によって、人間存在の特殊のあり方を示そうとしたのは、ハイデガーであり、この場合＜自己の存在に関心をもち、またその存在を了解している存在者＞の意味に用いられている。これに対して、ヤスパースのいう現存在は、＜世のなかにただあるだけの最も直接的な存在段階、単なる生存の現象形態＞といったほどの意味でしかない。

(8) この交わりは、「愛しながらの闘争」(liebender Kampf) ともいわれる。例えば、運命的に出会う人々（最愛の者同士とか敵対者など）は、お互いの緊張関係のうちに、かけ替えのない愛情や真の自己としての実存を認め合うであろう。

(9) ヤスパースの哲学では、人間存在は「状況内存在」としてとらえられている。これに対して、ハイデガーの哲学は、現存在としての人間を「世界内存在」としてとらえる。

(10) この実存の歴史性は、単なる時間性としての歴史性ではない。このような歴史は、現存在としての世界の歴史性であって、実存の歴史性ではないということだ。キルケゴールの場合も同じように、こういう単なる歴史の流れは、この私にとってはどうでもよいものであった。

(11) この書の課題は、現存在（人間存在）の特有のあり方をさぐることを基礎にして、「存在とはなにか」を明らかにすることにより、新しく存在論を構成することであって、このためとくに「基礎的存在論」と名づけられる。

(12) サルトルの無神論的実存主義の宣言として注目される『実存主義はヒューマニズムである』をとくに参照されたい。

(13) ここでは、とくに主著『存在と無』が参照されるべきであるが、この書は、「現象学的存在論の試み」のもとに考察されたサルトルのいわば＜人間学＞の試論とみることもできる。ここには、とりわけフッサールの現象学的方法とハイデガーの存在論の影響が歴然と認められる。サルトルによると、この試論は、将来あきらかにする倫理学の準備をなすものとみられたが、しかし当時予告されたその倫理学の書は、ついに刊行されなかった。

（村上）

参考文献

松浪信三郎・飯島宗享編『実存主義辞典』、東京堂出版。
ファーレンバッハ（上妻精他訳）『実存哲学と倫理学』、哲書房。

第五章　現代社会に生きる倫理

現代の先進国社会は日ごとに多様化と複雑化の度合いを増している。それは古典的市民社会とは質的に異なった状況を生み出すに至っているのである。そうであるなら、この社会は従来の倫理学によっては必ずしも答えきれない諸問題をはらんでいることになろう。

ここでの社会に内在する諸問題をあえてひとことで語るなら、それは〈管理社会化〉と〈商品経済の浸透〉という言葉で表現できるのではないだろうか。現在の行政・教育などの現場において、ひとは制度そのものによって管理されているのを目の当たりにする。また私生活においても、大量商品生産・大量宣伝の波から自由であることは不可能であろう。こうした状況のなかで、〈社会〉は最終的に〈人間〉の手を離れたかに見えるのである。このことは、とりもなおさず社会生活における倫理的主体の自律性が危機に瀕していることを意味しよう。

そこで〈現代社会に生きる倫理〉を求めるわれわれとしては、上の状況を問題としてとりあげつつ（ということは、社会諸科学を補助学として駆使しつつ）現代社会における行為原理を探求していった思想家たちに目を向けてゆくことにしたい。

二十世紀の初頭に右の問題をいちはやく∧合理化∨の問題として自覚的にとりあげたのは、M・ウェーバーであった。彼はこの状況を二千年来の西洋的合理化過程の帰結とみなし、かつてキリスト教が与えたような人間行為の統一的・普遍的原理としての倫理を求めることは、現代においては原理的に不可能であると考える。人間の行為は、もはや諸個人が主体的決断によって選びとった価値の上に基礎を置くほかはない。その上で、その価値を自覚的に実現する際に現実状況を考慮にいれ、意図せぬ悪しき結果にたいしても責任を持つ態度をウェーバーは求める。この∧責任倫理∨の思想は、現代社会においてなお倫理的に首尾一貫した生活態度を形成しうる道を拓く試みであったのである。

ところで、このウェーバーの合理化論を受容しつつそれをマルクス的な∧物象化論∨として批判的にとらえ直したのが、第一次大戦直後のG・ルカーチである。彼によれば、現代の諸問題は基本的には資本主義的商品経済による人間関係の物化という事態に根をもっている。この視点からは、歴史の主体として資本主義社会の解体を目差すプロレタリアートの階級意識を自覚的に形成することが求められるのである。しかしながら、プロレタリア革命の現実の場面では、場合によってはやむなく非倫理的な行為をなすことをしいられる状況に立ち至ることが予想される。この事実に対しルカーチは、歴史哲学的展望を持ちつつ自己の現下の行為の非倫理性とその罪とを自覚し、いかなる形においても自己が許されないと知る者のみが、自分の倫理性を犠牲としてその行為を行うことを引き受けうる、と考えた。この∧倫理の犠牲・あるいは犠牲の倫理∨の思想においてルカーチが直面したのは、西洋倫理思想の中心概念である∧個人の自律∨が、その実現のプログラムであったはずのマルクス主義の政治的実践に向かったとき、深刻な危機にさらされるという逆説的な事態であったのである。

さて、以上のウェーバーとルカーチの倫理思想には、近代倫理学そのものの危機状況が反映されている。その危機状況とは、一方で合理化＝物象化の進展によって、他方では倫理と政治との相克によって、〈個人の自律〉が危機に瀕しているということである。こうした倫理学の危機に直面して、ショーペンハウアー、ニーチェ、さらにはハイデガーといったドイツにおける時代批判の伝統の上に、現代批判の課題と自覚的に取り組んだのが、フランクフルト学派の思想家たちであった。

彼らは、ウェーバーの時代診断から出発しつつも、マルクスの社会的実践の哲学に依拠して、ウェーバーの科学論上の〈価値自由〉という立場を批判する。この批判は、さらにさかのぼって、デカルト、カントをはじめとした近代哲学における理論‐実践の二元的分裂への批判、ひいては近代合理主義そのものへの批判に至る。この批判の過程で彼らが特に注目するものは、科学技術文明、さらには近代合理主義そのものの〈自然（本性）抑圧〉の性格である。この抑圧からの解放のための軸として、彼らはフロイトにおける無意識の抑圧の理論を援用し、〈自然と人間との調和〉という課題を設定したのである。

以上のように、現代社会における倫理学の中心的課題は、合理化された社会における個人の自律性の回復ということである。この観点からみれば、『希望の原理』で知られるE・ブロッホ、マルクス主義の人間学的補完を試みた後期サルトルの思想、『ヒューマニズムとテロル』を書いたメルロー＝ポンティ、あるいは科学論の方面におけるポパー、アルバートらの批判的合理主義（非合理的決断に支えられた合理的システムの形成の論理）の立場も、同様の問題圏内で動いているものとしてとらえられよう。また、アルチュセール、フーコーらの構造主義の理論も、個人の自律を脅かす社会的抑圧構造の解明の試みとして評価できるのである。

今日われわれは、高度経済成長後の〈豊かな社会〉の成立を迎えている。しかし、家庭・教育・医療・自然環境といった日常生活の諸局面に現われてくる多様な問題をその深部に向かって掘り下げてゆくとき、以上の思想家たちの見つめていた課題がわれわれ自身のものであることに気付くであろう。そのとき彼らの思索の歩みは、今日的な意義をもってわれわれに語りかけてくるのである。

（福山・鹿島）

一　責任の倫理——M・ウェーバー

1　M・ウェーバーの時代診断——現代社会と倫理

今日「管理社会」化ということがさまざまな形で論議されているのを耳にする。実際、われわれの社会生活を顧みるならば、その各領域は（行政的官僚機構をはじめとした）管理装置にそれぞれはめこまれて分断・支配されているのが実情ではないだろうか。ここでわれわれを支配しているものは「制度」であり、われわれが制度を支配しているのではない。学校や職場などでわれわれの行為を規制しているのは、それぞれの制度の形式的手続きであって、個人が自発性をもって主体的にふるまうことのできる余地はますます制限される方向に向かっている。このような状況に対して個人は全くもって無力であり、社会生活における人間の主体性などはあらかじめ断念されるべきものとみなされているのではないだろうか。そうであるなら、人間の行為を律すべき「倫理」という言葉もうつろなものに響かざるをえないだろう。

ここにおいて、なおこの圧倒的な管理化の動向から目をそらすことなく、公的・社会的な場面での個人の自律性を守りとおす道を求めることは不可能であろうか。このように問いをたてるとき、ひとはすでにマックス・ウェーバーと問題を共有している。ウェーバーは、社会学者として二十世紀初頭にいちはやく右のような時代動向をとらえるとともに、かかる状況における人間の倫理的な在り方に鋭い問いを向けたのである。

彼の倫理思想は、一般に「責任倫理」の立場とよばれる。この責任倫理の思想の理解を助けるために、まずはじめに、この現代の状況、およびこの状況を生み出した歴史的過程を彼がどのようにとらえているか、手短かに紹介しておくことにしよう。

ウェーバーは現代の状況を、西洋二千年の歴史を貫く独特の「合理化」の帰結ととらえる。この合理化を経た現代の西洋型社会においてわれわれは、ものごとの背後に何か人知のおよばぬ神秘的・呪術的な力が働いているともはや信じはしない。事物はすべて（原理的には）合理的な計算によってとらえることができ、それゆえ技術的に支配することができると考えている。こうした状況を生み出した西洋独特の合理化の過程を、ウェーバーは「現世の脱呪術化(Entzauberung der Welt)」過程とよぶのである。

彼の有名な論文『プロテスタンティズムの倫理と資本主義の精神』は、この「現世の脱呪術化」を推進した起動力として、西洋近代の宗教倫理に着目している。それは、カルヴィニズムを中心とした禁欲的プロテスタンティズムである。古代インドのヒンドゥー教・仏教や西洋中世の修道院においては、宗教的な救いは現世の外での禁欲や瞑想によってえられると考えられていた。これに対して禁欲的プロテスタンティズムは、現実の社会生活において禁欲的に職業労働に励むことのうちに救いの道を見出す。というのも、カルヴィニズムの教理は、神はすでに救われる者と救われない者とを決定しており、しかもその決定は変更不可能であって、かつ人間には知ることができないと教える（二重予定説）。そこで、信徒大衆は、すでにルターにより宗教的価値を与えられていた世俗労働に禁欲的に従事することによって、その成果に自分の救いの証しをみようとしたのである。この現世内的職業労働への専心において、現世内の事物は目的のための単なる手段とみなされる。つまりそれらは、超自然的な呪力を徹底的に剝奪される（＝脱呪術化される）ことになったのである。

ところでウェーバーによれば、この禁欲的プロテスタンティズムの倫理は、西洋近代の合理的経営資本主義に適合した宗教的エートスとして、その発展の動因の一つとなった。そしてこの近代資本主義こそ、現実に合理化を社会生活に浸透させてゆくのである。だが、この近代資本主義の現実的発展のためには、合理的な行政と法とが必要であった。すなわち、資本主義的経営が合理的に維持・展開されるためには、為政者・裁判官の恣意による不合理な干渉を受けてはならない。それゆえ形式的・合理的に整備された行政システムと法体系とが必要なのである。さらに、資本主義的生産の現場で自然を技術的に支配し利用するためには、数学と実験とに基づいた精密で合理的な科学が必要となる。これらは近代資本主義の前提となるとともに、資本主義によりそれら自身の発展の経済的条件を与えられ、相互に作用して現代の徹底的に合理化された世界を現出させることになったのである。

だが、以上の発展の終局にある西洋現代社会においてはいかなる状況がくりひろげられているのだろうか。この社会を出現させる重要な起動力が禁欲的プロテスタンティズムの宗教倫理であったことは、今見たとおりである。しかし現代においては、この禁欲的プロテスタンティズムの宗教的諸観念すら、非合理的なものとして「脱呪術化」されている。ひとはもはや、超越的で普遍的な価値がわれわれの行為を統一的に支配しているとは考えない。人間生活を支配しているものはむしろ、価値増殖の論理に貫かれた経済システム、形式化された法体系と官僚制化された行政機構、および高度に専門化された科学・技術であるにほかならない。かつてこれらの内に宿りこれらを導いていた宗教的理念はあとかたもなく消え失せ、あとに残った制度的枠組みが今日われわれを支配するに至っているのである。

さて、現代の状況とその由来を以上のようにとらえるウェーバーにとって、人間の倫理的態度の可能・不可能の問題はいよいよ困難とならざるをえない。というのも、こうである。人間生活の各領域はそれぞれ固有の論理・法則性をもっているので、しばしば相互に対立することを避けえない。それでもそれらを調停し、一つの理念のもとに統合して統一的な方向を与えてきたのは、宗教的理念であった。実際に西洋近代においても、右に触れた禁欲的プロテスタンティズムはそうした機能を果たしたのである。しかし、その宗教的理念を介して合理化が徹底された結果、かえってそうした調停が原理的に不可能である状況が現代に生じている。生活諸領域がそれぞれの固有法則性にしたがって極度に合理化された結果、それらを橋渡ししようとすること自身が一つの特殊な価値領域に属するものとして相対化され、その意図する効力を発揮しえないのである（こうした状況を、ウェーバーは「相対立する神々の争い」とよんでいる）。そうであるなら、人間が行為の普遍的原理となるべき倫理的規範を見出すことは、このような状況のもとでは原理的に不可能であることになるだろう。そしてそれゆえ、時代の官僚制化の動向のただなかで人間の自律性・主体性を守る道を見出すこともほとんど絶望的であるかのようにみえるのである。ここにウェーバーの問題意識の出発点がある。

2 責任倫理と心情倫理

それでは、ウェーバーの提唱する「責任倫理」(Verantwortungsethik) とはいかなるものであろうか。まずはじめに、抽象的な表現にはなるが、その一般的規定を与えておくことにしよう。〈責任倫理とは、行為に際してそれが現実に行われる場の人間の平均的欠点を計算にいれ、その行為の結果をあらかじめ可能なかぎり予測し、結果に対する責任を考慮に入れる立場である(1)〉。

このことを具体的に理解するために、まずはじめに注意しなければならないことがある。それは、この責任倫理が一定の内容をもつ倫理的原理(規範)をあたえるものではないということである。むしろ責任倫理は、任意の規範に従って実際に行為する際の行為者の態度を規定する主観的原理にかかわるものなのである。これは倫理学では「格率」とよばれる。つまり、どのような内容の規範を当の行為者がもつにせよ、それを個々の具体的行為の場面で適用する仕方はその規範そのものからは出てこないのであって、その適用の仕方を規定する原則=格率がさらに必要となる。そのような格率の一つとして、責任倫理というものはあるのである。

ところでこの責任倫理の立場を理解するためには、それと正反対の倫理的態度を思いうかべてみればよい。つまり、〈行為に際して人間の平均的欠点を計算に入れず、行為の結果を予測せず、結果に対する責任を考慮に入れない立場〉を思いうかべてみればよい。このような倫理的態度をウェーバーは「心情倫理」(Gesinnungsethik)(「心術倫理」「信念倫理」という訳語もある)とよんでいる。この心情倫理は、(「キリスト者は正しきを行い、結果は神に委ねる」という表現に端的に示されるように)行為をなす際に、その結果ではなくその意図だけで当の行為が正当化されるとみなす。そこで、行為によって生じた意図せざる悪しき結果に対する責任を、自己(行為者)自身にではなく他人の愚かさや(かかる人間を創造した)神の意志に帰することになるのである。ちなみに、ウェーバーはこの心情倫理の具体例として、福音書の「山上の垂訓」、さらにはワイマール共和国成立前夜のサンジカリストの立場をあげている。この「心情倫理」の態度との対比においていえば、「責任倫理」は、行為をその意図によってではなくその成果によって評価し、その意図せざる結果への責任を他に転嫁せず、みずからに引きうけようとする態度であることになるだろう。

さてウェーバーは、この二つの倫理的態度が根本的にあいいれず、両極的に対立するものであることを強調した上で、責任倫理的態度こそ現代の時代状況に適合するものとみなすのである。ここでわれわれが注意しなければならないのは、彼が責任倫理と心情倫理とについて、その絶対的な優劣、いいかえれば時代を超えた優劣を語っているのではないということであろう。現代の時代状況に照らしてこそ、心情倫理ではなく、責任倫理が時代に生きる人間の支えとなる、と考えられているのである。

それではなぜ心情倫理的な態度は、現代という時代に適合しないのか。これを理解するには、ウェーバーが想定する人間の社会倫理の発展過程における、心情倫理の位置・意義について概観してみなければならない。

人間の世界にたいする態度が「アニミズム的シンボリズム」とよばれる段階にあり、世界が呪術的象徴の園とともにとらえられている時には、人間の行為を律するものは〈タブー規則〉であった。この段階を超えて、此岸と彼岸との区別・創造者（神）の観念が発達すると、このタブー規則は（神から与えられた）聖なる〈律法〉にとって代わられる。この律法は、その内容に反省が加えられ倫理的に妥当なものと判断・承認されてはじめて効力を発揮するのではない。むしろ、神から与えられたもの等としてそれ自身聖なるものであるがゆえに、無条件で服従すべきものとみなされるのである。

さて、この律法による規制という段階における倫理的規範の外面的な在り方にたいし、次の段階に位置する心情倫理は規範を人間にとって内面的なもの・主体的なものにする。前者は所与の律法を不可侵のものとして聖化し、それに合致しているかどうかによって人間の行為を規制した。これに対して心情倫理的に行為する者は、こうした外面的・固定的な規範のあり方を破壊して、特定の普遍的原理（宗教的には救済目標）を内面に明晰に自覚し、それを軸に生活の各場面を統一的・主体的に規制しようとする。つまり、個々の具体的状況に直面した時、普遍的原理に照らしてみずから自分の行為の格率を設定してそれに基づき行為し、あるいは状況に応じてそれを変更し、そのことを通じて普遍的原理からみて倫理的に一貫性のある生活態度を形成しようとするのである。

もちろんこのことは、生活の諸局面において対立を引き起こさざるをえない。つまり、心情倫理は生活諸領域を特定の原理に関係づけて一つの体系的・合理的な秩序としての世界を創りあげようとする。これに対して現実の生活諸領域は、それぞれに固有の法則性に従って別々の方向に合理化を遂げていくのだから、この統一的世界像に反したものにならざるをえない。それゆえ心情倫理に従った行為は、生活諸領域との緊張関係を避けることができないのである。とはいえ、このような緊張関係の只中でなお、生活諸領域のさまざまな利害関係を一定の方向に向ける「軌道の転轍手」の役割を、心情倫理の根底にある理念は果たす。現に世界宗教とよばれるものは、そのようなかたちで人間生活に影響をおよぼしてきたのである。

だが、先にも述べたように、西洋近代における合理化の進展は生活諸領域の分裂・対立を極度に押し進め、統一的な倫理的原理による統合を不可能にさせるに至ったのである。そこにおいて心情倫理的に統一的原理を主張することは、それ自身他の価値領域と対立する特殊な一領域に閉塞することを意味することになる。つまり、自分が求めるもの（生活全体の統合）とは正反対の状態におかれざるをえないのである。このような状況においてなお心情倫理的な態度をとることは、先にみたように結果を顧みず当の行為をなすことがそれだけで価値をもつとみなす態度を意味せざるをえない。合理化が貫徹した西洋の現代社会においては、心情倫理的立場は、それ以前の段階とはその意義を変じているわけである。そしてそれは倫理的に首尾一貫した生活態度を形成しえないものとして、時代に適合しないといわれざるをえないのである。

それでは、こうした心情倫理に対比される責任倫理は、どのような意味で時代状況に適合しているといえるのであろうか。

先にこの倫理的態度が〈人間の平均的欠点を計算に入れ、行為の結果をできるかぎり予見しようとし、結果に対する責任を考慮に入れる〉と述べたが、このことから一見すると、この立場はその場その場の成功の見込みだけを基準としてそのつどの行為の原則を選びとるような、無節操な態度であるかのように受け取られかねない。また実際、合理化の果ての現代においては、普遍性を主張しうる統一的原理が存在不可能であるがゆえに、そのように自己の根本的な立場すらもそのつどの状況に順応させてゆく態度がしばしば人間を支配することになるのである。このような態度をウェーバーは「順応倫理」とよんでいる。

こうした順応倫理と責任倫理は厳格に区別される。その区別は、責任倫理においては、行為の出発点・原理になる究極的態度の設定が各行為者によって自覚的・主体的に選びとられる、という点にある。このような主体的な態度の選択を基礎にすえたうえで、具体的にそのつど設定される個々の行為の目的を実現するにあたっては、所与の状況を考慮に入れて最適の手段をとり、悪しき結果を避けるべく努力し、場合によっては意図せざる結果の責任をとるという態度こそが、責任倫理的態度なのである。

この責任倫理の立場は、行為の究極的原理の選択を個人の主体的決断に委ねるがゆえに、一種の実存的倫理とみなされることもできよう。しかしながら、もしその場合の実存的倫理が個人の主体性において「本来的・根源的」な規範内容を求めうるものと考えられるのなら、ウェーバーにとってそのようなことは不可能なことであるといわざるをえないだろう。いかなる形でも普遍的な規範を得ることはできず、それゆえにこそ各人は各人の究極的立場をみずから選びとってゆかなければならない。このような意味でこそ彼は倫理の根拠を個人の主体性におくのである。そのとき彼が見すえていたものは、合理化が貫徹した西洋近代の終極点における「神々の争い」という現実であった。この状況を自覚しつつしかも順応倫理に陥らない道として、責任倫理は時代に適合したものとなるのである。

3　科学と倫理

それでは、この責任倫理的態度が現実に貫かれるためにはどのような手続きが必要であろうか。ここで重要な役割を果たすのは、実は〈科学〉なのである。

ウェーバーによれば、もとより科学は「何をなすべきか」を証明することはおろか示唆することすらできない。かつては、科学的認識一般としての哲学が人間に何が善であるのかを教えうると考えられていた。しかし合理化の進展によって、哲学の諸学科は高度に専門化された個別諸科学としてそれぞれ自立し、各領域の〈事実〉の問題にのみかかわるものとなった。そして、この個別科学によって生活諸領域の合理化がさらに自覚的に推進される中で、宗教と同様に、哲学が普遍妥当的な規範を実際に呈示することは原理的に不可能となるのである。この時代においては事実認識と価値判断とは別個の領域におかれ、価値の選択は右にみたように個人の決断に委ねられる（このような前提に立ってウェーバーが科学論上の「価値自由」(Wertfreiheit) の立場を展開したことはよく知られている)。

にもかかわらず、科学的認識手段は責任倫理的態度の実現に一定の意義をもつのである。それをウェーバーにしたがって四点にわたってみてみることにしよう(2)。

1. 責任倫理的態度は、行為をその意図のみならず成果の面からも評価するものである。それゆえ当然のことながら、行為の目的の実現にも十全な配慮をなさなければならない。つまり、その目的にふさわしい手段を選択しなければならない。この点で、つまりどの目的の達成にはどの手段が適切であるかについての知識を提供する点で、科学は責任倫理的行為者にとり不可欠なものとなるのである。

2. ところで、人間の行為というものは、意図した目的以外にもさまざまな副次的結果をもたらすのが常である。そのような本来は望まれない結果に関しても、責任倫理的態度は責任を自己に引き受ける。それゆえ行為者は、右で選択された手段の行使によりいかなる副次的結果が生じるかをできるかぎり正確に予測しなければならない。この点に関しても科学は同様に知識を提供することができる。

以上の二点はいわば科学の〈技術的〉な貢献であって、その出発点となる行為の目的そのものはあらかじめ行為者により設定されていなければならない。その上ではじめて、その目標の実現に関して目的合理的な行為がなされうるよう、科学的認識が「助言」を与えるのである。とはいえ、〈1〉その目的実現のための手段が見出されないか、あるいは見出されてもその実行が著しく困難である場合には、行為者はその目的設定を放棄することを余儀なくされるかもしれない。また、〈2〉その副次的結果があまりにゆゆしいものである場合にも、同様のことが生じよう。少なくとも行為者は、そのような犠牲を払ってまでなお目的を実現することを自分が望むかどうか自問することになるのである。その意味では、右の科学による技術的知識の供給は、行為者の目的設定そのものにたいし、間接的ながらもすでに一種の批判的機能を果たしていることになるのである。

だがさらに、科学が行為者の目的設定そのものを直接にとりあげ、その点で行為者に積極的に貢献しうる場面がある。すなわち、

3. 設定される目的・実践的態度は、（当の行為者に意識されずとも）特定の理念的な系譜を背景としており、また社会的歴史的な連関の上に位置を占めている。このことは一つの対象的な〈事実〉

として経験科学の研究対象となりうるものである。たとえば、ウェーバー自身の『プロテスタンティズムの倫理と資本主義の精神』の論を例にとれば、近代資本主義における∧職業人∨の在り方は、禁欲的プロテスタンティズムの現世内的禁欲にまで遡ってその歴史的意味連関を経験科学的に解明することができる（もっともこの場合の経験科学とは、右の1・2において技術的知識を供給する科学が因果的知識を与える「法則定立的科学」であるのに対して、歴史的対象の理解と追体験とを可能とする「個性記述的文化科学」である）。このような研究の成果は、当の目的を実際にもつ行為者に対して、自己の目的設定・実践的態度に反省・自己吟味を加える機会を与えるものとなるだろう。行為者はこれにより自分が何を欲しているのかを、その根拠と連関とにさかのぼって理解することができる。さらには、自分の目的設定が他のそれといかなる対立関係にあるのかを理解することができるのである。

4. 上の作業を通じて行為者が自己の目的の理念的根拠を自覚したとき、さらに立てられるべき問いは次のようなものである。すなわち、さまざまな場面での自己のそのつどの目的設定がこの理念的根拠に照らして首尾一貫したものであるかどうか、という問いである。このことの吟味の手段を提供するのも科学、とはいってもこれは経験科学ではなく（専門学科としての）哲学の形式論理的分析方法である。

行為者は通常は、自己のそのつどの行為の根底にある究極的価値理念などには自覚的でないのが普通であろう。その価値理念を明るみにだし、さらにそれに照らして首尾一貫した行為からなる統一ある生活を可能とすることは、責任倫理的態度に不可欠のことである。この点で科学は、責任倫理的行為者に自己省察のための重要な手段を提供するのである。

そもそも「責任倫理」という場合の∧責任∨とは、いかなるものを意味するのか。それは単に、思うままになされた自分の行為の結果についてその責めを引き受けるということではないだろう。むしろ∧a∨ある目的の実現のための手段・結果をあらかじめできるかぎり予測し、自分が望まない悪しき副産物を極力避けること、このことこそまず行為する人間の「責任」なのである。その上で、∧b∨やむなく生じた不本意な手段の行使、悪しき結果の責めが自分にあることを自他に対し明らかにすることが、責任ある態度を形づくるのである。その際、このように悪しき結果に責任を取りうるのは、当の行為が自分の究極的な価値観・理念に明確に結びついていると確信し、それを行わざるをえなかった主体的根拠を自覚しているからにほかならない。この両面の意味をもつ∧責任ある態度∨の形成にとって、科学的認識による技術的知識と自己反省の手段の提供は不可欠のものなのである。

4　対話的倫理としての責任倫理

さて、以上のように責任倫理について語りながらも、ウェーバーの論調は暗く、時としてペシミスティックでさえある。それは、責任倫理的態度といえども、現実の場面ではさまざまな形での逆説的な運命に巻き込まれざるをえないことを彼が知っているからである。

まず、実際の政治の場面について考えてみよう。真に政治的指導者といわれる者が、自分の究極的価値理念に従って定立した目的を責任倫理的・目的合理的に成功に導くためには、その条件の一つとして次のことを避けるわけにはいかない。それは、彼が配下の者を自分の「装置《マシーン》」として組織しなければならないということである。しかし、その「装置《マシーン》」を規律をもって維持し機能させるためには、彼は理念的な動機づけを与えるだけでは足りず、本来の志とは疎遠な内的・外的プレミアムを配下の者に約束しなければならない。例えば、戦利品の分け前・排他的な独善欲の満足などを約束しなければならないのである。だがこのことは、配下の者たちのもとに「精神的プロレタリア化」をもたらすことになる。そして、企てが成功裡に成し遂げられた後には、これらの者はありきたりの俸禄者層となり、旧態依然たる状況が現出して当初の志はあとかたもなく消え去ってしまうのである。こうした逆説は、ウェーバーによれば歴史において常にみられることなのである。

さらに次のようなことも考えられる。責任倫理的態度の根底にある究極的価値・理念的根拠は、それが明確に自覚的・主体的に選びとられたものであればあるほど、状況に応じて簡単に放棄・変更しえないものであることは言うまでもない。とすれば、その立場から設定された目標の実現に向けて因果的知識を総動員してことに努めながらも決定的に不都合な結果をどうしても避けえない場合、なお自分の究極的価値に忠実であろうとするために、その結果を甘受せざるをえない事態に立ち至ることが考えられる。ここにおいては、責任倫理的態度は他ならぬ心情倫理的態度に結びつく。すなわち、結果をあえて顧みない態度をとらざるをえないことになるのである。このことは、責任倫理的態度がその根底において主体の決断に支えられているがゆえの、不可避の事態といわなければならない。

ところで、ウェーバーの責任倫理の主張は究極における主体の決断に強調を置くがゆえに、一種の〈決断主義〉であるとの批判的評価を受けてきた。さらに、その決断を実行に移す際の技術的知識の意義を強調する点で、政治技術主義の傾きがあるとも指摘されてきた。そして、一方で指導者による決断主義、他方でその指揮下にある官僚装置の政治技術主義が結合するところに成立する〈指導者民主制〉を積極的に主張するものとして、彼の死後十数年にして登場するナチズム体制のイデオロギーの先駆けとなるものとも解釈され、批判されてきたのである（その中でもK・レーヴィットの批判(3)は有名である）。このような批判はナチズムの歴史的体験の上にたつ戦後のドイツ系知識人の過剰反応とみなすこともできよう。しかしながら他方で、そうした批判を可能とさせる部分がウェーバーの所説のうちにみられることもまた事実なのである。

だが、近年飛躍的に発展したウェーバーの著作の文献学的研究の成果の上にたって、彼の思想像を新たな角度から見直し、責任倫理の思想をも一種の〈対話的倫理〉として解釈しようとする動きが出てきている(4)。しかも、この解釈は実際にウェーバーの叙述のうちにその基礎を求めることができるのである。それは「実践的価値評価をめぐる議論」についての叙述である(5)。

この「実践的価値評価をめぐる議論」とは、複数の行為者により各人の究極的価値理念とその帰結とをめぐって行われるものであり、以下のような四段階のステップを経て進められるものである。

1. 行為者の相対立する複数の意見について、それぞれが出発するところの究極的価値公理を明確にすること。

2. それらの価値公理から首尾一貫して出てくる（現実の事態に対する）実践的態度をそれぞれに関し実際に引き出してみること。

3. その実践的態度を保持する際に必要となる行為の手段を明らかにし、かつその副次的結果を予測すること。

この場合、その行為の遂行が不可能なこと、不可能でないまでも実現困難なこと、その手段または副次的結果を甘受してまで当の態度を貫く価値があるかどうか疑問になること、等々のことが明らかになった場合には、

4. 今まで考慮に入れられていなかった新しい価値公理・実践的態度を提起し、これを上記と同様の手続きによって吟味すること。

このような手続きを踏んで行われる「実践的価値評価をめぐる議論」がいかなる意義をもつかを考えてみよう。ここにおいては、〈a〉行為者自身が自分の態度を問題にするという反省的構造がみられ、〈b〉しかもそれが互いに対立する意見をもつ者同士の場で相互の態度に関し行われるという対話的構造がみられる。そして、〈c〉一つの価値公理とそこから生じる実際上の態度とがその実践的帰結に関して難点をもつ場合には、他の価値公理・態度を選択することが可能とされ、したがって価値公理そのものの相対化と他への開放性とが可能になっている。こうした構造上の特性をもっているがゆえに、この「実践的価値評価をめぐる議論」を介することによって、一方で究極的価値理念が（決断主義におけるように）恣意的な形で個別的・主観的に選択されることを避けることができる。すなわちそれは、他者との共同の討議の場で不断に相対化されつつその実践的帰結との関係で吟味され、他者との関係の場に先行的に蓄積されている他の諸価値と変更可能とされるのである。とともに他方では、状況への個人の原理なき一方的順応としての順応倫理に陥る危険をも防ぐことができる。というのも、目的または価値の変更に際しても、行為の原理となる価値を他者との対話関係において選び

とり、共同で新たな状況を形成していくことが可能であるからである。

このようにみれば、右の「実践的価値評価をめぐる議論」が、決断主義と順応倫理的技術主義とに責任倫理的態度が陥ることを防ぐ方途として有効なものであることが理解されよう。ウェーバーの思想自身の内にあるこのような観点を積極的に取り上げることによって、責任倫理を対話的倫理と解釈し、〈対話による公共的意思形成の倫理〉として現在に活かす道がここに開かれるのである。

おわりに

ウェーバーはあるところで、次のように述べている。

「〔現代のような〕知性主義的な時代には、倫理的な判断に対する責任を拒否する態度の現われるのが常である。そのような態度が生じるのは、一つには主観主義に根差すさまざまな欲求からであり、また一つには伝統にとらわれた分からず屋だとみられることを恐れることからである。このような態度は、倫理的価値判断を、およそ議論の成立しがたいような趣味上の判断に（「道徳的に悪い」を「趣味の悪い」に）変えてしまう傾向をもっている(6)。」

この言葉は確かに現代の状況に当てはまるようにみえる。倫理的態度を求めること自身がすでに時代遅れであるかのようにみなす風潮が支配的であるといえよう。また、責任倫理的態度を説くウェーバーの所説も、人間行為の逆説的運命を先の先まで見通しているがゆえに、決してバラ色の展望を示すものとはなりえないことも事実である。だが、もしわれわれがウェーバーとともに「時代の宿命」を直視しつつしかもなお社会生活における倫理的主体性を保持する道を模索しようとするなら、彼の責任倫理の思想は、少なくとも『差し当たっての準則《モラル》』（デカルト『方法叙説』の言葉）としての有効性をもつものといえるのではないだろうか。

（1）以下の論については、主としてウェーバー『職業としての政治』を参照。
（2）以下については、ウェーバー「社会科学および社会政策の認識の『客観性』」（出口勇蔵訳、河出書房新社「世界の大思想」ウェーバー『政治・社会論集』所収）を参照。
（3）K・レーヴィット「マックス・ウェーバーとカール・シュミット」（C・シュミット『政治神学』未来社、田中浩・原田武雄訳、付録）。
（4）W・シュルフター「責任倫理と価値自由」（シュルフター『現世支配の合理主義』所収）。
（5）以下についてはウェーバー「社会学および経済学の『価値自由』の意味」（松代和郎訳、創文社）を参照。
（6）ウェーバー『宗教社会学論集』「世界宗教の経済倫理　中間考察」（ウェーバー『宗教社会学論選』所収）。

参考文献

R・ベンディクス（折原浩訳）『マックス・ウェーバー』、中央公論社。

金子栄一『マックス・ウェーバー研究』、創文社。

金子武蔵編『マックス・ウェーバー』、以文社。

折原　浩『危機における人間と学問――マージナル・マンの理論とウェーバー像の変貌』、未来社。

W・シュルフター（米沢和彦・嘉目克彦訳）『現世支配の合理主義――マックス・ヴェーバー研究』、未来社。


（鹿島）

二　解放の倫理——フランクフルト学派

1　社会哲学と倫理

本節では、現代社会における倫理の問題にとりくんだ、ドイツのフランクフルト学派をとりあげる。フランクフルト学派とは、一九二四年、フランクフルト大学の附属機関として設立された「社会研究所」に所属する哲学者たちが形成した学派の名である。彼らは一九三〇年代に「批判理論」(Kritische Theorie)」と呼ばれる社会哲学研究の成果を『社会研究誌』に発表、現代社会の矛盾の解明と人間の解放というテーマを探求した。

初期のメンバーは、一九三二年に所長となり、以後指導的地位にあったマックス・ホルクハイマーをはじめ、テオドール・W・アドルノ、ヘルベルト・マルクーゼ、ワルター・ベンヤミン、エーリッヒ・フロムらであった。メンバーの中にユダヤ系の者が多かったことから、ナチスの迫害を受け、研究所は一時アメリカに亡命（ベンヤミンはその途中で命を落とす）、第二次大戦後、一九五〇年にフランクフルトに復帰する。その後、第二世代と呼ばれる、ユルゲン・ハーバーマス、アルフレート・シュミットらが参加、一九六〇年代の後半、世界的規模で起きた学生運動の中で注目を浴び、その後もハーバーマスを中心に活発な理論活動を行っている。

フランクフルト学派は、哲学のみならず、精神分析理論、社会学、美学、倫理学など、多方面にわたる研究を行ったが、それらは、「批判理論」という統一的なプログラムに沿って行われた。A・シュミットのことばを借りれば、それは、ひとつの全体的社会観であり、その中心は社会哲学である。

ここに言う社会哲学とは、社会の経済的生活、個人、狭義の文化という三者の歴史的な変化と連関を探求する哲学のことである。批判理論によれば、偉大なヘーゲル哲学の解体以降、哲学はもはや世界の外に自らの基礎を置くことはできない。そうである以上、哲学は経験科学の成果に素朴な全体理論をつけ加えるのではなく、逆に、現実的で重大な社会についての問題設定を哲学が行い、それを歴史学、社会科学、心理学など多くの個別科学者たちと共同して、きわめて洗練された科学的方法によって追求してゆく作業こそが求められるのである。

この社会哲学は、また、当然、倫理の問題をその中心テーマの一つとしてとりあげる。しかし社会哲学は、個人の自律、自由、平等といった倫理的諸概念を、あくまでも現実の社会の具体的関係の中で考察する。カントの形式主義的倫理はまだ視野が狭く抽象的であって、むしろアリストテレス以来の伝統に基づき、政治や、特に経済との関連を重視すべきだと考えるのである。しかし他方で社会哲学は、近代以降成立した、個人的道徳主体の自律を尊重し、これを倫理のもう一方の基点とする。社会と個人との鋭い緊張関係の総体こそ、フランクフルト学派の社会哲学が、倫理を考察する場面なのである。以下、ここではそうした探求の成果を、理性、弁証法、個人、解放の方途という項目にそって紹介してみよう。

2 ホルクハイマーと理性の腐蝕

アドルノはかつて、「アウシュヴィッツのあとになお抒情詩を書くのは野蛮だ」(『文化批判と社会』)と言ったことがある。この言葉自体はおそらく反語的意味を含むだろう。しかし、少なくとも、かつてアウシュヴィッツの悲惨を生んだ現代文明社会は、それ以前のいかなる社会よりもよりよい社会であると、手放しに楽観することはできないと彼は考えている。物質的な豊かさと精神的な貧しさとの妙なアンバランスを見せる現代社会の特徴をわれわれはどう考えたらよいのだろうか。フランクフルト学派は、理性概念の検討によってこの問いに答えようとする。われわれもまた、フランクフルト学派に特有の、また最も耳目を集めた理性批判を、まず、ホルクハイマーの著書『理性の腐蝕』を紹介しながら検討してみよう。

ヨーロッパにおける大戦終結まもない一九四七年、序文においてホルクハイマーは次のような現代文明への警告を発する。今日、人類社会の完成という課題は、その物質的可能性の面からいえば、人人の予想をはるかに超えるほど整えられた。しかし完成への希望そのものは、逆にはるかに遠のいている。なぜならば、今日の産業文明の根底にある合理化の概念が、逆説的なことに、産業文明を本質的に腐敗させる欠陥を持っているからである。生産の増大に伴う技術的手段の進歩、合理化は、非人間化の過程を伴っており、かつてそれを推進した理性の実体を今や抹殺しようとしていると。

今日、普通の人が理性という言葉を説明せよ、と言われたならば、彼は戸惑うにちがいないとホルクハイマーは言う。それは理性という語の意味が難解すぎて、言葉に表わすことができないからではない。今日ではその意味はあまりに当然なので、なぜ余計なことを聞くのかとあきれているからである。その場合、彼の念頭にある理性とは、目的合理的な推理能力である。つまり、ある目的が与えられた場合、そこに至る様々な可能性を整理し、計算し、手段を最も適切に配置し、実行していくための、一種の道具的な推理能力である。

ホルクハイマーの時代認識は、ウェーバーが西洋文明の発展の中で、世界の脱魔術化、合理化、官僚制度の成立を見届けた時点から始まる。時は経ち、今や現代人は理性といえば、目的合理性の能力であると考えるようになった。

しかし、ホルクハイマーによれば、この理性概念は、実は近代以後のものである。たとえばカントは、理論理性と実践理性とを分離したが、それ以後の科学技術の発達と産業への大規模な応用がなされるにつれ、十九世紀後半を決定的な境として、理論理性のみが理性とみなされるようになった。しかし、それ以前の、古代ギリシャ以来ドイツ観念論にいたるまでの偉大な哲学体系はみな、これとは全く反対の理性概念をもっていた。それによれば、理性は、たとえばロゴスという語に示されるように、個人の内にある能力ばかりでなく、客観的世界の内に存在する理法、つまり、人間関係、社会制度、自然（本性）の中にも存在する、客観的、存在論的な法則性をも意味していた。客観的理性の哲学は、今日の実証主義的な目からすれば神話的にみえるのだが、目的そのもの、究極目的、最も偉大な善の観念の実現に最大の関心を払っていたのである。

理性は実在に内在するという考えを、ホルクハイマーは客観的理性概念と呼び、理性は精神の主観的機能、一種の道具にすぎないという考えを、主観的理性概念と呼ぶ。前者から後者への移行は、哲学の営みそのものに重大な変更をもたらした。

ホルクハイマーによれば、歴史的に見て、理性の客観的概念は、啓蒙主義の支配した十八世紀以降、神話的、形而上学的支えを保持することができず、徐々に解体した（脱魔術化）。それは必然的であった。しかし、それにかわった主観的理性は、こんどは目的そのものの理性的検討をたとえばD・ヒュームのように、非科学的であるとして放棄してしまった。それとともに、理想、行動や信念の基準、倫理学や政治学の指導原理、それらにかんする決断は、理性以外の他の要素に依存するとされた。実証主義の哲学は、決断が主観的な選択や好みの問題であり、道徳的決断の真理について語るのは無意味であるとさえ主張した。こうして正義、自由、平等、幸福、民主主義等の観念はその精神的根拠を喪失する。理性は、これらの観念を、相争う利害関心の世界に引き渡したのである。

今日、その合理的基礎を奪われた多数の観念は、完全に非合理的な面を呈するようになった。たとえば民主主義は、ロックやルソーにおいては人間の精神的実体の理論によって基礎づけられていたのだが、今や単なる多数決原理、人々のあるがままの欲望の実現と同一視される。その場合の人民の利害関心とは、非合理的な諸力の関数にすぎず、つまるところ、その背後の経済的政治的に優力な勢力の見解へと容易に吸収されてしまう。多数決原理は、既成事実に対し思想の迎合を強いる支配的な力、何にもあれ迎合しない者に対する反発力としての新しい神となる。

たしかに、プラグマティズム、実証主義などの科学絶対主義も、「反啓蒙主義」「権威主義」をきびしく批判する面を持っている。その時、科学主義は実は形而上学的起源をもつ近代の伝統的諸観念(自由、平等など)に依拠しているのだが、そのことを科学主義は自覚できず、かえって自分の前提を破壊し、みずからが拠って立つ足場を掘り崩してしまう。その結果、科学主義は、逆説的にも、非合理的諸機関の中により厳しい合理的統制を持ち込んでしまい、それによって権威主義と相互作用をし合う傾向をもつ。最新のテクノロジーが見事に非合理主義と結合し、管理社会が成立するのである。

啓蒙的・主観的理性も、古き客観的理性も共に呑み込んで同化してしまう権威主義的管理社会の到来について、ホルクハイマーは次のように描いている。「全世界の諸国民が――ここにおいてはドイツ民族が唯一の例という訳ではない――或る朝、眼を覚まし、彼らが最も大切としていた諸理想が単に泡沫にすぎなかったのだと気づく事態が生じたとしても少しも驚くにあたらないのである」。

一言でいえば、「啓蒙の進展がある点に達すると迷信と偏執病に方向転換する」とホルクハイマーが要約したこの事態をどう克服してゆくかが、ここでのわれわれの課題である。それは、結論から言えば、倫理的なもの、特に全ての人間の自律性の保持と尊重以外にはない。だがそのためには、啓蒙的、科学主義的な哲学とは異なった理論枠組みが必要となる。われわれが次に検討しなければならないのは、この問いに答えるため、批判理論が提出した全体性と弁証法という考え方である。

3　アドルノと弁証法

批判理論の社会哲学の最も重要な特徴は、弁証法という考え方であり、その中心は「全体性」

（Totalität）という概念である。ここでは一九六〇年代を通じて、カール・R・ポパーに代表される「批判的合理主義」の哲学と、アドルノ、ハーバーマスらとの間に行われた「実証主義論争」に注目し、アドルノの報告『社会科学の論理によせて』（一九六一年）を紹介しつつ、この問題を考えてみよう。

まず一般的な争点を整理しておく。ポパーは批判的合理主義の立場から、社会理論における多元論を主張する。社会理論における多元論は、例えば三権分立の場合のように、権力の分散化と相互監視によって討論と相互批判を保障し、それを通じて社会の均整のとれた発展を保障すべきだと考える。これに対し、社会になにか同質的な原理、例えば国家有機体説や民族共同体といった全体を包括する原理を想定するのは、反対意見を封じ、専制主義、全体主義を生む理論的根拠を与えることになる。したがって、全体性の保持を主張する、プラトン、ヘーゲル、マルクスら、そしてフランクフルト学派も、全体主義的イデオロギーとして否定さるべきである。これがポパーの批判の主要な論拠であった。

これに対しアドルノは、たしかに、史上ロベスピエール以来、普遍意志を命令的に決定することによって、多くの不幸がひき起こされたことを認め、こうしたやり方では、全体性を取り扱うことはできないと認める。その上でしかし彼は問題の設定を逆転させ、社会の歴史的運動の洞察のためには、たとえば商品の分析におけるように、概念的構成による全体性の視点が不可欠であり、問題は、ヘーゲルや初期ルカーチのような同一性の立場からではなく、否定性の立場、つまり批判的な立場からこの全体性を考えることだとする。またこの全体性の視点の欠落こそ、一面的であり、批判的な視点を失わせると主張する。

経験的社会研究が、たとえばアンケート調査によって得た事実を絶対視し、社会を規定するならばそれは事実の背後にある社会的諸関係を忠実に反映するのではなく、むしろそれを覆い隠すヴェールの役目を果たす、という点をアドルノは指摘する。自然科学の場合ならば、一魂の鉛から一片を切り取って、それを観察することによってあらゆる鉛の特性を推論することができる。しかし社会はそのような方法で分析することはできないのである。社会は、最初の項において社会哲学を規定する際に見たように、経済機構、個人、狭義の文化という多様な要素の統一体であり、しかも常に歴史的な運動をしている。しかもその運動の根拠は社会の外側ではなく内側に、社会構造自体がはらむ内的な矛盾・対立にある。このメカニズムを正確に把握するためには、たとえば第二項における理性分析や、また第四項における個人の考察で示されるような、経済機構分析を基礎にもつ、構造的、重層的な社会分析が不可欠であるとアドルノは主張するのである。

このことから生じる重要な帰結は、まず第一に、社会認識としての理論は、全体性の立場においてみるとき、社会の矛盾を反映するはずだということである。社会理論の役目は、この矛盾を必然的なものとして概念的に把握し、それによって合理性を矛盾にまで拡大することなのである。したがって実証的研究によって集められた事実は、この動的なシステム全体との関係の中で、初めてその意味を明らかにすることができる。

アドルノはこのことを、事実は全体によって媒介されている、と表現する。自然科学をモデルに、先程の鉛の例のように、調査事実を固定化すること、単なる事実という概念を固定することは、物象化された仮象にとらわれていることだ、と批判する。そして弁証法とは、まさにこの仮象を打破し、個々の出来事が運動の中で媒介されている位置価を示すことだ、と主張する。

第二にアドルノによれば、全体性の視点は批判的たらざるをえない。社会理論の正確さ、真理性は、直線性や単純さとして、自然科学理論に範を求めることはできない。このモデルはむしろポッパーが批判している全体主義の同一化モデルに類似している。社会理論の正確さは、新しい、積極的な契機が、古い、現状を固定化させようとする契機と、どのような関係にあるかを具体的に解明した時、はじめて得ることができる。その作業は、社会の外から何か新しい社会的定理をあてはめることによっては不可能である以上、かならず現にある社会認識総体の具体的な批判という形をとらざるを得ないのである。全体性は常に批判をともなわざるを得ない。

第三に右の理論的批判は、対象、すなわち社会に対する実践的批判と結びついている。社会理論は「正しい社会」についての理論としてその根底に実践的態度を持っている。その際、実践を導く価値は批判から発現してくる。この点で全体性の見地は、ウェーバーの価値自由を超えでて、一つの新しい態度、理論と実践との批判における統一という立場に立つ。

以上のようにまとめてみると、フランクフルト学派の全体性概念は、社会の現実にあくまでも即しつつ、なお人間の活動における目的そのものの検討を許す、哲学的な理論枠組みの核心をなすものであることが明らかとなるであろう。そして、フランクフルト学派は、この理論総体をみずから「批判理論」と名づけたのであった。

さて、アドルノは、批判を行うにあたって問題となるのは、しばしば「微妙な差異《ニュアンス》」であると述べている。したがってわれわれも次に、この全体を扱う際に最も注意を要し、慎重に守られねばならないもの、個人の自律を、彼らがどのように考察しているか検討してみよう。

4　個人の運命——記憶と経験

全体性の社会学は個人をどのように考えているのだろうか。フランクフルト学派は、社会がひとつの全体的構造をもちつつも、歴史のある時期において、社会が「前—個人的社会」から「後—個人的社会」へ移行したことを認める。ヨーロッパ近代市民社会の成立と共に生じたこの変化は、すべての人間が、個人として平等に、自律的であり、幸福を求める権利があり、それればかりでなくあらゆる面で自己の持つ素質や可能性を豊かに発展させる能力と権利を持つという考えを生んだ。この理論的基礎づけが、近代哲学と倫理学の任務であった。

ここに言う個人とは、単に考える自我、理性的主体としての主観ではなく、内面性、感情、創造力をもそなえている。この主観は、個々人の内的な歴史の中で構成される。マルクーゼによれば、主観は、「個々人の出会い、情念、喜び、悲しみの個別的な歴史」(『美的次元』)というパースペクティヴを持つ。すべての人間にとって、それらこそ現実を構成しているのである。

批判理論は、この個人のあり方を承認し、その意味でみずからの立場を「能動的ヒューマニズム」と呼ぶ。しかしこの立場は、それ以前のヒューマニズムとは異なり、社会の中で、その全面的な姿を把握しようとする。ここでは、フランクフルト学派が用いた、精神分析理論、美的次元、文化産業といった規定を手がかりに、現代における個人の運命をたどってみよう。

ジークムント・フロイトが、神経症患者の治療をしていて発見した、人間の無意識的な自己抑圧の構造の理論は、哲学に「人間の中の自然」を解明する手がかりを与えた。フランクフルト学派の中で最初にこの理論に注目したのは、エーリッヒ・フロムであった。彼によれば、この理論は、生物体であり、かつ意識的存在でもある人間の二つの側面の相互関係を説明する。人間の意識は心的なもののごく一部を占めるにすぎない。その背後には無意識ではあるが、生理に根ざす衝動の構造化された領域があり、実は、この構造によって意識活動も大きく規定されている。フロムがその際、特に注目したのは、このいわば無意識の思考構造が、単に個人的なものではなく、また家族を介して社会的なイデオロギーと密接なつながりをもつという事実だった。「衝動という生物学的事態の能動的、受動的適応」は、「個人の問題から社会の問題へ、個人心理学から社会心理学へ」と考察をすすめる際の通路を与えるわけである。

精神分析理論の導入は、フランクフルト学派の研究領域を拡大したばかりでなく、歴史の動因に関して、初期に主に依拠していたマルクスの階級闘争論から、人間の内的自然の抑圧とそこからの解放という考え方への重点移動を生じさせた。マルクスについての評価の問題はここではふれることはできないが(1)、彼らは、ウェーバー（合理化論）、マルクス（物象化論）、フロイト（歴史における抑圧の形成の理論）の三者を統合し、それによって、全体性の把握のためのきわめて柔軟な理論を作りあげたといえるであろう。

こうした方法論を共有しつつ、E・フロムは『権威と家族に関する研究』（一九三六年）のプロジェクトに参加、後に『自由からの逃走』を著し、マルクーゼは、抑圧のない社会構造を求め、『エロスと文明』（一九五六年）を書く。ホルクハイマーとアドルノは西欧文明の歴史的由来の解明にひとつの総決算を与えようとして『啓蒙の弁証法』（一九四七年）を書いたのだった。ここでは、以上の視点も含めつつ、再びホルクハイマーの『理性の腐蝕』を軸に、彼らの描く近代以降の個人の運命と解放のイメージを探ってみよう。

近代初期の自由企業の時代、いわゆる個人主義の時代の特徴は、無数の独立的企業家の存在であった。彼らは、その日その日の直接的な欲求の満足を犠牲にしても、自分の長期的な利害を追求した。彼らは市場の動向や突発的事件に身構えつつ未来の計画を練った。彼らは社会の一員であることに誇りを持ち、また社会と国家とは、彼や彼と同様の他人に依存していると感じていた。しかも彼らは、個人的な利害関心による無制約的な競争によって、最高度の人間どうしの調和に至ることができると信じていた。こうした時期における個体性の観念は、たとえそれが実際には「個人の物質的関心の総合」にすぎなかったにせよ、独立性の自覚を許す客観的、経済的条件に支えられていた。

しかるに、現代、巨大産業と大衆文化の時代の到来以降、独立的企業家はもはや社会の典型的人間像ではなくなってしまう。いわゆる大衆社会、管理社会の出現は、個人の活動の余地を狭めた。個人はすでにできあがっている企業や組合などの巨大組織に自分を組み込まねばならない。今日の人間の活動は、支配的組織の中でその個人が果たす、取り替えのきく機能と同じものとなった。

文化においても同様の変化が生じる。マス・メディアの発達は、「文化産業」（『啓蒙の弁証法』）を発展させ、マルクーゼが「一次元的文化の支配」と呼んだ事態を生んだ。彼によれば、大衆社会の成立以前には、まだ生産と文化との間には分裂があった。この分裂に依拠し、テクノロジー以前の文化は現実と対立したもうひとつの次元、「美的（感性的）次元」、「真の幸福」の次元をもつことができた。現実の環境はもうひとつの次元に移しかえられる。そこにおいては所与の現実は、それが本来あるところのものとして現われる。フィクションは事実をごまかさずはっきりと語り、日常的経験はまやかしであることを示すのである。

現代において芸術のあり方は一変する。このことを最もよく示すのが文化産業の成立である。そこでは文化と生産が結合する。芸術は利潤計算により商品として生産される（ブランド物）。マス・メディアにおける情報の管理と集中は、文化への自主的参加を不可能にし、他方では個性や反抗、非合理的な情念の爆発すらも、物化し、商品として流通過程に組織し、同化してしまう。文化は、自分をオリジナルなものと宣言したとたんに、商品、流行の合い言葉とされ、模倣の対象へと変質させられる。類似性、模倣の原理が理想とされる。

巨大産業と文化産業とによる社会の統合、フランクフルト学派によれば、それが現代社会の基本規定であり、大衆操作としてのそのゆがんだ頂点がドイツ・ファシズムであった。

個人はこうした状況にあっていかに生きてゆけばよいのであろうか。この点にかんしてフランクフルト学派がフロイト理論に依拠しつつ与えた解答は、記憶による自然と人間との調和の回復、という方向であった。

自然との和解という場合、一方では、自然を限界を持たぬ無制限な利用の対象としか考えない主観的理性は拒否される。また他方で、こうした理性を否定し、いわゆる「生の自然」を肯定する考え方も認められない。通俗化した社会ダーウィニズムにおける「適応」の概念に見られるように、自然と同一視された人間は、首尾よく自然ならびに社会環境に対処し、それを支配することにゆきつく以外にないからである。「弱肉強食」の倫理は、自己保存の役に立たない「無用な魂」を踏みにじると同時に、自然に対する冷淡さや残酷さを助長する。こうしてホルクハイマーによれば、「自然に助力する唯一の道は、一見自然と対立する自立的思惟を解放すること」以外にない。

自然との調和による自律的思惟の解放は、「記憶」という働きによって行われる。『啓蒙の弁証法』には、「あらゆる物象化は忘却である」という有名な句がある。現代社会の合理化は自然の抑圧を極端なまでに推し進めた。しかし、人間の心の中には、合理化によって抑圧された自然の傷の痛みが残っている。人間の中の自然は、苦痛、苦悩の記憶として残っている。この過去の苦悩、トゲのように突き刺さって今も心を悩ます苦悩を正当な遺産として承認し、かつ全体の中で説明し、位置づけ直すことによって、自然と精神は調和し、人間は自律性を回復することができるとされるのである。

われわれは、たとえばアレックス・ヘイリーの小説『ルーツ』を例として考えることができる。人は過去の出来事、事件を、歴史と社会の総体をたどる中で再びとらえなおし、位置と役割を明らかにし、そのことによって逆に未来へと生きる力と方向を得ることができるのである。過去を忘却する者は容易に未来をも失う。この記憶という言葉は、ヘーゲルの経験という概念の中で鍛えられ、フロイトの精神分析理論の中で新たな内容を与えられ、歴史性と全体性の弁証法の中で、自然との調和に基づく個人の自律と解放の契機とされたのであった。

われわれは過去のつらいできごとを思い出すことを好まない。それどころか現にやっていることとすら、苦しいと感じるとそれを中断し、「気晴らし」、忘却を求めて逃避したがるのである。しかしあえてその場にとどまり、ことばを手がかりに、つまり、それ自身の記憶を持ち、私達の記憶の解明を助け、真の意味での経験へと、記憶を再編成する力を持つことばを手がかりに、自律のあり方を探ってゆく以外に道はないのである。

以上の設定は、カントにおける自律のあり方と比較してみるとより明瞭になる。カントは、自律を自然的欲望からの独立によって根拠づける。ここでは、シラーの指摘のように、自然的感情は否定される。カントはこの点で自然支配に加担する。マルキ・ド・サドがカントの一面をあらわすとされるのはそのためである。これに対し、フランクフルト学派は、否定的な感情（苦悩）の記憶によって人間的自然との結びつきを回復させる。苦痛の記憶を抑圧に対する自然の抵抗ととらえ、そこから批判的自律の力をひき出してくるのである。

社会そのものが多分に個人の内実を形成してしまっているという個人の解体期にあってなお、批判理論は、個人の自律という、倫理的な解放の力への希望を見出したのだった。

5　ハーバーマスと近代――未完成のプロジェクト

フランクフルト学派の第二世代を代表するハーバーマスは、第一世代の社会哲学の諸見解をほぼ忠実に受け継ぎ、さらに社会システム論、コミュニケーション論、言語論などの現代的成果をとり入れ、精力的に理論活動を続けている。ハーバーマスの理論の特徴は、自然に対する人間の技術的支配もひとつのあり方として承認したところにある。ハーバーマスによれば、解放という語には二つの面が含まれている。一方は自然の諸制約からの解放であり、他方は人間相互間の支配、抑圧からの解放である。この二側面は、人間―自然関係、人間―人間関係という、二つの人間の主要な活動領域に照応すると考える。そして人間の理論活動も実はこうした関心に規定され、それぞれの理論枠組みが形成されてくるという。しかし彼によれば、この二つの解放をめざす活動の内には、両者に共通した解放的関心というひとつの態度がはらまれており、この解放的関心をめぐる諸条件の自己反省が哲学によって行われ、両者の調和のとれた発展をめざすことができると考える。

彼の理論は、まだ十分完成されたとは言い難い面もあり、現在活発な論争が行われている。しかし、この考え方の根底には、やはり第一世代と同じく、自然と人間との調和という立場があるといってよいだろう。すでにアドルノも、「思惟の客体化は枝葉末節にいたるまで衝動に養分を仰いでいる」のであって、その意味で理論と実践は根源的統一のもとにあるし、「交互作用によって発達してきた人間の様々な能力は、互いに引き離されればどうしても萎縮してしまう(2)」(『ミニマ・モラリア』)と、ニーチェのアフォリズムをひきながら鮮かな解釈を示したが、ハーバーマスのいう解放的関心もこうした人間の内なる自然の根本的あり方を示していると言える。

フランクフルト学派は、このようにして、近代において成立した個人の自律を、外的な自然と、内的には客観的理性と感性の回復に求め、それを軸に、「正義、平等、自由といった文化の偉大な諸理想」、「われわれが有する唯一の定式化された証言」(『理性の腐蝕』)の実現を批判的に追求する。その意味で、批判理論にとっては、ハーバーマスも言うように、近代は、実現さるべき、しかし未完のプロジェクトである。
哲学は、フランクフルト学派によって、「正しい生活に関する教え」（『ミニマ・モラリア』）という、知（ソフィア）を通じて実践的なものにつながる、哲学本来の領域の復活を、現代史に記すことができたのである。

（福山）

（1）　J・ハーバーマス『認識と関心』奥山次良他訳、未来社、二九六頁参照。
（2）　ここでいうニーチェのアフォリズムとは「一人の人間における性の強度と性質は彼の精神の最高の頂きにまで影響を及ぼす」である。『ミニマ・モラリア』三光長治訳、一八〇頁参照。

参考文献

マーチン・ジェイ、荒川幾男訳『弁証法的想像力』、みすず書房。
A・シュミット、生松敬三訳『フランクフルト学派』、青土社。

第六章　日本における倫理的原理の追求

明治に入って西洋の文化が急激に、かつ広汎に受容されて以後、日本の知識人が最初に直面した課題の一つは、おそらく啓蒙と伝統との相剋という問題であったであろう。これはとくに人文科学の分野、なかでも倫理学ないし道徳学の領域で顕著であったと思われる。永年の間、日本人の、とくに武士階級の生活の典範であった伝統的な儒教道徳の上に、あらたに学問としての西洋倫理学が移植された。この、いわば土着のエトスと外来のイデオロギーをいかに結合し綜合するか、これが明治期の啓蒙思想家に共通した課題であった。たとえば、西周は『明六雑誌』に連載した「人生三宝説」においてミルの功利主義の立場に立ち、人生の究極目的である「最大多数の最大幸福」にいたる方略として健康、知識、富有の三宝を貴重すべきことを力説すると同時に、従来の儒教道徳に対して痛烈な批判を行っている。周知のように、従来の道徳は君臣や親子のような上下関係もしくは縦の関係を基本とするものであったが、これに対して西は、朋友の倫にみられるような並行関係ないしは横の関係を基本とする道徳を提唱している。したがって、そこでは従来のような忠義や孝悌といった徳目のかわりに、人間の自由と平等と博愛、ならびに自主独立の精神が強調されている。これは十八世紀の西欧の啓蒙主義の遺産であるが、西はかかる啓蒙主義の立場から従来の儒教道徳を批判しているのである。このような批判は、彼の代表的著作である『百一新論』や『百学連環』にも散見されるが、しかし彼は他方では、たとえば「東京師範学校ニテ道徳学ノ一科ヲ置ク大意ヲ論ズ」において、道徳の教えは汽車汽船のように新発明のものではなく、古来よりあるものであるから、これを一々抹殺すべきではないと主張し、むしろそれを西洋の倫理学と対照させて、その長を取り短を捨てることによって両者をいわば綜合・統一すべきである、と説いている。

このような考えは西村茂樹にもみられる。彼の主著『日本道徳論』は、当時の欧化主義に抗して国民道徳の確立の急務を説いたものであるが、しかし、そこで彼はいたずらに西洋の思想を排撃すべきであると主張しているのではなく、むしろそれを従来の儒道と比較して、取捨選択し、それによって両者を綜合・統一すべきであると主張しているのである。彼は世界の道徳説を、道理を主とする「世教」と信仰を主とする「世外教」とに分類し、支那の儒教と欧州の哲学を世教とし、また印度の仏教と西洋のキリスト教を世外教とした。そして現今本邦において道徳の教えを立てるには、世外教を捨てて世教をもちいるのが適当であると主張し、さらに儒教と西洋哲学の長短を検討したのち、二教の精粋を採って、その粗雑を棄て、また二教の精神を採って、その形迹を棄て、さらに二教の一致に帰する所を採って、その一致に帰せざる所を棄てるべきだと主張している。このような西村の所論は大筋において西のそれと一致しているといえるであろう。

以上のような問題意識ならびに考え方は当時の他の啓蒙思想家たちにも強弱の違いこそあれ共通してみられるところである。この意味で、啓蒙と伝統との相剋、および土着思想と外来思想との綜合の問題は彼らにとって避けることのできない課題であったといえる。しかし、彼らはこの問題を徹底的に考えぬき、そこから新たな原理を提示するまでにはいたらなかった。彼らの所論に共通しているのは西洋思想と伝統的思想との単なる並列・折衷であり、また取捨選択という意味での綜合・統一であった。それは、たとえば伝統思想には体系性および統一性が欠如しているから、これを西洋思想でもって補完しようとする類のものであった。実際、この問題を徹底的に追求し、そこからいわば自前の倫理的原理を確立するには今しばらくの時間を必要としたのである。そしてわれわれはそのような独自の原理を、厳密には昭和期に入ってようやく西田幾多郎の「無の論理」ならびに和辻哲郎の「空の弁証法」の内に見出すことができる。両者はともに伝統的思想の上に立ちながら、西洋思想を媒介として新しい倫理的原理を構築した。もちろんこのような倫理的原理の探究は他の思想家たちにもみられる。たとえば、阿部次郎はリップスの影響の下に理想主義的な「人格主義」を主張し、また田辺元は社会存在の論理として、ヘーゲル弁証法や西田哲学を批判的に継承した「種の論理」を提唱している。また、戦後においては務台理作がマルクス主義と実存主義との綜合をめざす、いわゆる「第三ヒューマニズム」論を展開している。これらの思想はいずれも才思と創見に満ちており、充分、考察に値すると思われるが、しかしここでは近代日本における倫理的原理の追求の代表的事例として、西田幾多郎と和辻哲郎の思想を概観することにしたい。

一　無の倫理――西田幾多郎

1　西田哲学の実践的性格

かつて三木清は、西田哲学を仏教、とくに禅と結びつけて考える当時の一般的な解釈を批判して、それをどこまでも哲学として、純粋に理論的に理解することを要求した。三木によれば、西田哲学には日本的なところ、東洋的なところがあるのはたしかであるが、しかしそれはあくまでも西田の根源的な思索の結果あらわれてきたものと考えるべきであって、この結果をなんらかの東洋思想でもって安直に説明することは、日本の哲学を後退させることになってしまう。西田哲学はどこまでも明治以後の、つまり西洋文化移植後の日本において産みだされた独創的な哲学であり、また、それゆえにこそそれは「将来の日本の哲学の新しい伝統のひとつの出発点」となりうるものなのである(1)。

また西田幾多郎自身も、絶筆となった論文「私の論理について」のなかで、自分の哲学が一般に理解されないことを嘆き、それを人々のいうような宗教的体験の表白としてではなく、あくまでも一つの論理として、それも西田のひそかに自負するところによれば、従来の抽象的論理によっては考えることのできない問題を解明しうる具体的論理として理解されることを要求している。

　このように三木も、また西田自身も西田哲学を純粋に哲学として理解することを要求し、またそこに従来の哲学にはない独創性があることを承認ないし自負しているのであるが、では一体、西田哲学の独創性はいかなる点にあるのであろうか。

　西田は、西洋近代の思想を一般に「対象の論理」として特徴づける。彼の考えによれば、従来の哲学は世界をつねに対象的方向に考えてきた。すなわちわれわれの前方にあって、われわれを否定し、われわれに対立している世界が唯一の実在界と考えられてきた。換言すれば、従来の哲学は世界をもっぱら知的自己の立場から考えてきたのである。

　しかしながら、現実の世界はただ単にわれわれの外にあって、われわれに対して立っている世界ではない。むしろわれわれが「之に於て生れ、之に於て働き、之に於て死にゆく」世界である。それは単に外から見られた世界ではなく、その内で生きられた世界である。つまり現実の世界は行為的自己の立場においてはじめて把握されうる。現実の世界はわれわれに対立する世界ではなく、われわれを包容する世界であり、われわれは世界の外から考えるのではなく、考える我も世界の内にあるのである。この点で、従来の世界認識の方法は不十分であった、と西田は考える。

　では、以上のような主知主義的な「対象の論理」の欠陥はどこにあるのであろうか。

　いうまでもなく、それは、主観と客観、意識と存在、精神と物質というように、物を二元的に分けて考え、またかような二元的対立から出発しようとするところにある。このような考えは、たとえば近世哲学の定礎者といわれるデカルトにおいて典型的にみとめられる。周知のように、デカルトは一切のものへの徹底した懐疑を通して、絶対に疑いえない、意識の直証的事実としての「コギト・エルゴ

・スム」（我思う故に我在り）の原理に到達した。この原理は思惟する我に直接かつ最初に与えられるものであり、したがって明晰・判明にして哲学の究極原理となるべきものであった。しかしながら、ここでいわれている我は、世界の外にあって、世界を自己の対象として思惟する我である。このように、思惟する我を世界の外におくことによって、世界は主観の世界（精神界）と客観の世界（物質界）とに分裂することになった。そして、このような二元的世界観が近代の物の見方の根本的特徴をなしているのである。

近世哲学の主要問題の一つとなった「唯物論か観念論か」の論争もまた、このような主観と客観、精神と物質との二元的対立を前提した上で、両者の関係をいかに考えるかという問題から生じている。すなわち主観と客観のうち、主観の側に基礎をおいて、主観の方から客観を考える立場が一般に観念論（もしくは唯心論）と呼ばれ、また反対に、客観の側に実在性をおいて、客観の方から主観を説明する立場が唯物論と呼ばれる。われわれは前者を主観主義、また後者を客観主義と呼ぶこともできよう。しかし、いずれにせよ両者はともに他者を真に包摂することはできない。というのも、両者はいずれも知的自己の立場に立って、世界を外側から見ているかぎり、真に具体的な世界の構造は把握されえないからである。

そこで西田は、知的自己の立場からではなく、前述したような行為的自己の立場から世界を考えようとする。行為的自己の立場から世界を考えるということは、西田の考えによれば、主観と客観、精神と物質といった二元的対立以前の「何処までも直接な、最も根本的な立場から物を見、物を考える」ことを意味している。そして西田は最初、このような根本的立場を意識の「純粋経験」の事実にもとめた。

2　純粋経験の世界

「純粋経験」とは、思考による反省の加わる以前の直接的経験、換言すれば「自己の意識状態を直下に経験した時、未だ主もなく客もない、知識と其対象とが全く合一して居る」(『善の研究』) ような状態をいう。それは「嬰児の意識」における主客の素朴な未分の状態から、芸術的・宗教的「天才の神来」のごとき状態にいたるまでの、幅広い意識の統一的状態をいうのである。そして西田の考えによれば、このような意識の統一的状態としての純粋経験こそが唯一の実在であって、この意識の統一がなんらかの理由で破られるとき、そこに主観と客観、意識と存在、精神界と物質界等の区別が生ずるのである。したがって主観と客観は、純粋経験の切断によって生ずる抽象的両極面に他ならない。

西田の「純粋経験」の思想は、マッハやアヴェナリウスの〈reine Erfahrung〉、またとくにジェームズの〈pure experience〉の考えに負うていた。しかしながら、たとえばジェームズにおいては、経験は個人的で受動的なものと考えられ、また経験と経験との関係が外面的に把握された結果、その統一的方面が軽視されて、経験の発展する道程は、断片的なものがあたかもモザイクのごとく結合されていくようなものと考えられていた。これに対して西田は、「経験は各一の活動性であって、それぞれ一つの体系をなしている」と考える。それはただ単に一個人の範囲に限られないで、その統一は超個人的であり、普遍的なものである。西田は個々の経験の根底に創造的な活動力としての「統一的或者」の存在を認め、その分化・発展として個々の純粋経験を考えていた。ここでいう「統一的或者」は、ヘーゲルの「具体的普遍」、あるいはフィヒテの「絶対的自我」の考えに近いものであるが、西田はこれを単なる主観と客観との抽象的対立を超えた、そしてこの対立を自己自身の内的分裂として自発自展的に進みゆく「動的一般者」として考えていたのである。彼が「個人あって経験あるにあらず、経験あって個人あるのである」（『善の研究』序文）といえたのもこの理由による。

このように、純粋経験は創造的な動的・統一的或者の自己顕現の根本的形式である。個人的・特殊的なものは一般的・普遍的なものに外部から或るものを加えたものではなくて、実に一般性の発展したものが個人性となるのである。この意味で、ライプニッツのいうごとく発展は内展である。西田哲学の根本的性格の一つは、個物を一般者の自己限定としてとらえる点にあるが、かような性格はすでに最初期の「純粋経験」の思想の内に明確に表現されているといえよう。

では、以上のような「純粋経験」の立場においては倫理や道徳の問題はどのように考えられるであろうか。

この時期に西田が倫理学の領域でもっとも影響をうけたのはT・H・グリーンのいわゆる「自我実現説」である。周知のように、グリーンは人間の精神または人格を包越する絶対的精神の存在を想定し、このような神的精神への接近や同化による自我の実現ないし人格の完成を説いた。前述した西田の統一的或者はまさしくグリーンのいう絶対的精神に相応している。そして西田においても、人格の発展完成はこのような宇宙の統一力としての統一的或者との一致におかれている。

西田によれば、善とは、自己の内面的要求すなわち理想の実現である。換言すれば、意志の発展完成である。しかるに意志の発展完成はすなわち自己の発展完成であり、人格の実現である。では、自己や人格はいかにして実現されるか。それは意識の真の統一的状態、すなわち「主客相没し物我相忘れ天地唯一実在の活動あるのみなる」(同書) 状態においてである。というのも、自己や人格とは、「宇宙統一力の発動」にほかならないから、したがって発展がすなわち内展となるとき真に人格は完成される。それゆえに、善とは、自己の実在の法則に従うことであり、自己の真実在と一致することであるといえる。

このように、西田においては実在は同時に善であり、論理は同時に倫理であった。しかも、この真実在はなんら超越的なものではなく、自己の足下にあるものであった。そしてまさしくこの点に西田哲学の根本的性格があるといえる。彼の思想が多分に観想的ないしは心境的傾向を帯びているのも、この理由によるのである。西田が理想としたのは、宗教的・芸術的「天才の神来」のごとく主客の合一した、否むしろ主客の相没した状態である。一例をもっていえば、あたかも「雪舟が自然を描いたのでもよく、自然が雪舟を通して自己を描いたのでもよい」(同書) ような状態である。そして、かような意識の統一的状態がまさしく彼のいう「純粋経験」であって、それは真実在にして最高に善なるものであった。

ところで、「純粋経験」の思想にみられる主客の合一や実在と善との一致の見解は、晩年の「行為的直観」や「ポイエシス」の思想にもみられる。したがって、それらは「純粋経験」のヴァリエーションと見ることができる。実際、のちに西田自身、「行為的直観の世界、ポイエシスの世界こそ真に純粋経験の世界である」(『善の研究』新版序文) と述べている。それゆえ、われわれは「純粋経験」の思想を、西田哲学全般の基調とみなすことができ、したがってまた、倫理や道徳についての彼の考え方の基本とみなすことができる。

3　自覚と自由意志

さて、「純粋経験」は西田哲学の出発点となり、また基調となった思想であったが、しかしそれはもともと少しも思慮分別の加わらない、主観と客観とが未分離の、一様な「意識の流れ」を意味していたから、このような統一的意識を破って、いかにして「反省」の契機が生ずるのかが明らかでなかった。そこで西田は、「純粋経験」に対していわば外的な「反省」の契機をも自己の内に含む根源的な実在をもとめて、「純粋経験」の立場から「自覚」の立場へ移っていった。それが、西田がみずから「余の思索に於ける悪戦苦闘のドッキュメント」と評した『自覚に於ける直観と反省』において彼がとった立場である。西田のいう「自覚」とは、フィヒテの「事行」(Tathandlung) の考えに近いものであって、彼はかような立場から、当時のヨーロッパ思想界の二大動向であるリッケルトの「論理主義」とベルクソンの「純粋持続」(durée pure) の思想を、換言すれば、生命と論理、直観と反省との対立を綜合統一しようとしたのである。

西田によれば、「自覚」は主客未分の「直観」と主客既分の「反省」との内面的結合の根拠であり、「自覚に於ては、自己が自己の作用を対象として、之を反省すると共に、かく反省することが直に自己発展の作用である、かくして無限に進むのである。反省ということは、自覚の意識に於ては、外より加へられた偶然の出来事ではなく、実に意識其者の必然的性質であるのである」（『自覚に於ける直観と反省』）。このように、自覚においては自己を反省するということは自己を認識することであると同時に自己が発展することであり、しかもこの自己発展作用は同時に自己への無限の還帰を意味している。すなわち発展即還帰、前進即遡源である。こうして自覚においては反省が直観となり、また逆に直観が反省を産むことによって無限に連続的発展をなすのである。しかし、あたかも「純粋経験」がすべての個人的経験の根底にある統一的な「動的一般者」の実在形式であったように、ここでいう「自覚」もまた、「すべての意識統一の根底となる統一作用の自覚」（同書）を意味していた。かくして、一般的・普遍的なものこそ根本的実在であり、個的なもの・特殊的なものはその自己限定の、すなわち発展即内展の形式であるという考えは「自覚」の立場においても堅持されている。

以上のように、『自覚に於ける直観と反省』において、フィヒテの「事行」に近い「自覚」の立場から出発し、直観即反省、事実即当為、発展即遡源であるような自覚の根本的形式によって、すべての学問体系——もっとも抽象的な論理的思惟の体系から、もっとも具体的な経験の体系にいたるまでの——を基礎づけようとした西田は、その究極において自覚的体系の統一の極限としての「絶対自由意志」の立場に到達した。絶対自由意志とは、われわれの思惟や反省の到達しえない極限であり、しかもこれらの根底にあって、これらを成立させているものである。したがって、「絶対自由意志の立場は一種の非合理的神秘主義の立場であるといえる。西田自身、「刀折れ矢竭きて降を神秘の軍門に請うた」（同書）と告白せざるをえなかった所以である。彼に残された課題は、この非合理主義的な「絶対自由意志」の立場に「論理」を賦与することであった。しかしながら、「意志」の立場を論理化する過程で、西田はふたたび自己の立場を超越することを余儀なくされた。こうして彼は、主観と客観の統一としての実在を心理主義的に把握するこれまでの考え方から一変して、「純粋経験」をも「自覚」をも、さらには「絶対自由意志」をも自己において包容する、いわゆる「場所」の立場に立ったのである。

4　絶対無の境位

「場所」という用語はプラトンの『ティマイオス』にでてくる、イデアを受けとる場所《トポス》（τόπος）ないしは空間《コーラ》（χώρα）の思想に倣ったものである。西田はこれを、物と物あるいは意識と対象とが「そこに於て関係し、そこに於てある場所」という意味でもちいた。西田によれば、従来の認識論においては意識と対象、主観と客観との対立が前提されていた。しかしながら、意識と対象とが相互に関係するには、その根拠として、両者を自己の内に包摂するもの、換言すれば意識も対象もともにそこに「於てある場所」が考えられなければならない。われわれは物を考えるとき、かならずこれを「映す場所」、すなわち対象がこれに「於てある場所」において考えるのである。西田はこのような「場所」をフッサールに倣って「意識の野」と呼ぶ。意識現象は時々刻々に移りゆくのに対して、意識の野は移らざる自己同一的場所である。そしてこのような意識の野の極限に、みずからは無にして自己自身を映す「絶対無の場所」が考えられる。これを「絶対無」と呼ぶのは、客観的方向に考えられる個物が有であるとすれば、主観的方向に考えられる「意識の野」は無（相対的無）であり、したがって、このような「意識の野」の極限に考えられる場所は、有・無の対立を超越した絶対的意味での無でなければならないからである。

アリストテレスは個物を「主語となって述語とならないもの」と定義したが、西田は反対に意識を「述語となって主語とならないもの」と定義した。そして包摂判断における特殊と一般との関係に、この主語と述語との関係をあてはめ、認識とは、一般である述語に、特殊である主語が包摂されることであると考えた。しかしながら、特殊にいくら特殊を重ねても個物には到達できない。多くの認識論においてそうであるように、個物（実体、物自体）はわれわれにとって不可知なものとなってしまう。そこで西田は、「意識の野」の極限（超越的述語面）に「絶対無の場所」を考え、超越的主語面である個物はこのような無の場所において包摂され、認識の対象となると考えた。かくして認識とは、みずからは無にしてすべてのものを自己自身の影とみる「絶対無の場所」に物を映してみることであるといわれる。これを逆言すれば、認識は一般者（絶対無）の自己限定であると考えられる。そして自然界も、また自然界を包摂する意識界も、さらには意識界を包摂する叡智界も、このような一般者の自己限定の諸相と考えられるのである。西田は以上のような場所の論理を、アリストテレスの「主語の論理」に対して、「述語の論理」と呼んでいる。

「自覚」の立場が作用の立場であるとするならば、「場所」の立場は直観の立場である。それゆえ、「自覚」から「場所」への移行は「働くもの」から「見るもの」への移行を意味している。しかしながら、ここでいう直観とは、もはや「自覚」の立場の時期におけるような主観と客観との単なる合一を意味してはいない。ここでは、むしろ主観が自己自身を無にして客観の内へ没入することを意味している。換言すれば、それは客観が客観自身を映すことであり、見るものなくして自己自身を映すことである。ここには西洋的「有の論理」に対抗して、東洋的「無の論理」が前面に押しだされている。「物となって見、物となって行う」西田哲学の根本的思想が、この「場所」の立場にいたってようやくその論理化の端緒を得た、ということができよう。「西田哲学」という呼称が確立したのもこの時期であったことは故なきことではない。西田が『働くものから見るものへ』の「序」に記しているように、「場所」の論理は、「形相を有となし形成を善となす」西洋文化に対して、「形なきものの形を見、声なきものの声を聞く」東洋文化に哲学的根拠を与えようとする意図をもったものであったのである。

「場所」の立場は『一般者の自覚的体系』から『無の自覚的限定』をへて、その一応の論理的完成を得た。それは有の根底に無を見、合理的なものの背後に非合理的なものを見る、いわば非合理的直観主義ともいうべき論理であって、そのようなものとしてそれは宗教的ないしは形而上学的色彩のきわめて濃いものであった。このことは、西田が、理性の自覚としての哲学にとってもっとも根源的な一般者である「行為的・表現的一般者」の背後に、さらに宗教的体験としての「絶対無の自覚」を考えていたことをとってみても了解される。しかしながら西田は、この「場所」の論理の完成期（昭和五～七年頃）に、一方では当時急速に流布したマルクシズムとの対決を迫られるとともに、他方ではバルト、ブルンナー、ゴーガルテン等に代表される、いわゆる弁証法神学との対決を余儀なくされた。こうして西田は、いわば「絶対無の場所」の高みから歴史的・現実的世界へ降りてこなければならなかった。換言すれば、現実の世界の論理的構造を「場所」の立場から説明することが、彼にとって緊急の課題となった。こうして「場所」の論理は弁証法的世界の論理として具体化されるにいたったのである。

5　一般者と個物

以上、われわれは西田哲学の拠って来たる基盤は、主観と客観、見るものと見られるものとの対立を前提する知的自己の立場ではなく、むしろ主客の対立以前の、もしくは主客の対立を包越する行為的自己の立場であることを見てきた。そして、このような根本的立場は、最初、心理主義的色彩の濃い「純粋経験」や「自覚」や「絶対自由意志」に求められたが、しだいに、それらの根底にあり、かつそれらを包容する「場所」や「世界」に求められるようになったことを見てきた。実際、西田が到達した究極的立場は「場所」の具体化としての「世界」、すなわち弁証法的・歴史的世界の立場であった。しかしながら、ここで「場所」とか「世界」とか呼ばれているのは、通常の意味でのそれではない。すなわち対象的・客観的方向に考えられた「場所」や「世界」ではない。むしろそれは主観的方向に徹底されたもの、換言すれば、「純粋経験」や「自覚」や「絶対自由意志」のなお根底にある根本的実在（内的超越者）であって、通常の意味での世界はその抽象的ないしはノエマ的限定面として考えられるのである。

では、絶対無の場所の具体化としての歴史的現実の世界はどのような論理的構造を有しているのであろうか。

西田によれば、歴史的現実の世界は弁証法的世界であり、それは絶対矛盾的自己同一的な論理的構造を有している。西田の後期の著作に頻繁にでてくるこの「絶対矛盾的自己同一」という表現は非常に難解ではあるけれども、それは、歴史的現実の世界が単に矛盾的・対立的であるとか、また反対に、自己同一的世界においてあらゆる矛盾や対立が解消しているとかいうことを意味しているのではなく、むしろすべて絶対に矛盾的・対立的なものは自己同一的世界そのものの自己限定として成立しているという事実を表現したものである。すなわちその意味するところは、現実の世界は矛盾対立的であると同時に自己同一的であり、自己同一的であると同時に矛盾対立的であるような弁証法的世界であるということである。

たとえば、現実の世界は時間的であるとともに空間的であるような世界である。しかるに時間は直線的・継起的であって、ベルクソンのいうように、われわれは時間において一瞬の過去にも還ることができない。これに対して空間は円環的であり、並列的である。このように時間と空間は絶対に矛盾的・対立的であるが、かように矛盾し対立しあうものが自己同一的に結びつくところに現実の世界というものが考えられる。すなわち時間は直線的であると同時に円環的であり、継起的であると同時に並列的でなければならない。したがって、時間は「非連続の連続」であるとともに、「永遠の今」の自己限定であるといわれ、また時間的限定即空間的限定、直線的限定即円環的限定ともいわれるのである。

また、現実の世界は個物と個物（我と汝）、個物と一般とが相互に限定しあう世界である。個物と一般は絶対に相反し、絶対に対立している。すなわち個物はどこまでも一般に対立し、一般を否定することによって個物であり、反対に一般はどこまでも個物に対立し、個物を否定することによって一般である。しかるに現実の世界は、このように個物が一般を限定し、逆に一般が個物を限定しながら自己同一を保っている。かように絶対に対立するものが結びつき、絶対に矛盾するものが自己同一的であるのが現実の世界である。それゆえ、個物的限定即一般的限定、個物と個物の相互限定即一般者の自己限定といわれる。

個物と個物が相互に限定しあうということは、個物が自己を肯定するという意味をもっていると同時に、また自己を否定するという意味をももっている。すなわち個物は自己を否定することによって自己を肯定するのである。個物が自己を否定するということは自己を一般化することであろう。したがって、個物は自己を一般化することによって他の個物を限定するのである。たとえば、aがbを限定するということは、aがbと共通な「場所」を自己とすることによって、換言すれば自己が一般者となることによってbを限定し、bを自己とする。つまりそれはa自身が世界となることを意味する。したがって、個物が個物を限定するということは個物が一般者となることであり、一般者が自己自身を限定するということ、場所が場所自身を限定するということである。同様に、一般者が自己自身を限定するということは一般者が自己自身を否定することであり、一般者が個物となることである。それゆえ、現実の弁証法的世界においては、一般者が絶対に自己自身を否定することによって個物となり、反対に個物は絶対に自己自身を否定することによって一般者となるのである。

6　行為的直観――ポイエシスとプラクシス

以上のように、絶対無の場所の具体化としての歴史的現実界は絶対矛盾的自己同一的な論理的構造を有しているが、それはまた行為的直観的世界として、ないしはポイエシスの世界として直接化される。

常識的には行為と直観は、相互に否定し対立する矛盾的概念であると考えられよう。すなわち行為は直観を否定するものとして、反対に直観は行為を否定するものとして考えられる。しかしながら西田によれば、行為と直観は、このように絶対に矛盾的でありながら、同時に現実の世界においてそれらは自己同一的に結びついている。すなわちわれわれは行為することによって自己自身を見、また自己自身を見ることによって行為するのである。

たとえば、芸術的創作作用においては、われわれは概念的に物を構成するのでも、また単に受動的に物を模倣するのでもない。物が我を刺激し、我を動かす。これによって我は我の外に物を作る。そしてその作られたものの内に我自身を見出す。すなわち我は物を見ることによって行為し、行為することによって真の自己を発見するのである。このように、われわれは芸術的創作においてわれわれの真の個性を客観的に見るということができる。それは内即外、外即内と表現してもよかろう。けだし、我は行為的直観的に自己の内に他を見、他の内に自己を見るのである。すなわち物が我であり、我が物であるのである。西田のいう「物となって見、物となって行う」とは、まさしくこのような

「行為的直観」の本質を表現したものといえよう。

このように、「行為的直観」は芸術的創作作用において典型的にみられるが、しかし西田は同時に歴史的現実の世界そのものが、行為的直観的に自己自身を形成してゆくポイエシス的世界であると考えている。

西田によれば、歴史的現実の世界においては最初から単に与えられたというものはない。与えられたものは作られたものであり、それは作られたものとしてまた作るものを作る。たとえば、環境は単に与えられたものではなく、われわれによって作られたものであるが、しかし同時にそれはわれわれから独立したものとしてわれわれの行為を限定するという意味で、われわれを作る。すなわちそこに、作られたものは作るものであり、作るものは作られたものであるという関係が成立する。したがって、現実の世界は「作られたものから作るものへ」の世界であるといえる。それは世界が自己否定的に自己自身を形成していく無限に創造的な世界であり、ポイエシスの世界である。そしてわれわれは、このような創造的世界の創造的要素と考えられるのである。ここに、「一般者の自己限定」の思想が形をかえて現われているのを見出すことができよう。

絶対矛盾的自己同一的世界においては、個物がどこまでも個物に対立して、個物と個物が相互に限定しあうということと、作られたものから作るものへと世界が世界自身を限定するということとは同一である。すなわち個物的限定即一般的限定であり、個物と個物の相互限定即一般者の自己限定である。換言すれば、「我々が表現作用的に世界を形成することは、逆に世界の一角として自己自身を形成することであり、世界が無数の表現形成的な個物的多の否定的統一として自己自身を形成することである」(『哲学論文集　第三』)。

西田は以上のような創造的世界の特徴を、それがある意味で、つねに永遠なものに触れているという点にもとめている。歴史的現実の世界は、物質的世界のように現在が過去から決定されている機械的因果的世界でも、また生物的世界のように現在が未来から決定されている合目的的世界でもなく、現在が現在自身を限定する無限に創造的な世界である。そこでは過去は現在の過去、現在は現在の現在、未来は現在の未来である。したがって、それは「永遠の今」の自己限定の世界と考えられる。そして物質的世界と生物的世界はこのような創造的世界の抽象的限定面と考えられるのである。

このように、西田は具体的現実の世界を、個物が自己否定的に環境を形成し、環境が自己否定的に個物を形成する弁証法的な歴史的形成の世界と考えているが、しかしその形成ないしポイエシスは、前述のように、同時に「永遠の今」の自己限定として考えられているかぎり、多分に観想的性格の濃いものであった、ということができる。この点は彼のプラクシス(実践)の概念を検討するとき、さらに明らかになるであろう。

ポイエシスとは、自己の外に物を作ることであり、たとえば環境や社会や歴史を形成することであった。これに対してプラクシスとは、自己自身を作ることであり、西田の表現をもちいれば、「人が人自身を目的とする働き」、ないしは「それによって自己が自己となる働き」である。したがって、ポイエシスとプラクシスは行為の主体から見て異なった方向と考えられるが、しかし本来、プラクシスはポイエシスに即して行われる。すなわちわれわれが現実の世界において物を作るということは、同時にわれわれ自身が作られることである。換言すれば、われわれは外に物を作ることを通して内に自己を形成するのである。この意味で、ポイエシス即プラクシス、プラクシス即ポイエシスであり、ポイエシスは、同時にそれがプラクシスであることによって、真のポイエシスとなるといえる。

西田はキルケゴールと同様、われわれの自己は自己自身に対する関係であるとともに、絶対他者に対する関係でもあると考える。このような二重の関係にあるものとしての自己の働きは、個物として自己自身を限定する目的作用型であるとともに、絶対他者によって限定される逆作用型（無作用的作用型）であり、またかような作用型として、どこまでもポイエシス即プラクシス、プラクシス即ポイエシスである。そして「自己自身の中に超越的なものを宿し、自己を超越的なものの自己射影点として、絶対的なる歴史的世界を形成し行く所に、我々の真のプラクシスがあるのである」（『哲学論文集第四』）。すなわち西田固有の表現をもちいていえば、われわれが創造的世界の創造的要素となるところに、われわれの真のプラクシスがあるのである。

このように、西田哲学においてはプラクシスはもっぱらポイエシスに即して考えられている。しかるにポイエシスはつねに「永遠の今」の自己限定としてとらえられているから、必然的にそれは観想的性格を帯びてくる。知的自己の立場を斥けて、行為的自己の立場に立つと主張する西田哲学がなお観想的と批判されるのはこのような理由によるのである。

務台理作は「実践」という言葉の意味を二種類に分けている。一つは観想的実践であって、これは「観想の深さがおのずから生み出してくるとみる実践」である。他の一つは革命的実践であって、これは「現実の政治・社会の構造にかかわる実践」である(2)。この革命的という表現はいささか限局された意味合いを有しているので、むしろ変革的ないし行為的という表現の方が適切であると思われるが、それはともかく、務台のいうとおり「実践」にこのような二種類の意味があるとすれば、西田哲学でいう「実践」はさしずめ第一の意味の実践であろう。それは芸術的創作作用や、制作・技術の根拠を説明するには都合が良いであろうが、しかし現実の政治的・社会的課題を洞察し、それを自己の決断によって解決していく実践とはなりえないのではなかろうか。西田が、知的自己の立場から対象論理的に考えられた実践の抽象性を指摘して、行為的自己の立場に立つことを強調するのは正しいとしても、そこでいう行為的自己は、また現在が現在自身を限定する「永遠の今」の自己限定として考えられているかぎり、その実践はなお観想的であり、心境的なものにとどまっている。「無の論理」が「心の論理」と批評される所以である(3)。たしかに西田は晩年、国家や歴史の問題に並々ならぬ関心を示している。しかし、彼はその問題を、もっぱらそれが「永遠の今」に触れる側面でのみ考えている。したがって、彼の論理は結局のところ和解の論理であって、変革の論理ではないといえよう。西田のいうように、無の論理が一切のものを包容する論理であるとすれば、それは後者の意味での実践をも包容しなければならないであろう。しかし、それはいかにして可能であろうか。ここに、西田哲学の残した最大の課題がある、といえるであろう。

（1）三木清「西田哲学の性格について」、『三木清全集』、第一〇巻、岩波書店、四一〇—四一二頁。
（2）務台理作「歴史と実存」、『哲学十話』、講談社学術文庫、一三五—一三七頁。
（3）竹内良知『西田幾多郎と現代』、レグルス文庫、第三文明社、一二五頁、参照。

参考文献

髙坂正顕『西田幾多郎先生の生涯と思想』、創文社。
竹内良知『西田幾多郎と現代』、レグルス文庫、第三文明社。
中村雄二郎『西田幾多郎』、岩波書店。
鈴木亨『西田幾多郎の世界』、勁草書房。
下村寅太郎『西田幾多郎　人と思想』、東海大学出版会。

（小坂）

二　間柄の倫理――和辻哲郎

1　人間の学としての倫理学

和辻倫理学の根本特徴は、倫理学を人間の学として、換言すれば、人と人との間柄の学としてとらえようとするところにある、といえるであろう。このようなとらえ方は、倫理学を、社会や共同体から切り離された単なる個人的意識の問題と考える従来の西洋的倫理から脱却しようとする意図をもったものであることは明らかである。和辻によれば、西洋近代の個人主義は、人間存在の一契機にすぎない個人をして人間全体に取ってかわらせようとした。たとえば近世哲学の出発点となったデカルトの「自我」は、人と人との実践的・行為的連関から切り離された孤立的主観であり、自然をただ対象的に観照する認識的主観であるが、しかしこのような主観はけっして直接的所与ではなくして、人工的に、抽象的に作りだされた仮構物にすぎない。換言すれば、それはあらゆる現実的な人間関係から自我を捨象することによって、自我を独立させようとするものである。そして、このような人間把握の抽象性の内に一切の誤謬の原因がある、と和辻は考える。彼によれば、「倫理問題の場所は孤立した個人の意識にではなくしてまさに人と人との間柄にある。だから倫理学は人間の学なのである。人と人との間柄の問題としてでなくては行為の善悪も義務も責任も徳も真に解くことができない」（『倫理学』序論）。

人間はけっして孤立的な存在者ではなく、つねに他人とともに在り、また他人との連関において生きている。すなわち人間は個人的であるばかりでなく、同時に世間的であり、社会的である。和辻はこのことを示すために、「人間」という言葉の語義分析を行い、元来それは仏教用語で「よのなか」「世間」を意味していたが、それがいつのまにか「人」という意味にも転用されるようになったことを明らかにし、そこからもともと「よのなか」「世間」という意味であった「人間」という言葉がどうして「人」と同じ意味でもちいられるようになったかを尋ね、その原因が全体と部分との弁証法的関係にあること、すなわち部分は全体においてのみ可能となるとともに、全体はその部分においてはじめて全体である点にあること、を指摘している。たとえば、兵隊は一つの集団であるが、われわれはその集団の一員をも兵隊と呼ぶのと同様、人間は「よのなか」「世間」を意味するが、そのなかに住む「人」をも人間と呼ぶようになったというのである。こうして和辻においては、人間は「人」と「よのなか」という、換言すれば個人性と全体性という二重構造をもったものとしてとらえられ、また倫理学はこのような意味での人間の学としてとらえられる。

しかしながら、倫理学は人間の学であるといっても、それはたとえばM・シェーラーのいう意味での〈philosophische Anthropologie〉と同一ではない。というのは哲学的人間学といえども、それが「人間」の一契機にすぎない「人」を抽象してとりあつかうという点では変わりがないからである。換言すれば、人間の本質を個人においてのみ見ようとする根本的態度は変わらないからである。したがって、それは「哲学的人類学」と呼ばれるべきだ、と和辻はいう。倫理学はあくまでも「人と人との間柄」の学であり、個人的であると同時に社会的であるような人間の主体的存在に関する学なのである。

ところで、和辻は、以上のような「人間の学」としての倫理学を叙述するにあたって、ディルタイや、とくにハイデガーの解釈学的方法を採用している。解釈学的方法とは、「表現を通じて主体的なるものを理解し出す」（同書序論）方法であり、「最も日常的なる人間存在の表現を通じて人間存在の動的構造を把握する」（同上）方法である。そして和辻によれば、このような表現の理解が人を倫理へと導く。人間存在の、すなわち人と人との間柄のあらゆる表現はすべて倫理の表現であり、したがって倫理学の方法は解釈学的方法でなければならない。

このように、人間存在の日常的現象の分析から人間存在の根本理法に迫ろうとする点で、和辻とハイデガーは軌を一にしているが、しかし人間存在そのものについての考え方においては両者の間に根本的な懸隔がみられる。周知のように、ハイデガーは人間を「世界-内-存在」としてとらえた。ここでいう「世界」はいわば環境世界であって、人間はそれぞれ自己の環境世界の内にあって、そこで出合う諸々のものと深く関わりあいながら存在しているのである。しかし、ハイデガーのいう環境世界は、和辻の考えている行為的連関の世界というよりも、むしろ道具的連関の世界である。したがって、そこでは人と人との関係よりも、人と物との関係に重点がおかれている。彼が人間を「現存在」(Dasein)と呼ぶとき、その具体的内容は孤立的我である。たしかにハイデガーは人と人との関わりを無視しているわけではなく、彼は同時に人間を「共同存在」(Mitsein)としても説いている。しかしながら、我と汝の対立的統一を意味する間柄はそこには触れられていない。ハイデガーにおいてまずあるのは道具的連関における「世界-内-存在」であり、そしてその道具のあり方においてはじめて他人が見出されるのである。換言すれば、「共同存在」とは「共同世界」の内に「ともに」あることを意味している。したがって、「それは個人の並在であって、我と汝の自他不二的統一を持たない……それは結局アトム的なる Dasein の並在であって、一つの全体としての〈共同態〉ではない」(『人間の学としての倫理学』)のである。

以上のように、和辻は、ハイデガーの説く「現存在」としての人間は結局個人的我であって、他人との間柄における人間ではない点を批判する。そしてそれはハイデガーのいわゆる「ひと」(das Man)の観念に対する批判に結びつくのである。「ひと」とは、共同世界で出合う他人に対する顧慮において、自己自身を喪失し、非本来的な在り方をしている人間一般を指すのであるが、和辻は、以下に述べるように、むしろこのように他人との連関の内での人間の自己否定性の内に、自己の本来性の実現を、したがってまた人間存在の根本理法を見出そうとしている。

2　人間存在の二重構造

前述したように、「人間」という言葉は「よのなか」「世間」という意味と、「人」という意味を有している。前者は人間の世間性ないし社会性を表現し、後者は人間の個人性を表現している。そして和辻によれば、人間という言葉がこのような二重の意味を有しているということは、人間という存在そのものがかかる二重構造を有していることを示しているのである。

では、人間存在のこのような二重構造は具体的にどのように把握されるか。

和辻はこれを「絶対的否定性の否定の運動」(『倫理学』第一章)としてとらえている。すなわち個人は人間の全体性の否定としてのみ成立し、反対に全体性は個別性の否定としてのみ成立する。否定の契機を含まない個人も全体性もともに仮構物にすぎない。そうしてこの二つの否定が人間存在の二重性を構成しており、しかもそれらは一つの運動である、というのである。

個人が全体の否定であり、全体が個人の否定であるということは、個人も全体もともにそれ自身においては存在しえず、ただ他者との連関においてのみ存在しうるということを意味している。そして個人も全体もともに他者との連関においてのみ存在するということは、それらが、他者を否定するとともに他者から否定されることにおいて存在するということに他ならない。したがって、人間がもともと人と人との間柄的存在であるということは、このような相互否定において個人と全体とを成立させる存在であるということである。ここから、個人も全体も他者に対して先なるものであることはできない、という結論が生ずる。というのも、たとえばわれわれが個人を考える場合、その個人はすでに全体において否定をうけたものとして思念されているからである。これはわれわれが全体を考える場合も同様である。それゆえ、本性上先なるものは個人でも全体でもなく、むしろこの否定性ないし否定の運動であるといえる。しかし、この否定性ないし否定の運動はつねに個人と全体との成立において見られるのであって、両者を離れてあるものではない。いわばこの否定性そのものが個人および全体として自己を顕現させてくるのである。

人間が個人性と全体性という二重構造を有しており、しかも両者は相互に否定しあっているということは、和辻によれば、人間存在の根源が否定性そのもの、すなわち「絶対的否定性」であるということに他ならない。そして個人性と全体性はこの「絶対的否定性」の運動の二つの契機として考えられるのである。すなわち個人性は絶対的否定性の否定の契機であり、全体性はその否定の否定の契機である。換言すれば、前者は絶対的否定性からの離反の方向であり、後者はその還帰の方向である。人間存在とはまさしくこのような絶対的否定性の運動に他ならない。したがって、個人も全体性もその真相においては「空」であり、この「空」こそ「絶対的全体性」なのである。そしてこの根源としての「空」から、その否定の否定の運動として人間存在が展開するのである。かくして和辻は人間存在の根本理法を「絶対的否定性が否定を通して自己に還る運動」（同上）と定義している。換言すれば、それは、全体性の否定としての個人を通して全体性が実現される運動である。

しかしながら、このように人間存在が根本的に絶対的否定性であり、個人性と全体性はこの否定性の運動の二つの契機に他ならないと説かれているとしても、和辻の場合、全体性の方に力点がおかれていることは否定できないであろう。たしかに和辻は個人性と全体性との相互否定性を説き、個人の自覚のないところに真の人倫の存在しないことを力説している。そして彼は一方では個人主義的倫理学を批判すると同時に、他方ではタルドやジンメルやデュルケム等の社会倫理学をも同様に抽象的として批判している。しかしながら、彼が人倫を結局のところ「全体の中への個人の棄却」（同書、序論）と考えているかぎり、換言すれば人間存在の弁証法的統一を全体から個をへて全体へ還帰する運動と考えているかぎり、全体性の契機の方に力点がおかれている、といわざるをえないであろう。この点は、善悪や良心や自由についての和辻の考え方、さらには彼の国家観を考察すれば明らかになるであろう。

3　倫理学の根本原理

さて、和辻にとって倫理とは、人間存在の理法であった。したがって、前述した人間存在の根本理法は同時に倫理学の根本原理であることになる。それゆえに、善悪の規定もこの理法から生ずる。すなわち「人間存在の理法は絶対的否定性の否定の運動である。人は何らかの共同性から背き出ることにおいて己れの根源から背き出る。この背き出る運動は行為として共同性の破壊であり自己の根源への背反である。だからそれは共同性にあずかる他の人々からヨシとせられぬのみならず、自己の最奥の本質からもヨシとせられぬ。それが〈悪〉と呼ばれるのである」(同書、第一章)。また、「人間存在の理法は……絶対的否定性の自己への還帰の運動である。何らかの共同性から背き出ることにおいて己れの根源から背き出た人は、さらにその背反を否定して己れの根源に帰ろうとする。この還帰もまた何らかの共同性を実現するという仕方において行なわれる。この運動もまた人間の行為として個別性の止揚、人倫的合一の実現、自己の根源への復帰を意味するのである。だからそれは共同性にあずかる人々からヨシとせられるのみならず、自己の最奥の本質からもヨシとせられる。それが〈善〉である」(同書、第一章)。

このように善とは、自己否定を通して自己の根源へ還帰する方向においてあるものであり、また悪とは、反対にこの自己の根源より背反する方向においてあるものである。それはまた、共同性と一致するような行為が善であり、反対にこの共同性を破壊するような行為が悪であるとも言い換えることができる。なぜなら、人間は本質的に間柄的存在であるから、共同体の信頼に応える行為は必然的に善とせられ、またこの信頼を裏切る行為は必然的に悪とせられるからである。

しかし、以上のような善悪の規定はまだ十分とはいえないであろう。というのも、それは、全体性からの背反がなぜ悪なのかを説明できないからである。人間存在の根本理法が絶対的否定性の否定を通しての自己還帰の運動であるとすれば、この自己還帰は自己否定ないし背反の契機なしにはありえない。すなわち善としての全体性が実現されるためには、悪としての個人の独立化が不可欠の要件であって、このような個人の独立のないところには人倫的合一もまたありえない。この意味で、悪は善を実現させるための契機であり、またこのかぎりにおいて個人の自覚・独立は善であり、したがって全体性からの離脱・背反もまた善であることになる。だとすれば、全体性からの背反それ自体はすこしも悪であるわけではない。

この点は和辻自身も気づいていた。そこで、彼はあらためて悪を定義し直し、悪とは、全体性の否定・背反が全体性への還帰をもたらさず、「人間存在において否定の運動が停滞する場合」(同書、第一章)である、と規定している。すなわち全体への還帰のための背反ではなく、全体性からの単なる背反のための背反が悪である、というのである。

では、「人間存在において否定の運動が停滞する場合」とは、具体的にはどのような場合をいうのであろうか。それはまず第一に、個人が自己の独立化の運動を停止して、共同体のなかに埋没してしまっているような場合である。ニーチェのいう「畜群」への顚落がまさしくこの場合であって、全体性からの背反をなしえない人間はまた全体への還帰もなしえない。換言すれば、悪を行いえない人間は善をも実現しえないのである。しかしながら、これとは反対に、全体性からの背反にのみ意義をみとめて、否定の否定すなわち全体への還帰をもたらさないような行為もまた否定の運動を停滞させる。それは極端な個人主義であり、善に転化されない「悪の固定」（同書、第一章）である。このように、個人の独立化の欠如も、また反対に個人の独立化の固定も、ともに人間存在における否定の運動を停滞させる。したがって、それは悪なのである。

しかし翻って考えてみるならば、絶対的否定性の否定の運動は、それが人間存在の根本理法であるかぎり、あまねく現実に実現されていて、誰ひとりこれを犯すことのできないものであるはずであろう。しかるに、それはどうして停滞することがありうるのであろうか。素直にいって、この問題はおそらく和辻倫理学にとって最大の難問であろう。その点は和辻自身もよく承知していたように思われる。そしてわれわれはこの問題についての彼の叙述の内に、彼の細かな苦心の跡をうかがうことができるのである。彼はまず、この停滞が「局所的局時的」（同書、第二章）なものにすぎないこと、すなわちそれはけっして普遍的な事象ではなく、ある限定された個人の、しかもある限局された行為においてのみみられることを強調している。また彼は、この否定の運動が停滞するのはその運動が還帰しつつあるところにおいてであること、したがってこのような停滞が存在するということは同時に全体性への還帰が存在することの証しであることを指摘している。たとえば、虚偽はそれ自身で存在することはできないのであって、それはただ真実を装うことによってのみ存在しうる。すなわちそれは「装われたる真実、真実ならざる真実」（同書、第二章）である。したがって、虚偽は真実が起こりつつあるところにおいてのみ成立するのである。ただそれが仮装せる真実であるかぎり、この仮装に即しては真実は起こらないということにすぎない。したがって、この意味では人間存在の理法はつねに実現されているといえるのである。

以上のような和辻の説明はきわめて周密であるようにみえるが、しかしさらに一歩掘り下げて考えてみるとき、そこにはなお疑問点が残されているように思われる。すなわちそれは、和辻が人間存在の根本理法にいつしか当為的性格を付加しているのではないかという疑問である。換言すれば、最初、現実に実現されていると説明されていた事象が、しだいに実現されるべき事象として説明されるようになっていっているのではないかという疑問である。そこで、この点を良心と自由という典型的な倫理的現象に即して検討してみよう。

4　良心と自由

良心とは、以前に自分がとった態度や行為に対する呵責の念、ないしは今、自分がとろうとする態度や行為に対する禁止の声と定義することができる。あるいはさらに積極的には、自分自身に対する疚しさの欠如、ないしは自分の態度や行為に対する確信と規定することができるであろう。そしてその際注目すべきは、良心は行為者個人の態度や行為に関わるものであるということであり、またその個人は自覚的個人であって、単なる群衆や大衆の一人ではないということである。人間は単なる「ひと」としては良心をもたない。良心は自覚的個人に対する、ないしは自覚的個人に向けての責める声であり、また禁止の声である。しかも、個人はその声を自己の外からではなく、自己の内から聞く。ゆえに良心とは、「我々自身の奥底から我々を否定する声の聞こえること」（同書、第一章）であるといえる。

ところで、自己の奥底から否定の声が聞こえるということは、自己の奥底には否定が存するということであろう。しかも前述したように、自己そのものが自己の根源の否定であるのだから、この否定の声は、正確には否定の否定の声であることになる。すなわちそれは「絶対的否定性の呼び声」（同書、第二章）である。かくして和辻は、良心現象は純粋に個人的意識の問題であるがゆえに、一層よく人間存在の根本理法を示していると主張する。

しかしながら、否定を通しての否定の運動が人間存在の根本理法であり、したがってそれは現実にあまねくいきわたっているとするならば、一体どうしてわれわれは良心の声を聞くのであろうか。「責める声」であり、「禁止の声」である良心は、それがわれわれにとって当為であるときにのみ、ないしは当為であると感じられるときにのみ、われわれはそれを「良心の声」として聞くのである。かように良心現象は当為の意識と深く結びついている。だとすれば、人間存在の理法は、和辻のいうごとく現実に実現されている理法ではなく、実現されるべき理法であることになるのではなかろうか。

同様のことが自由の観念についてもいえるであろう。和辻は、良心と同様、自由もまた人間存在の理法をよく示す倫理的現象であると考えている。彼はまず自由の概念を二種類に分ける。第一は、国家や社会や教会など「全体的なるものからの個人の解放」（同書、第一章）であって、これはとくに英国の倫理学者が問題にした自由である。第二は、カント的意味での自由（いわゆる意志の自律）、すなわち「己れ以外に原因を持つことなく、自ら始める能力としての自由」(同上)である。第一の自由は全体性の否定、すなわち個人を全体から背反させる自由であり、第二の自由はこの否定をさらに否定する否定、すなわち個人を全体へ還帰させる自由である。しかし、いずれの場合においても自由は否定の運動であり、したがってそれは人間存在の理法をよく示す現象であるといえる。

和辻は大略以上のように自由をとらえているが、もしそうだとすればこの場合、自由は現実にあまねくいきわたっている現象であって、何ら実現すべきものではなくなるであろう。また反対に、自由は実現されるべきものだとするならば、その場合は人間存在の理法は何ら存在ではなく当為であることになるのではあるまいか。

また、和辻はカントの「意志の自律」の思想を、「超個人的本体的自己すなわち全体的自己が個人的自己を統制すること」(同上)、ないしは「本来的自己が非本来的自己なる個人的自己の個別性を止揚すること」(同上)と解釈しているが、しかしカントの定言的命法が表現しているのは、主観的意志(格率)を普遍的意志(法則)の下に統制させることであって、この普遍的意志はかならずしも和辻のいうように全体的意志であるとはかぎらない。むしろ場合によっては、全体性を否定する特殊的・個人的意志こそ普遍的意志であることもあろう。そしてそこに革命や変革の意義というものも考えられるのである。しかるに、この普遍性を単純に全体性と等置するのは、カントを誤解することにならないであろうか。

和辻は、カントの定言的命法における超個人的・普遍的自己を単に人間の全体性としてとらえるのは、あるいは行きすぎた解釈であるかもしれないことを素直に認めている。しかし、彼はそれを自分の解釈の誤りとはみなさないで、むしろカントにおける普遍者は実は主体的な社会なのであるが、カント自身はそれを洞察するまでにはいたらなかったのだと解釈している。つまり彼は現にあるカントをではなく、あるべきカントを論じているのであって、ここから彼の倫理学の全体主義的傾向が顕著になってくる。そして、それがもっともよく現われているのは彼の国家論においてであろう。

5　国　家

『倫理学』第三章において和辻は、二人結合というもっとも単純な存在共同（夫婦）から国民的結合というもっとも複雑な存在共同（国家）にいたるまでのさまざまな人倫的組織を段階的に叙述している。そしてそこで、一つの存在共同は他のより公共的な存在共同に対してつねに私的な性格を帯びていること、しかもその私的性格は本質的には公共的なものであり、「公共性の欠如態」に他ならぬこと、を指摘している。たとえば、最小の人倫的組織である「夫婦」においては「私」は消滅し、すべてが公共的になる。しかしその際、公共的なのは夫婦の間においてだけであって、それ以外の人々に対しては全然公共的ではない。そしてこの意味では夫婦は私的存在であり、公共性の欠如態である。このように、二人共同体である「夫婦」は三人共同体である「家族」に対して私的存在であり、したがって公共性の欠如態であるが、家族は「血縁共同体」に対して私的性格を帯び、同様に血縁共同体は「地縁共同体」に対して、また地縁共同体は「文化共同体」に対してそれぞれ私的性格を帯びている。それゆえ、このような私的性格を超克した、したがってまったく公共的な共同体があるとすれば、それは他のいかなる共同体によっても包摂されることのない最大の共同体であるであろう。そしてそれを和辻は「国家」と考えている。

和辻によれば、国家は「〈私〉をことごとく超克して徹頭徹尾〈公〉である」（同書、第三章）ような共同体である。「おおやけ」は古語においては「大家《おおやけ》」であった。したがって、共同体の第一段階は「家」であったが、その最後の段階は「大家」である国家である。しかし、国家が他の共同体と異なる所以はその外延の広さにあるのではなく、むしろそれがすべての共同体の統一であるところにある。すなわち「国家は家族より文化共同体に至るまでのそれぞれの共同体におのおのその所を与えつつ、さらにそれらの間の段階的秩序、すなわちそれらの諸段階を通ずる人倫的組織の発展的連関を自覚し確保する……自覚的総合的な人倫的組織」（同上）である。そして個人は、かような国家において「人格的個別性を円成するとともに、この全体性へ帰入することによって己が本来の面目に到達する」（同上）。換言すれば、人格は国家の成員であることによってはじめてその人倫的意義を充たしうるのである。このような主張はヘーゲルの国家論を想起させるが、さらに和辻は、個人の利益を究極目的とする国家契約説を、国家の人倫性を傷つけるものとして鋭く批判し、個人にとって究極的な全体性である国家、ないしは「人倫的組織の体系的自覚」（同上）である国家に対する絶対的な去私を要求した。彼の考えでは、個人としての人格は一切の「私」を捨てることによって、本来的自己である全体性に還帰する。しかもそれは個性を滅却することではなく、むしろそれを円成することなのである。ここに、和辻の全体主義ないしは国家主義の立場がはっきりと表現されているといえるであろう。

だがしかし、国家ははたして和辻のいうように究極的な全体性であろうか。われわれは諸々の国家の上になおそれらを包摂する人倫的組織、たとえば人類共同体のような組織を考えうるのではなかろうか。というのも、和辻自身も認めているように、国家はまだその富に他の国民が参与することを拒むといった閉鎖的性格を有しており、また現実に顕著に「私」を発揮する国家が存在している。したがって、われわれはなお国家を超えた究極的な公共的全体性を考えうるからである。しかし和辻は、人類が一つの全体として形成されたことは世界史において一度もなかったと主張する。彼によれば、全体はつねに有限な相対的な全体として現われるのであって、それが絶対的全体性が自己を顕現する形式なのである。現実の国家の私的性格もこれに因由している。たしかに和辻は人類共同体の建設の意義を否認してはいない。むしろ彼はそれを「国民的当為の問題」として力説している。しかし、彼はそれを一つの人倫的組織としてよりも、むしろあらゆる「私」を脱した国際的協調の機関として考えていた。しかもこの協調はまずもって民族的特殊性ないし独自性を相互に尊重しあうことを基本とするものであった。したがって、結局、和辻にとってあらゆる全体性のうち、もっとも高次にして究極的なものは国家であり、国家は「有限なる人間存在の究極的な全体性」(同書、第四章)であったのである。そして、前述したごとく、国家の成員があらゆる「私」を去ってかかる全体性に帰入するとき、はじめて個性が円成され、したがってまた人倫が完成すると考えられていたのであった。

　さて、ここでふたたび和辻倫理学の出発点に戻ってみよう。和辻は倫理学を単なる個人的意識の問題と考えることに反対し、それを人間の学として、すなわち人と人との間柄の学として規定した。彼によれば、「人と人との間柄の問題としてでなくては行為の善悪も義務も責任も徳も真に解くことができない」のであった。そして彼は、この人間の学としての倫理学を、人間存在の構造分析を通じて、人間性の二つの契機である個人性と全体性との関係の学としてとらえ直し、またそこから人間存在の根本理法を、全から個をへて全に還る絶対的否定性の否定の運動と規定した。たしかに彼は、人間存在は単に全と個との間の否定の運動であるばかりでなく、さらに「自他分裂において対立する無数の個人を通じての全体性の回復でなければならない」(同書、序論)と主張している。しかし、実際には個人と個人、我と汝との関係はほとんど説かれていない。彼がもっぱら関心をもっているのは個人と全体性との関係の問題である。しかるに、この全体性の内でもっとも究極的なものは国家である。国家は家族から文化共同体にいたるすべての全体性を超越するとともに、それらを自己の内に包摂し、またそれぞれに固有の場所を与えることによって、それらの間の発展的連関を組織する。ゆえに、それはすべての人倫的組織を統一する人倫的組織であり、またこの意味で国家は「人倫的組織の人倫的組織」である。したがって、個と全との関係は結局のところ個人と国家との関係に還元される。それだから、人と人との間柄の学である倫理学は、要するに個人と国家との間柄の学であることになる。しかも人間存在の根本理法は全―個―全の否定の運動なのであるから、個人が「私」を去って、究極的な全体性である国家の内に帰入するところに人倫の完成があると説かれる。「国家がそれぞれの人倫的組織の体系的自覚としての高次の人倫的組織であるように、国家の成員もまたそれぞれの成員性の体系的自覚として高次の成員性を持たなくてはならぬ。ここでは……一切の自由をさえも自ら放擲して究極的な人間の全体性に没入するところの究極的な去私が要求せられる」(同書、第三章)。「国家は個人にとっては絶対の力であり、その防衛のためには個人の無条件的な献身を要求する。個人は国家への献身において己が究極の全体性に還ることができる」（昭和十七年版『倫理学』、第三章）。

これが和辻倫理学の核心であるといえるであろう。容易に想像されるように、それは太平洋戦争という未曽有の歴史的状況を背景にしており、また明治末期以来の「国民道徳論」の系譜につながる要素を有している。しかしながら、われわれはそれを、たとえば井上哲次郎にみられるごとく、国粋主義的で反歴史的な、したがってとうてい学的批判に耐えることのできない国民道徳論とは区別しなければならない。和辻倫理学はこの種の道徳論とは比較にならない高い学問的水準を保持している。それはその体系性においても、また独創性においても近代日本を代表するほとんど唯一の倫理学であるといってよいであろう。したがって、われわれが現今の状況下において新しい倫理的原理を追求しようとすれば、好むと好まざるとにかかわらず和辻倫理学との対決を避けることはできないのである。

（小坂）

参考文献

高坂正顕『西田幾多郎と和辻哲郎』、新潮社。
湯浅泰雄『和辻哲郎　近代日本哲学の運命』、ミネルヴァ書房。
宇都宮芳明『人間の間と倫理』、以文社。
湯浅泰雄編『人と思想　和辻哲郎』、三一書房。
山田洸『近代日本道徳思想史研究』、未来社。

第七章　現代における実践倫理の諸問題
——応用倫理学の諸相——

二十世紀後半の倫理学における最大の変化は、われわれが現実において直面する具体的な倫理的諸問題を取り扱う「実践倫理（practical ethics）」と呼ばれる部門が非常な注目を集めるようになったことであろう。それは、とくに政治・経済・医療・環境などといったさまざまな現実的実践において生じる倫理的諸困難にいかに対処すべきかを哲学的な思考方法を活用しつつ考究していく分野であり、しばしば「応用倫理学（applied ethics）」とも呼ばれる。「実践倫理」の興隆というこの動向は、大まかに言うと、一九六〇年代ごろから始まり、一九七〇年代に確固とした地盤を形成していったといえよう。

二十世紀前半には、科学主義の強い影響力のもとで、旧来の形而上学の言説の空虚さを非難して現代科学の成果に基づく科学的世界像の確立を哲学の任務だと宣言する論理実証主義などのいわゆる科学哲学・分析哲学が登場してきたが、倫理学においても同様の傾向が生じた。すなわち、とりわけ英米では、いかに行為すべきかという具体的な道徳的判断そのものは科学的客観性を持ちそうにないので倫理学はそうした道徳的判断を行なわず、むしろ代わりに、もっぱら道徳の特質や道徳的言語の意味分析や道徳的判断の源泉についての研究などを行なういわゆる「メタ倫理学」が支配的となったのであった。しかしながら、一九四〇年代における核兵器の登場とその後の米ソの核兵器増強競争は科学に対する楽観的気分を一変させたのであり、B・ラッセルやA・アインシュタインらの呼びかけによって一九五七〜六二年にいわゆるパグウォッシュ会議が開かれ、著名な科学者たちによって科学者の社会的責任についての討議がなされた。また、科学的真理の客観性に関しても、一九六二年に出版されたトマス・クーンの『科学革命の構造』は、科学史的な検討に基づいて、科学は決して単に実験・観察による検証・反証といった合理的手続きに従って漸進的に進歩していくだけでなく、むしろ、たがいに共約不可能なパラダイムの転換によるいわゆる「科学革命」という重大な出来事を経ていくのであり、しかも、このパラダイム転換は科学的合理性のみによっては説明できないものだ、と主張して、それまでの客観主義的科学観に大きな変更を迫った。このようにして、二十世紀後半になると、科学への盲信に対する反省が広がっていき、狭い意味での科学以外の思考の重要性が再び注目されるようになってくる土壌が形成されていったのである。

そのような時期にあたる一九六〇年代に、たとえば米国においては、いわゆる公民権運動やベトナム戦争が大きな問題となり、また、軍拡やアポロ計画の陰で福祉政策の停滞が批判されてもいた。人々は自由や平等や正義といった、倫理的価値にはっきりとかかわる問題に現実の生活や政治の場面で切実に直面せざるをえなくなったのである。米国の哲学者トマス・ネーゲルは、当時をふりかえって、「われわれは毎日、怒りと恐れをもって新聞を読んだ。そしてそれは、他の国の犯罪について読むときとは違っていた。そのような感情によって、一九六〇年代の後半には、社会的・政治的問題に関して哲学者による本格的な専門的研究が行なわれるようになったのである」と述べている。このような雰囲気の中で、たとえばマイケル・ウォルツァーの戦争や正義についての諸論文などが注目を集めたりするようになっていった。そして、一九七一年に出版されるやいなや大きなセンセーションを巻き起こし、その後の正義論ブームの基礎をつくったのがジョン・ロールズの『正義論』であった。哲学的方法を用いて現実的政治の問題に適用しうる正義の原理を提示しようとしたロールズのこの著作は、その着実で粘り強い論述によって、哲学が現実の諸問題に関与して大きな貢献をなしうるという自信を多くの人々に感じさせたのである。また、同じく一九七一年には雑誌「哲学と公共的諸問題(Philosophy and Public Affairs)」も創刊され、実践倫理のための議論の場も整備されていったのである。そして、正義に関する論争は、その後、ロールズに代表される福祉志向的リベラリズム、ノージックに代表される自由尊重的リベラリズム、マッキンタイアやサンデルらの共同体論、などが入り乱れて展開されていくが、第一節では、これらの現代の正義論を概観する。

さて、正義論と並んで現代における実践倫理の興隆のもうひとつの大きな柱となったのは、生命倫理(バイオエシックス)の成立である。伝統的な宗教の力が弱まっていわゆる「世俗化」が進行し、また、人々の移動が加速化して多種多様な価値観を持つ人々が同じ地域で生活する状況が一般化してきたことなどを時代的背景とするなかで、とくに医療や生命科学の分野で、やはり一九六〇年代ごろから、従来のいわゆる「医の倫理」からの脱皮がつよく求められるような事態が多くの面で生じてきた。たとえば、非道な医学的人体実験の発覚のように医師への信頼を激減させる出来事もあったし、また、脳死・臓器移植、体外受精技術の確立などのように、医学や生命科学の進歩によってもたらされた新たな事態もあった。このようなめまぐるしい変化のなかで、伝統的な「医の倫理」の固定的な価値観の押しつけによる対処はもはや不可能となり、それぞれの患者の自己決定の尊重を根幹とする医療についての新しい倫理的思考の枠組みとしての「生命倫理」の確立が切実に求められるようになっていったのである。具体的な歩みとしては、一九六九年にはニューヨークにダニエル・キャラハンを中心として「ヘイスティングズ・センター」が設立され、医療・生命科学をめぐる新しい社会・倫理のあり方の研究が組織的に行なわれ始めたのであり、一九七一年からは機関誌「ヘイスティングズ・センター・レポート」も刊行されるようになった。また、一九七一年にはワシントンDCに生命倫理研究のもうひとつの主要機関といえるジョージタウン大学ケネディ倫理学研究所も設立され、このケネディ倫理学研究所のウォーレン・ライクが中心となって一九七八年には『生命倫理百科事典(Encyclopedia of Bioethics)』が刊行されたのであった。そして、一九七九年には、現在に至るまで改訂を重ねながら生命倫理の最も標準的な教科書としての地位を保持しているビーチャム／チルドレス共著の『生命医学倫理の諸原則』の第一版も出版されたのである。さらに、米国では、一九七五～七八年には「生命医学・行動科学研究の被験者の保護に関する全国委員会」、一九七九～八三年には「医学および生命科学・行動科学研究における倫理的問題の検討のための大統領委員会」が設置され、医学者、生命科学者、行動科学研究者、法学者、倫理学者らがメンバーとなって、多くの会合を行ない、多数の人々から参考意見も聞いたうえで論議をかさね、いくつもの報告書がまとめられた。このような論議を中核として生命倫理に関する米国民の一般的関心は向上し、また、しだいに他の国々でも生命倫理に関する論議が盛り上がりを見せてくるようになっていったのである。本章の第二節では、このようにして確立していった生命論理について、そのあらましを見ていきたい。

次に、第三節では環境倫理をとりあげる。環境倫理は、アルド・レオポルドの「土地倫理」の概念やレイチェル・カーソンの著書『沈黙の春』などを嚆矢として、二〇世紀後半の実践倫理の興隆の流れの中でも、極めて注目される分野の一つとなってきた。ここでは、人口の急増や科学技術・大規模産業の急速な発達を背景として、従来の倫理学でほとんど念頭に置かれてこなかった地球の環境・資源の有限性や未来世代に対する責任の問題が大きく浮かび上がってくる。たとえば、シュレーダー＝フレチェットは、人間による自然の開発を積極的に推進することを称賛する従来の「フロンティアの倫理」（「カウボーイの倫理」とも呼ばれる）や、地球を定員が決められている救命ボートにたとえて余剰の人々を犠牲者として排除することもやむを得ないとするG・ハーディンの「救命ボートの倫理」を批判して、新しい時代の環境倫理の基盤として、有限で閉じたシステムである地球を一隻の宇宙船になぞらえてその中で全員が生き残っていけるための「心の変革」（とくに先進国の人々の）の必要性を強調する「宇宙船の倫理」を提唱する。と同時にまた、それを側面から補助するために、効率性を犠牲にしても地球環境を守ることに役立つような経済的・政治的・法的な施策の導入も検討されるべきだと主張するのである。要するに、環境倫理では、国境や世代を跨ぎ越える新しい視点が要求されてくる傾向が顕著なのである。

なお、実践倫理（あるいは応用倫理学）の分野としては、本章で扱う正義論、生命倫理、環境倫理のほかにも「ビジネス・エシックス」（企業倫理）が注目されているし、最近では、コンピューターやインターネットの発達・普及に伴って「コンピューター・エシックス」ないしは「情報倫理」と呼ばれるような分野も登場してきた。また、ますます複雑化する国際社会における紛争解決方法の倫理的枠組を研究する「戦争と平和の倫理」の充実も、切に望まれるであろう。変転の激しい時代になればなるほど、多様な価値観を持つ人々が人間として共通に認めるべき互いに納得可能な生き方や政策の基本的ルールを探求する場としての実践倫理は、ますますその意義を増していくと思われる。けれども、ひとくちに「実践倫理」（あるいは「応用倫理学」）といっても、それぞれの分野で着眼点や力点の置き方や中心的原則はかなり大きく異なり、概して、バラバラに議論が展開されてきたのが実情である。いまや、これらさまざまの実践倫理の分野の包括的な基盤と方法を模索する努力こそが、われわれに与えられた課題だといえるだろう。

参考文献
川本隆史『現代倫理学の冒険』創文社
加藤尚武・松山寿一編『現代世界と倫理』晃洋書房
加藤尚武『応用倫理学のすすめ』丸善
P・シンガー『実践の倫理』（山内友三郎・塚崎智監訳）昭和堂
R・T・ディジョージ『ビジネス・エシックス』（山田経三訳）明石書店
越智貢・土屋俊・水谷雅彦編『情報倫理学――電子ネットワーク社会のエチカ』ナカニシヤ出版
根井康雄『戦争の倫理についての哲学的議論』近代文芸社
M・ウォルツァー『義務に関する十一の試論――不服従、戦争、市民性』（山口晃訳）而立書房
S・ボク『戦争と平和――カント、クラウゼヴィッツと現代』（大沢正道訳）法政大学出版局

（谷田、若林、御子柴）

一　現代の正義論

私たちは、現代が不正に満ちた時代であるという認識を持ちつつも、では何が正しいのか、何が正義なのかについて明確な解答を示すことができない。つまり、正義は、せいぜい力ある者のイデオロギーを代弁するものにすぎないとか、個人の主観や恣意に依拠する相対的なものであって客観的な規範となり得ない、といった「反正義《アンチ》」論を決定的に反駁し得るような理論を持ち得ていないのである。このような中で、「正義とは何か」を問い、正義の規範理論を打ち立てようとするジョン・ロールズの試みは、きわめて刺激的なものであった。ある評者によれば、「(ロールズの)『正義論』が一九七一年に発表されてからは、過去百年間で最大の論議を専門の哲学者のなかに引き起こすとともに、社会学者、経済学者、裁判官、政治家たちによって最も広く引用された哲学書になるにいたった。本書はここ百年に著された道徳・政治哲学の作品のなかでもっとも重要なもの」(1)だという。実際、「ロールズ研究産業(Rawls industry)」と呼ばれるほど、様々な分野からロールズ正義論に関する膨大な研究論文が量産され、今もその勢いは衰えていない。

ここでは、このように現在大きな関心を集めている正義の問題の全体像をロールズの『正義論』を中心に展望してみたいと思う。

1　正義の概念――正義をめぐる三つの立場

そもそも正義とはどういう概念なのだろうか。まずプラトンは、「力こそ正義なり」というトラシュマコスの正義観や「最も望ましいこと（悪事を働いても罰せられない）と最も望ましくないこと（悪事による損害を補償されない）との妥協である」というグラウコンの正義観に対して、魂の三部分（理性、気概、欲望）に対応する三つの徳（智恵・勇気・節制）が調和している状態を正義（第四の徳）と定義した。そして、魂の三部分を国家における三階層（支配者、軍人、一般市民）に対応させることによって、個人と国家は正義の概念によって結びつけられる。すなわち、個人における正義とは、魂のそれぞれの部分が自分に課された徳を実現している場合のことであり、国家における正義とは、それぞれの階層が自分に課せられた務め（徳）（支配者は智恵を、軍人は勇気を、一般市民は節制を）を果たしている調和的秩序のことである。次にアリストテレスは、広義の正義を「法律に適うこと」とし、狭義の正義を「均等」（proportionality）とした。そして後者をさらに配分的正義（distributive justice）と匡正的正義（corrective justice）とに区分する(2)。この狭義の正義概念は、命法として表現すれば、「等しきものは等しく、不等なものは不等に扱うべし」ということになるが、それは「正義とは各人に彼の正当な持ち分（権利）を与えようとする不変かつ不断の意思である」というローマ法の正義概念の一般的定義の根底となるものであった。

さて、この定義をどのように解釈するかによって、正義の構想（正義観）も異なってくる。まず、「各人に彼の正当な持ち分を（jus suum cuique）与える」という部分を正義概念の核心とし、正義とは、利益であれ負担であれ、それらがその人の能力、働き等に応じて配分されることだと解釈すれば、正義が果たすべき役割は「公正（公平）さ」（fairness）ということである。そして、この「公正」の概念に依拠した「公正としての正義」がロールズの正義の構想なのである。すなわち、「主要な社会制度が、基礎的な権利と義務を分配し、社会的協働から生み出される利益の分割を決定する方法」（この方法をロールズは社会の「基本構造」と呼ぶ。〔『正義論』二節〕）の正・不正を決定する原理（正義の原理）を導出し、その実践性を明らかにすることがロールズの正義論の目指すものとなるのである。

次に、「各人に彼の正当な持ち分を与える」というその同じ部分から、もう一つの別の正義の構想を導出することができる。つまり、「彼の正当な持ち分（jus suum cuique）」を「各人に彼の権利（jus）を」と解釈することによって、個人の権利を不可侵のものとして尊重することが正義であるとする正義の構想が成立する。この「権利としての正義」と呼ぶべき立場をとるのが、ロバート・ノージックの「権原理論」である。

ところで、この二つの正義論の特徴は、まず、それらが正（right）が善（good）を決定するという義務論（deontology）的性格をもっており、結果（目的）としての善が正しさを決定する目的論（teleology）的、帰結主義（consequentialism）的な功利主義的正義観に対立するということ。次に、それらは、善き生を得るための範型となるような「共通善」より、どのような善き生を選択するにせよ、まず個人の自由と権利を優先させるというリベラリズム的倫理観であるということである。しかし、この倫理観に対しては、いかなる個人も共同体から独立しているのではなく、伝統的に受け継がれることによって各個人がすでに共有している共通善を明らかにすることが道徳理論になるのだという観点から、「正義より共通善を優先させる」いわゆる共同体論者《コミュニタリアン》（communitarian）の反「正義論」の立場からの批判がある。

そこで、以下の論考ではまず、ロールズとノージックの正義論を概観し、次にその批判としての共同体論の主張を検討してみたい。

2　公正としての正義——ロールズの正義論

1　二つの回帰——ロールズの正義論の背景　ロールズの正義論の背景には二つの回帰がある。一つは、言語分析的な倫理から規範的な実践倫理への回帰である。第一次大戦後登場する分析哲学の手法は倫理学にも影響を与え、カントやヘーゲルのように、ある合理的原理や絶対的理性から倫理を基礎づけるのではなくて、実際の倫理的言語、概念を分析しようとするメタ倫理学（第三章「一　倫理の論理——分析哲学」参照）がアングロアメリカンの倫理学の主流となった。ロールズは、そのような倫理的概念分析は道徳哲学の基盤としては非常に貧弱なものであって、それでは実質的な正義の理論を展開できないとし、倫理学・道徳哲学は実践的知であるべきだと主張した。実際、彼は、道徳原理と実践的な道徳判断とを均衡させるために両者を互いに照らし合わせてみるという「反照的均衡」（reflective equilibrium）という方法を説き、また、現に『正義論』の構成において、第一部で正義の二原理を導出した後、第二部ではその実行可能性を、第三部ではその安定性を論じていることは、ロールズがいかに実践性を重要視しているかを示すものである。

もう一つの回帰は、功利主義を乗り越えるための、かつての功利主義者たちが放棄した、ロック、ルソー、カントたちの社会契約論への回帰である。功利主義は、「『何が正義か』という問いに対して、首尾一貫した解答を与え、いまなお社会科学や社会政策の暗黙の規範的基礎を供給し続けている」(3)にもかかわらず、その「最大多数の最大幸福」という原理（功利性の原理）によって、利益の全体量を増大させるために、個人の自由や権利を犠牲にすることもあり得るという根本的な欠陥をもっていた。しかし、自由な個人による相互の合意的契約によって、政治的義務や道徳的義務を正当化しようとする社会契約論においては、個人の自由や権利が「制限」されることはあっても「犠牲」にされることはない。そこで、ロールズは、この社会契約論を再生させることによって、「自由で平等な個人」が相互に合意できる正義の原理を導出しようとするのである。

2　「原初状態」——正義の合意のための環境条件　さて、そのような合意が可能であるためには、契約当事者たちが不偏的で中立的な視点（公正な視点）をとることができるような環境が必要とされる。そのような環境をロールズは、社会契約論の「自然状態」にならって「原初状態（original position）」と名づける。ロールズは、「原初状態」において、「当事者たちは、個別的事実のようなものを知らないと仮定する。まず、自分の社会における位置とか階級上の地位とか社会的身分を誰も知らない。さらに、生来の長所や能力、知性や体力等々の割り当てに際し、自分がどのような運・不運に与っているかを知らないし、自分の善の概念、自分の合理的な人生計画の詳細、そして、危険を冒すようなことを嫌がるとか楽観主義や悲観主義に陥りやすいといった自分の心理的特徴でさえも、誰も知らない。これに加えて、当事者たちは、自分たちが属している社会の特有の環境についても知らない」（『正義論』二四節）と仮定するのである。

このような「無知のヴェール」をかけられることによって、当事者たちは、自分の個別的情報については完全に遮断されることになり、彼らは公正な正義の原理を満場一致で選択することができるのである。というのも、誰もが同じ状況下で、互いの差異を知り得ないままに選択するというのは、結局、当事者の中の任意の一人が選択することと同じだからである。しかし、その一方で、当事者たちは、政治情勢や経済理論、そして心理的法則や道徳法則といった一般的情報については開かれていると仮定されているので、選択される正義の原理は、砂上の楼閣ではなく、現実社会の中で実践的で安定したものになる。しかし、これはあくまで仮説的なものであって、契約当事者たちが正義の原理に到達するための発見的手続きであるにすぎない。

では、このような原初状態の下で、当事者たちはどのような正義の構想を選択するのだろうか。ロールズによれば、功利主義、直観主義、エゴイズムなどが提起する正義の構想は選考からふるい落とされ、結局、選択肢として残されるのは「すべての社会的価値――自由と機会、所得と富および自尊心の社会的基礎――は、これらの価値のあるものまたはすべてのものの不平等な分配が、あらゆる人の有利になるのでない限り、平等に分配されるべきである」（前掲書、十一節）という正義の構想（「公正としての正義」）だとされる。そしてこの正義の構想の原理（「正義の二原理」）が提示される。すなわち、①基本的自由に対する平等な権利を保証するという原理と、②公正な機会均等の原理および社会的、経済的不平等を許容する際は、社会で一番不利な者が最大限の利益を得るようにする原理がそれである。

3　マキシミン・ルール——正義原理の選択のための戦略　しかし、なぜこの正義の二原理を「原初状態」にある契約当事者たちは選択するのだろうか。そこで、ロールズは、彼らが合理的に思慮するかぎりにおいて、彼らは選択の戦略としてマキシミン・ルール（maximin rule）をとらざるを得ないとし、そのルールに従うことによってこの正義の二原理を手に入れるのだと説明する。マキシミン・ルールとは、数学や経済学で説かれているもので、簡単に言えば、「最悪の結果の中でも、もっともましなものを選択せよ」というルールである。このルールに従えば、正義の二原理（特に②の「社会で一番不利な者が最大限の利益を得るようにする原理」）が賢明な選択となるというわけである。

もっとも、選択の戦略としては、別のものを考えることもできる。その一つは、最大の損失を蒙るというリスクを冒しても、最大利益を望めるような選択肢を採用するという積極的な戦略である。これは、たとえば「もし自分が独裁者になり、他の者たちが自分の奴隷となる可能性が少しでもあれば、一人による独裁制を確立するような正義の諸原理を選択する」(4)ような戦略であるが、最大の損失を蒙る（この場合「奴隷となる」）のが自分である確率が非常に高い危険な賭であり、合理的に思慮する人間がとる選択とは言えない。次に考えられるのが、一人当たりの効用を最大化する「平均効用原理」に従う戦略である。これは、自分がある地位につける確率とその地位の利益とを掛け合わせてそれを合算するとき、その総和が最大になる期待効用最大化の原理に基づく戦略であるが、これはリスクを平等に分担することによって、マキシミン・ルールと同様に、少なくとも損失が最大になるのを回避することができるという利点をもつ。しかし、「無知のヴェール」のもとにおいては、自分がある地位につける確率を計算するための情報は欠如しており、そのために、そのように算出された平均効用値が信頼に足るものであるかどうか判断することができない。しかも、「一人当たりの効用の最大化」とは抽象的な「平均的人間」の利益の最大化であって、多様な願望・目的をもった具体的な人間の選好が無視されることになるという欠陥がある。

　それに対して、マキシミン・ルールという戦略は、このルールに従う人を、それによって確実に獲得することができる最小限の取り分以上のものに対してほとんど無関心にさせるものであり、それ以上を得ようとする賭には価値がないと考えさせるものである。というのも、選択当事者は、「無知のヴェール」によって、社会構造の中で自分がどこに位置づけられ、どのくらいの利益を得られるのかという見込みを立てることができないからである。まして、それ以外の戦略が、当事者にとって耐え難い制度に至ってしまうことがあるとなれば、合理的な戦略は、マキシミン・ルールという戦略以外にはないというわけである。

4　正義の二原理――「公正としての正義」の定式化　マキシミン・ルールによって選択された正義の原理、すなわち公正としての正義は、最終的に次のように定式化される（前掲書、四六節）。

第一原理

各人は、すべての人にとって同様な自由のシステムと両立する、平等な基本的自由のもっとも広範にわたる全体的《トータル》システムに対する平等な権利をもつべきである。

第二原理

社会的、経済的不平等は、次の二つの条件を満たすように取り決められるべきである。

(a)　正義に適う貯蓄原理と矛盾せずに、最も恵まれない人の利益を最大化すること。〔格差原理〕

(b)　公正な機会均等という条件の下で、全ての人に開かれた職務と地位とが伴っていること。〔公正な機会均等の原理〕

また、この二つの原理の間には優先順位がある。第一の優先ルールは、第一原理を第二原理に優先させるものである。すなわち、基本的自由が制限されるのは、ただ自由のためだけでなければならないとするもので、「自由の優先」と呼ばれる。第二の優先ルールは、第二原理の内部での優先順位を決めるもので、「公正な機会均等の原理」は「格差原理」に優先することである。

ロールズはこのような正義原理が選択される根拠を効用原理の場合と対比しながら三つ挙げている。まず第一に、原初状態における合意は、最終的で永続的な一回きりの合意であるかぎりにおいて、当事者たちは、守ることができないような、あるいは守ることが困難な合意をすることはない。したがって、彼らは、基本的自由を守るばかりでなく、起こりうる最悪の結果から自分を守る正義の二原理を選択することに同意せざるを得ない。第二に、正義の二原理は心理的に安定しているということである。なぜなら、その第一原理および「自由の優先」ルールによって、各人の基本的自由は保証され、第二原理によって、社会的協働による利益をすべての人が得ることができるわけだが、この互恵的性格は、当事者に正義の二原理を進んで受け入れ、それを支持する気持ちにさせるはずである。一方、効用原理の場合、恵まれてないときでさえも他人の利益のために犠牲を払うことが要求される場合もあるために、当事者たちは共感とか仁愛が修養されていないかぎり、不安定の脅威にさらされていることになる。第三に、正義の二原理の互恵的性格は、社会の中で自分に価値があるという自尊心を支え、他者への尊敬を生み出すことになるということである。したがって、この正義の二原理に従うことは、人間をそれ自体目的とみなし、決して単に手段としてのみ用いてはならないというカントの格率を実現することになる。それに対して、効用原理を選択すれば、平均効用を最大化するために、他者を手段として用いることもあり得るのであり、そうした場合、その人の自尊心は著しく傷つくことになるだろう。

5　正義の二原理の具体化とその安定性　さて次の問題は、こうして合意された正義の二原理が、どのようにして正義に適った社会制度へと具体化するかということである。ロールズは、そこで四段階の具体化プロセスを想定する。まず第一段階では、原初状態で正義の二原理が合意される。そして第二段階において、憲法制定会議が開かれて正義に適う憲法が制定され、第一原理である自由の原理が、平等な市民権に含まれる諸自由として具体化される。第三段階では、憲法の制限の中で、第二原理である「公正な機会均等の原理」と「格差原理」が、社会的・経済的政策の立法化の中に具体化される。しかし、こうしたプロセスを経て形成される秩序ある社会は、現実には正義に近い状態の社会であって、完璧に正義に適った社会というわけではない。したがって、正義にもとる法が制定される場合もあり得るのである。そこで最後の第四段階では、このように正義に近い社会制度の下での個人が果たすべき義務（duty）と責務（obligation）の問題が扱われる。私たちは、不正な法に対して、それが不正であるという理由でそれに従わなくてもよいというわけではない。誰もが正義に適った手続きによって具体化された社会制度に対して責務を負っているかぎり、私たちはそれに従う義務がある。そうでなければ、社会の構成員同士の信用と信頼はきわめて不安定なものになってしまうだろう。ただし、それはその不正が一定の限界を超えない限りの話である。もし不正な法が正義の二原理に甚だしく反する場合は、その法に従うことを拒否する「市民的不服従」という異議申し立てをすることができる。

ところで、ロールズの正義論は、正義を善に優先させる義務論的道徳理論であった。すなわち、道徳的行為はそれによって生み出される何らかの善い結果に依拠するのではなく、端的にその行いの正しさに依拠しているのである。しかし、正しい行いが善と一致しないのであれば、誰もが正義を維持することは困難となるだろう。正義の二原理を選択した社会も、それが構成員のそれぞれの善き人生を可能にする善き社会でなければその安定性を欠くことになる。そこでロールズは、彼の公正としての正義の理論が、善に優先すると同時に調和しうる、というよりむしろ、その立場に立つことによってこそ善は増大するのだということを示そうとする。

まず、どのような善き人生にも必要な最低限度の善としての「基礎的な善〔財〕（primary goods）」と呼ばれるもの（権利、自由と機会、所得と富）は、それを増大させるために原初状態にある当事者たちは正義の原理を選択したのであるから、正義と衝突することはない。問題は、より包括的な善（諸願望を満たすために選択する合理的な人生設計）と正義が調和するかということである。しかし、正義の二原理によって秩序づけられた社会の中では、誰もがその正義の制度の受益者であることから、構成員は正義感覚を習得・強化し、それに規制された人生設計を選択しようとするはずである。たとえば、善の中には、自分の素質・能力を発揮すればするほど大きな喜びを得るという善があるが、それは他者と協働することによってより現実的になるものである。しかし、そのためにはお互いがパートナーとして必要な存在であるような複数の「社会連合」(social union) からなる一つの「社会連合」、すなわち正義に適った秩序ある社会に参加することが必要である。したがって、善の増大は正義を前提にしてはじめて可能なのだと言うことができる。反対に、正義と一致しない人生設計は、他人だけでなく自分が大切に思う人との愛情と信頼の絆までも損なうものである。そもそも私たちは、自由にして平等な合理的存在(自由な道徳的人間)としての本性を表現したいという願望をもっているが、それは、正義の二原理に従って行為することによってはじめて実現するのである。

このように正義と善との調和によって、正義の二原理の安定性が明らかにされた。そしてロールズの「公正としての正義」論が規範的正義論としてきわめて実践的な理論であることが示されたわけである。

3　権利としての正義——ノージックの正義論

1　ロールズとノージック　ロールズが正義の原理として、最大限の平等な自由を保証する第一原理に「格差原理」を加えたことは、彼の「公正としての正義」論が福祉国家型リベラリズムを擁護する正義論であることを示すものである。それに対して、ノージックの正義論は、古典的リベラリズムの自由放任を再生して、自由・権利の徹底した優先性を主張する夜警国家型リベラリズムを擁護する正義論だと言うことができる。ノージックにとって、生命、自由、財産といった個人の基本的権利は不可侵であって、いかなる理由によっても、たとえそれが社会全体の利益になるものであっても制約されることはない。そして、この個人権重視の正義観の下での望ましい国家形態は、せいぜい「市民を暴力・窃盗・詐欺から保護する役割と、契約を執行することなどに限定される」にすぎないような最小国家（minimal state）でなければならない。したがって、ノージックにとって、国家が果たすべき正義は匡正的正義だけであって、福祉国家がその責務とする配分的正義に基づく富の再分配は、個人の権利に対する国家の干渉として、本来、正義と呼べるものではないのである。ノージックのこの権利主義的リベラリズムは、ロールズのような平等主義的リベラリズムと区別してリバタリアニズム（libertarianism 完全自由主義ないし自由至上主義）と呼ばれる。

2　ノージックの「最小国家」論

ノージックのこの「不可侵の権利」論は、ロックの自然権理論に依拠している。ロックは、ホッブスのように自然状態を「万人の万人に対する闘争状態」と見るのではなく、自然状態において人間は皆、自由で平等な存在として自然法の下に統治されていると考えている。しかし、自然状態は闘争状態ではないとしても、自然法の解釈や適用の不確定性にともなって自然権が侵害される恐れは十分あり、それを回避するために、各人は集合し、契約的に合意することによって、新たな政治的権力と統治制度を設立することを決意するわけである。ノージックは、自然状態からいかに国家が設立されるのかというこのロック的社会契約論に依拠して、幸福なはずの無《ア》政府状態《ナーキー》から、誰の権利も侵害しないユートピアとしての最小国家がいかに出現するかを次のように段階的に説明している（『アナーキー・国家・ユートピア』第二章）。

①　自然状態の中で生じるさまざまな難点に対処するために、諸個人が協同して複数の「相互保護協会」を形成する。

②　複数の「保護協会」によるメンバーの獲得競争の中から「支配的な保護協会」という超最小国家が形成される。しかし、それは「必要な実力行使の独占を欠き、その領土内のすべての人に保護を提供することに失敗している」点で、まだ本当の意味での国家とは呼べない。

③　「支配的保護協会」に加入していない独立人たち（independents）の権利実行が、「支配的保護協会」によって信頼できず公正でないと判断されるときは、協会はクライアント（協会メンバー）を保護するために独立人たちの権利実行を禁止する。

④　しかし、それによって独立人たちは、たとえクライアントから不正な危害を受けたとしても、それから自分を守ることができなくなるという「差別的不利益」を蒙ることになる。したがって、「支配的保護協会」はこの不利益に対して補償しなければならないが、最も安価な補償は独立人たちに保護サービスを拡張することである。その結果、「必要な実力行使の独占を」満たし、「その領土内のすべての人に保護を提供する」ことになるから「支配的保護協会」は最小国家の形をとる。

3　ノージックの「権原理論」――（保有物の）権利の正義

こうした最小国家の設立過程は、各人の明示的な同意や暗黙の同意によってなされたのではなく、アダム・スミス流の「見えざる手」によるものだという。ノージックのこの「見えざる手」による説明の中に、最小国家の正当化と同時に、ロールズのような富の再分配を担うような拡張国家の正当化は否定しようとする彼の意図を見ることができる。というのも、各人は異なった資源を自由に処理する資格、すなわち権原（entitlement）をもっており、各人が保有している物（holdings）の移動は、各自の自由な交換と贈与によってなされるのであって、ある政治権力によって配分調整されるべきものではないからである。したがって、ノージックにとって、最小国家以上の拡張的な国家は、人々の権利を侵害するもの以外の何者でもないのである。ではノージックにとって正義に適っているとはどのような意味なのだろうか。

ノージックは、保有物に対する権原をもつために従わなくてはならない三つの正義の原理を提起する（前掲書、第七章）。まず、①保有物の獲得の正義原理、次に②保有物の移転の正義原理、そして③詐欺や窃盗などの不正な行為によって獲得された保有物についてはそれを匡正するための原理、である。この権原理論において、ある配分が正しいか否かは、その配分が最終結果的にどのような構造（「～に応じた分配」という型）をもつかによってではなく（最終結果・パターン化原理）、その配分（保有物の生産・獲得・移転）の歴史によって決定される（歴史的・非パターン化原理）。したがって、ノージックの正義は保有物の権利としての正義であると言うことができる。

4　両正義論への、共同体論者からの批判――サンデル、マッキンタイアの見解

ロールズの「公正としての正義」もノージックの「権利としての正義」も、自然状態における契約という理論装置を利用して正義に適った社会とはどういう社会かを説明しようとしているという点で、両者は社会契約論の系譜の中に位置づけられる。契約論の要点は、まず諸個人が自然状態の中に

存在しており、次に彼らが集合して、明示的あるいは暗黙の同意によって共同体（社会）を設立するということである。したがって、個人が共同体に優先し、個人の自由と権利が共同体の共通善に優先するというのが契約論的リベラリズムの共通の考え方となる。リベラリズムにとって望ましい社会とは、個人の自由と権利が優先的に守られる正義に適った社会であり、個人はその枠内でそれぞれの善いと見なす人生を設計するのである。したがって、彼らは自分が参加している共同体からのいかなる伝統的共通善の押しつけも拒否することになる。共同体論者のマイケル・J・サンデルは、リベラリズムを次のように規定している。「リベラリズムとは二重の意味で、正（right）が善（good）に優先するという主張によって定義されるものである。第一に、個人の一定の権利（right）は、非常に重要であるので、共同善の考慮をも圧倒するということであり、第二に、このような権利を特定する正義の原理は、善き生活に関する、いかなる特定の概念にも依存しないということである。要するに、正しい社会とは、いかなる種類の善き生活のヴィジョンも肯定したり、促進するものではなく、その市民が、他者と同様の自由と一致すれば、自らの目的を追求することを自由にさせるものである」（『自由主義と正義の限界』「日本語版への序文」）。

しかし、サンデルのような共同体論者は、リベラリストとは反対に、正に対する善の優先を主張し、当事者たちの同意による共同体の設立という契約論的構想の無効性を主張する。そして、共同体の成立以前に独立に存在する個人というリベラリズムの個人概念を単に抽象的に構成されたものにすぎないとし、実際には、個人の成立以前に共同体が存在し、共同体の共通善が個人を結びつけているのだと説くのである。サンデルによれば、たとえば、ロールズの「原初状態」および「無知のヴェール」という理論装置は、原理選択の公正さを確保するために仮想されたものであるとしても、その中の選択主体は、身体なき抽象的主体であって、そもそもそれは諸原理を選択する能力がないと批判される。というのも、「無知のヴェール」がかけられて、あらゆる経験、動機が奪われている主体がなしうるのは、選択ではなく、認識というべきだからである。「たとえば、2＋2＝4という命題に私が同意する場合、その意味の同意とは、すでにある何かを把握することである。……この意味での同意は、意志の問題であるよりも知識の問題であるので、認知的（cognitive）意味での同意」（前掲書、二二一頁）である。原初状態においてなされる正義の二原理の選択的合意は、まさにこれと同様なことが行われているのである。ロールズの原初状態には単一の主体しか存在しない。その主体が自分に向かって合意しているにすぎない、というわけである。

そもそもロールズの「無知のヴェール」下の自由な選択主体というのは、カントの叡智界の中の自律的主体（道徳的人格）にならったものであるが、そのような（サンデルに言わせれば）形而上学的主体に依拠することによって、彼の規範的正義論の実践性は失われることになる。ヘーゲルがカントの自律的主体の抽象性を批判したように、サンデルもまたロールズの選択主体を「負荷なき自我」（unencumbered self）として批判する。サンデルにとって、そして共同体論者にとって、本来の主体は、社会共同体の文脈の中に位置づけられてはじめて主体たりうるような「位置づけられた自我」（situated self）である。にもかかわらず、リベラリストは一様に主体を目的に優先させ、孤立させているために、そのような抽象的な「負荷なき自我」と具体的な「位置づけられた自我」との溝を彼らは架橋することができないのである。

リベラリストにとって問題なのが「私は何を選択するか」であるとすれば、共同体論者にとって重要な問いは「私は誰であるのか」である。というのも、「私のアイデンティティ」はリベラリストが言うように最初から自明のものではなく、そこに生まれ落ちる共同体固有の伝統の中で発見されるからである。アラスデア・マッキンタイアは次のように述べる。「私が何であるかは、その主要な部分において、私が相続しているものである。それは、現在の私にある程度まで現存している特定の過去である。私はある歴史の一部として自己を経験している。それは一般的にいえば、好むと好まざるとにかかわらず、自己をある伝統の担い手の一人と見ることである」（『美徳なき時代』二七一頁）。したがって、私たちが問うべきは、私にとって何が正（権利）かということではなく、何が共通善かということなのである。マッキンタイアは、啓蒙主義以後の近代個人主義がその問いを忘れ、共通善としての道徳的理想および源泉を破壊してしまったと主張する。そして、こうした「堕落」から自らを救い出す唯一の道は、アリストテレスの徳倫理学へ回帰すること、道徳的遺産としての共同体の概念を再発見することだとされる。

しかし、マッキンタイア自身が述べているように、伝統はアイデンティティの一部を構成するものであってすべてではない。実際私たちは、自らのアイデンティティを構成する共同体の中に生きつつも、多様な善の概念、多様な世界観をもっている。現代社会がそうした意味での多元主義の世界であることは事実であり、そうした中で共通善なるものを見つけることが可能であるかどうか疑問である。また、アイデンティティを構成する共同体と国民国家とを同一視することによって、共同体論者の共通善優先の見解は、個人の自由を抑圧する全体主義的国家体制のイデオロギーとして利用されてしまう危険性をはらんでいると言うことができる。

5　ロールズ正義論のその後の展開

ロールズは、以上のような『正義論』に対する様々な批判に答える形で自らの正義の理論を修正・発展させる。まず、原初状態にある主体の抽象性に対する批判に対して、彼は正義原理を絶対普遍的（真理的）性格の原理から民主主義社会という「よく秩序づけられた社会」の市民がもっとも道理にあった（reasonable）ものと同意する原理へと限定する。そして、この「よく秩序づけられた社会」の中で、自由で平等な「道徳的人格」としての市民が公正な手続きを経て「自分たちにとっての」正義原理を構築して行くという「カント的構成主義」が強調されるようになる。さらに最近の論文『政治的リベラリズム』では、公正としての正義は、宗教、哲学、道徳などの包括的な信条としてではなく政治的信条の理論へ限定されている。それによれば、現代の民主的社会は、誰もが生の意味・価値・目的について自分なりの信条に従って生きている多元主義の社会であるが、こうした信条の多様性と不一致は、社会の安定性を脅かすものとなる。そこで、安定した社会を持続させるために、異なった信条同士を架橋すること、すなわち、包括的な正義（真の正義）の理論ではなく、政治理論としての正義（私たちがそれと共生できる正義）論が求められるものとなる、というわけである。その際、そうした正義を正当化するのはもはや「原初状態」の合理的選択ではなく、異なる信条を持つ者同士の「重なりあう合意」（overlapping consensus）であるとされる。

以上、「現代の正義論」をめぐって代表的な三つの立場が示された。すなわち、ロールズの「公正としての正義」論、ノージックの「権利としての正義」論といった義務論的リベラリズムと、彼らの「正義の善に対する優先」という考え方自体を批判するサンデル、マッキンタイアの共同体論であった。もっとも、これら三つの立場は必ずしも明確に区分できるわけではないし、正義論をめぐる論争はこれら三つの立場だけに限られるわけでもない。たとえば、ロールズ、ノージックが批判した功利主義は決して力を失ったわけではなく、ピーター・シンガー、デレック・パーフィトなどの現代功利主義者がこの「正義論」論争に関わっているし、さらに、そうした主流の正義論には性差別という不正への視点が欠落していることを衝くフェミニズムからの正義論もある。倫理の問題は、社会の中で他者と共に生きている限り、誰も避けて通ることのできない問題であるが、とりわけ現代の正義論は、自由、平等、福祉という現代社会の重要課題を扱うものとして、誰にとってもきわめて身近なテーマだと言える。異なった価値観を持った人間同士の共存という多元主義的傾向がますます強まる現代社会において、正義論に寄せられる期待もまた大きい。

注

（1）A・ライアン「ジョン・ロールズ」（クエンティン・スキナー編『グランドセオリーの復権』産業図書）参照

（2）両者の区別は、「均等」のあり方の相違に基づき、配分的正義は幾何学的均等であり、匡正的正義は算術的均等だとされる。前者の場合、二人の人間の間の正しい分配とは、両者に絶対的に等しい量を分配するというのではなく、各人の「価値」に応じて相対的（比例的）に分配するということを意味している。たとえば、食事の分配の際に、重労働をする者はデスクワークをする者よりも、多くの食事が与えられるのが正しいとするようなものである。一方、後者は、そうした個人の「価値」とは独立に、過剰と過少の中間を算術的（量的）に求めて均等に復帰させる正義を意味する。犯罪などによる被害の補償もこれに含まれる。

（3）川本隆史『現代倫理学の冒険』創文社、一一頁
（4）Ch・クカサス／Ph・ペティット『ロールズ──『正義論』とその批判者たち』勁草書房、五八頁

参考文献

川本隆史『ロールズ──正義の原理』（現代思想の冒険者たち　第二三巻）講談社
井上達夫『共生の作法──会話としての正義』創文社
Ch・クカサス／Ph・ペティット（山田八千子、嶋津格訳）『ロールズ──『正義論』とその批判者たち』勁草書房
J・ウルフ（森村進、森村たまき訳）『ノージック──所有・正義・最小国家』勁草書房
D・バウチャー／P・ケリー編『社会契約論の系譜──ホッブスからロールズまで』（飯島昇藏、佐藤正志訳者代表）ナカニシヤ出版

（若林）

二　現代医療の倫理——生命倫理

1　現代医療の諸問題と生命倫理の登場

二十世紀の前半から中頃にかけて英米の倫理学で主流となっていたのは、「善い」「正しい」「べき」などの道徳用語やそれらを用いた判断の意味分析や特徴づけを行なういわゆる「メタ倫理学」であり、いかに行為すべきかという本来の倫理学の中心問題は遠ざけられていたといえる。しかし、二十世紀も後半になると医療や生命科学の分野で次々と、倫理的にも大きな問題性を含むような新しい出来事や技術的革新が生じてきた。たとえば代表的なものだけをあげても、H・ビーチャーによる非倫理的な医学的実験の告発（一九六六年、米）、バーナード博士による初の脳死体からの心臓移植手術（一九六七年、南アフリカ）、遺伝子組換え技術の確立（一九七三年、米）、カレン・クィンラン事件（一九七五年、米）、初の体外受精児ルイーズ・ブラウンの誕生（一九七八年、英）、など多種多彩であり、これらはどれも困難な倫理的問題（道徳的ディレンマ）を与えるものであった。だが、こうした新しい事態を前にして、すでに価値観が多様化し「世俗化（secularization）」（宗教離れ）が進んだ現代においては、もはやかつてのようにキリスト教や旧来の「医の倫理（medical ethics）」に頼ることはできず、現代の医療や生命科学から発する具体的な倫理的諸問題を取り扱う新しい規範的・実践的な倫理学の必要性が強く感じられることになった。こうして、とくにまず米国を中心として登場してきたのが「生命倫理」だったのである。

「生命倫理（bioethics）」という言葉は、生命を意味するギリシア語 bios からきた bio- という接頭辞を ethics（倫理、倫理学）につけてできた合成語であり、生物学者V・R・ポッターが一九七一年に自著の表題に用いたのが最初だといわれている。そのときのポッターはその言葉で有限な地球における人間の生存のあり方を考える学問（今日でいう環境学・環境倫理に近い）を表そうとしたのであるが、しかし、やがてその言葉は、現代医療における倫理的諸問題を中心として取り扱う学問分野を指し示すようになっていく。『生命倫理百科事典・改訂版』（W・ライク編、一九九五年）によれば、「生命倫理」とは、「学際的な背景においてさまざまな倫理学的方法論を用いての、生命科学と医療の道徳的諸次元――道徳的な見方・決定・行動・政治を含めた――についての体系的研究」と定義されている。すなわち、さまざまな学問と交流しつつ現代医療や生命の問題を具体的に考えていく新しい倫理学的営みが「生命倫理」にほかならないのである。

2　「パターナリズム」から「インフォームド・コンセント」へ

「医は仁術」とも言われるように、洋の東西を問わず医学の伝統においてはもともと、医師は（患者の意向・判断などにかかわりなく）自分がその患者のためになると思うことをやりさえすればよい、といういわゆる「パターナリズム」(父情主義、父権主義)の考え方が支配的だったようである。すなわち、医者はいわば父が幼い子を扱うかのように患者を扱えばよい、という考え方である。西洋の医師の伝統的な誓約の言葉であった有名な「ヒポクラテスの誓い」には「私は医療的手段を私の能力と判断に従って病人の利益になるように用います」という文言があり、トマス・パーシヴァルの『医の倫理(Medical Ethics)』(一八〇三年)に代表される伝統的な西洋の「医の倫理」はそのようなパターナリズムを根幹とする医師への訓戒であった。

このように伝統的な「医の倫理」では、患者は医師を信頼して医師の「善行(beneficence)」に身を任せるべきものと考えられていた。しかしながら、実際には、患者の従順さをよいことに、患者の意向を無視した処置や手抜き治療を行なったり、さらには患者を実験台として使用して有害な人体実験を行なうような医師も、必ずしも少なくはなかった。そこで、医療トラブルに関する裁判において、十九世紀末ないし二十世紀初頭ごろからドイツや米国で、医師の治療行為には患者の同意が必要だという判例が現われるようになり、一九五七年の米カリフォルニア州での判決では初めて「インフォームド・コンセント(informed consent)」(情報を与えられたうえでの同意)という言葉も登場してくることになった。けれども、「インフォームド・コンセント」という言葉が広く人口に膾炙するようになるきっかけは、一九六〇〜七〇年代における医学的人体実験をめぐっての騒動だったのである。

たとえばウェレサーエフの『医者の告白』(一九一六年)でも暴露されているように、以前から非道な医学的人体実験は問題とされてきた。また、第二次世界大戦後にナチス・ドイツの医師たちによる残虐な人体実験が裁かれるとともにいわゆる「ニュルンベルク綱領」(一九四七年)が採択され、医学的実験には「被験者の自発的同意」が不可欠であることが明記された。しかし、米国民にとっては、一九六〇～七〇年代に自国内で発覚した非人道的な医学的実験の数々は、あらためて、医療や医師に対する患者の従属的あり方を根本的に改変すべき必要性を痛感させられるものとなったのである。

まず火つけ役となったのは、一九六六年のヘンリー・ビーチャーの論文であり、そこでは非倫理的とみられる二十二の医学的実験の事例が紹介されていた。なかでもとくに有名になったのは、ウィロウブロック肝炎研究事件とニューヨーク・ユダヤ人慢性病病院事件である。前者は、ニューヨークのスタテン島にある知恵遅れの子供たちを収容する施設で、肝炎ワクチン研究の一環として、生きている肝炎ウィルスを子供たちに接種したという事件である。また後者は、癌に対する自然免疫の研究の一環として、慢性病の入院患者たちに単に「ある細胞を注射する」とだけ告げて癌細胞を注射して経過を観察した、という事件である。さらに、一九七〇年代になると、いわゆるタスキギー梅毒研究事件が発覚し、大きな批判の声がわきあがった。この事件は、米国公衆衛生局がアラバマ州タスキギーで一九三二年から一九七〇年ごろまでずっと、病状の自然経過を観察するために故意に多くの黒人梅毒患者に治療を施さないでおいた、という長期的な非人道的実験であった。

これらの非人道的な医学的人体実験への批判の高まりの中で、米国では、医学的実験に関する施設内審査委員会(IRB)が各医学研究機関に設置されるようになっていく。また、世界医師会の「ヘルシンキ宣言」(一九七五年修正版)では、医学的人体実験に関して「インフォームド・コンセント」の必要性と詳細な指針が明示されたのである。すなわち、「人間を被験者とするいかなる研究においても、被験者となる可能性のある人はだれでも、その研究の目的、方法、予期される利益、起こりうる危害、実験によって生じるかもしれない不快感について、十分に知らされねばならない。その人は、研究に参加するしないは自由であること、そして、いつでも参加への同意を撤回できること、を知らされるべきである。それから医師は、被験者によって自由に与えられるインフォームド・コンセントを、できれば書面で得ることが望ましい」等々と。

けれども、実は、この「ヘルシンキ宣言・一九七五年版」でも、「インフォームド・コンセント」が無条件的かつ全面的に肯定されているとは必ずしも言えないあいまいな面が残っている。なぜなら、「医学の進歩はつまるところ、部分的には、人間の被験者を対象とする実験に支えられた研究に基づく」のであり、十全な意味で「インフォームド・コンセント」を認めることは医学界が必要とする医学的実験の支障となりうるからである。こうして、現在でもなおたとえば、「二重盲検法（double-blind test）」と呼ばれる倫理的問題性を含む医学的臨床実験が容認されている。「二重盲検法」とは、主として新薬の臨床試験の最終段階で用いられる方法で、試験結果の客観性を高めるため、患者を新しい治験薬を投与される人たち（実験群と呼ばれる）と従来の標準薬ないし偽薬を投与される人たち（対照群と呼ばれる）とに分けて、患者本人にも担当医にもだれがどちらの群に属するかを知らせない、という実験手法である。したがって、この場合、患者自身は自分への治療法を知りえず選択もできないことになってしまう。たとえ実験への参加については患者の同意を得るにしても、それも、患者は弱い立場からしぶしぶ承諾したということもありうる。「二重盲検法」の問題は、今後も大いに論議されていく必要があろう。

しかし、このような問題は残っているにせよ、医学的人体実験に関して「インフォームド・コンセント」の必要性が広く認識されるようになったことから、次には、治療一般に関しても「インフォームド・コンセント」が強く求められるようになっていった。こうして、一九七三年に出された米国病院協会の「患者の権利章典」は、「患者は、いかなる医療処置や治療の開始にも先立って、インフォームド・コンセントを与えるのに必要な情報を医師から受ける権利がある」と明言したのである。いまや、かつてのような医師のパターナリズムに基づく医療のあり方（つまり医師中心的医療観）から患者の「自律（autonomy）」ないし「自己決定権」を根幹とする医療のあり方（つまり患者中心的医療観）へと医療観のいわばコペルニクス的転回が行なわれたのであり、これが、従来の「医の倫理」と現代の「生命倫理」との大きな相違のひとつでもある。R・M・ヴィーチの提示したモデルを使って言えば、医師‐患者関係は「聖職者モデル」（聖職者が信徒に一方的に指示を与える関係）から「契約（信約）モデル」（医師は助言はするが患者の自己決定権を尊重する）へと大きく方向転換したのである。

だが、そうは言っても、患者の自己決定権を尊重することにしさえすれば、すべて問題なくうまくいく、というわけではない。患者に「対応能力（competence）」がなく患者の意思が不明な場合はもちろんであるが、そのほかにもたとえば、エホバの証人の輸血拒否事件の場合や、自殺しようとした者の治療の場合のように、どこまで本人の意思を尊重してよいのか、微妙なケースもある。また、癌患者への告知の是非のように、そもそも真実の情報を与えるべきかどうかという段階で困難な判断が求められるケースもある。生命倫理は、まさしく、そうした困難な事例での実践的思考と判断を手助けすることを中心的課題のひとつとしていかねばならないのである。

3　QOLと安楽死、尊厳死

最近よく見るようになった略語のひとつにQOLがある。これは「生命の質（quality of life）」の略であり、身体的・精神的な諸機能の働きの程度、快・不快感（苦痛）、コミュニケーション能力、対人関係、社会的・経済的状態などさまざまな要素が関係するが、大まかにいえば要するに、自分の生に対する当人の満足度・不満度を意味する。近年、人工呼吸器その他さまざまの延命治療法が進歩する中で、長期にわたる植物状態や数多くのチューブを体に挿管されたいわゆる「スパゲッティ症候群」といった状態での延命治療がふえてきて、しかもそれがしばしば患者本人にとって不本意な形で機械的・画一的かつ一方的に行なわれることに、疑問を投げかける声が大きくなってきていた。それに加えて、上述のような患者の自己決定権の尊重という「生命倫理」の動向を背に受けて、患者のQOLは、とくに終末期医療（ターミナル・ケア）に関して、これまで以上に重視されるようになってきたのである。QOLと対照的に持ち出される概念はSOLであるが、これは「生命の尊厳（sanctity of life）」の略であって、人命保護にいわば絶対的な価値をおくことを意味する概念であり、すなわち、延命を第一に考える立場に通じる。それに対して、QOLを重視する立場は、QOLがあまりに低い場合には延命を絶対的と考えず安楽死や尊厳死が行なわれてもよい場合があることを容認する傾向が強い。とはいえ、安楽死と尊厳死とは倫理的に同じように扱ってよいのか、という点でも、いろいろな議論がある。その点について見ていくことにしよう。

「安楽死（euthanasia）」という言葉はギリシア語の eu-（よい）と thanatos（死）からつくられた合成語で、十七世紀の初頭にフランシス・ベーコンが『学問の進歩』で用いたのが最初といわれている。広い意味で用いられるときは、「安楽死」とは、苦しんでいる不治の病人を安らかに死なせることと一般を意味するといえよう。しかし、多くの論者は、この広義の「安楽死」を、「積極的安楽死（active euthanasia）」と「消極的安楽死（passive euthanasia）」とに区別して考える。すなわち、「積極的安楽死」とは、苦しんでいる患者を致死薬の注入などの作為によって早急に死に至らしめることである。「慈悲殺（mercy killing）」という言葉が同じ意味で使われる場合もある。また、単に「安楽死」という言葉で、「積極的安楽死」のことを指して言う人も多い。これに対して、「消極的安楽死」とは、延命治療をしないという不作為によって患者の生命を自然のままに終わらせることを意味する。「尊厳死（death with dignity）」とか「自然死（natural death）」とかいう言葉も、多少のニュアンスの相違はあっても、基本的にはこの「消極的安楽死」を指している場合が多い。要するに、あえて印象的な対比を用いれば、「積極的安楽死」は「殺すこと（killing）」であるのに対して「消極的安楽死」は「死ぬがままにさせること（letting die）」だ、と表現できるのである。

さて、西洋の倫理学の伝統のなかでは、カントなどのように、「完全義務」と「不完全義務」とを区別するという考え方がかなり強く存在してきた。大まかに言えば、「完全義務」とは、たとえば「盗んではならない」のように、主として悪い行為の禁止を命ずる強い義務であり、それに対して、「不完全義務」とは、「困っている人を助けなさい」のように、積極的に善い行為をすることを命ずる弱い義務である。したがって、基本的には、完全義務のほうが不完全義務より優越することになる。すなわち、安楽死の問題に関していえば、「積極的安楽死」（殺すこと）は「殺してはならない」という完全義務への違反であるのに対し、「消極的安楽死」（死ぬがままにさせること）は「人命を救助せよ」という不完全義務への違反にすぎない。したがって、当然、「積極的安楽死」のほうが「消極的安楽死」よりも倫理的に許容しがたいことになる。それゆえ、西洋医学界の伝統的な「ヒポクラテスの誓い」でも、「わたしは、たとえ頼まれても、致死薬をだれにも与えたりしないし、また、そのような示唆を与えたりしません」と述べて、積極的安楽死をとくに強く禁止しているのである。

けれども、積極的安楽死と消極的安楽死とのあいだのこのような倫理的区別を否定して、消極的安楽死のみならず積極的安楽死をも容認する方向で議論を展開する論者もいる。その中でも代表的なJ・レイチェルズの議論を見てみることにする。レイチェルズは、およそ次のような内容の架空の例話を引き合いに出して議論を進める。

スミスとジョーンズというふたりの男がいた。どちらの男にもそれぞれ六歳の従弟がおり、その従弟が死ねば自分に莫大な財産相続権が得られる、という設定である。

(1)　スミスの場合──ある晩その従弟が風呂に入っているとき、スミスは風呂場に忍び込んで従弟を自らの手で溺死させた。

(2)　ジョーンズの場合──ジョーンズも、従弟を溺死させようと計画して、風呂場へ忍び込んだ。しかし、ちょうどジョーンズが風呂場に入ったとき、彼は従弟がすべって頭を打ち顔を下にして水の中へ倒れるのを見た。ジョーンズは喜んだ。彼は、必要があればいつでも従弟の頭を再び沈められるように身構えながらそばで見ていたが、実際には手を出さなくてすんだ。ほんの少しバタバタしただけで、従弟はまったく自然に、ジョーンズがただ見ていて何も手を出さないうちに、事故死してしまった。

この例話に関してレイチェルズは、「スミスは子供を殺したが、ジョーンズは〈単に〉子供を死ぬがままにさせただけである。それが、スミスとジョーンズとの唯一の違いである。だが、道徳的にみて、どちらがよりましな行動をしたといえるのか」と問う。そして、レイチェルズ自身は、この例話の場合、ジョーンズがスミスより道徳的に非難される度合が少なくてよいとはみなさない。意図的に「死ぬがままにさせること」は一種の行為であり、「殺すこと」と必ずしも本質的に異ならない。こうして、レイチェルズは、「殺すこと」と「死ぬままにさせること」との道徳的区別は絶対的なものではなく、したがって、必要な場合には積極的安楽死も消極的安楽死と同様に肯定されるべきである、と主張するのである。

けれども、世界全体の傾向としては、現在も、積極的安楽死と消極的安楽死との区別という考え方は、強く残っている。すなわち、一九七六年にカレン・クィンラン事件の判決の数か月後に成立した「カリフォルニア自然死法」が初めていわゆる「リヴィング・ウィル」（延命治療をしてほしくないという意思を本人が事前に記しておく文書）の有効性を認めて以来、消極的安楽死を「尊厳死」という名で認める米国の州や国が増えてきた。世界医師会も一九八一年の「リスボン宣言」で、患者が尊厳死の権利を持つことをはっきりと認めた。しかしながら、積極的安楽死については、オランダで一九九三年に埋葬法改正によって厳しい事後審査を条件に認められるようになったが、それ以外は、オーストラリアや米国のいくつかの州などで容認の方向での動きがあったものの、法制上の定着には至っていない。また、世界医師会も一九八七年の「マドリード宣言」で、積極的安楽死は「たとえ患者あるいは近親者の要求があったとしても、それは人倫に反する」と述べて、積極的安楽死を認めない強い姿勢をあらためて確認しているのである。

最低に近いＱＯＬの患者が切実にそれを望んでも積極的安楽死は許されないのか。許されないとすれば、その根拠は、パターナリズムによるのか、「殺してはならない」という義務論的禁止からか、それとも、それを認めることが引き起こす社会全体の風潮への悪影響などを恐れるいわゆる「滑り坂理論」によるのか、見解はさまざまである。いずれにせよ、この問題は、単にそれだけ孤立してではなく、生命倫理という新しい医療のあり方を考える大きな枠組みづくりの作業の中で再考されていかねばならないであろう。

4　脳死、パーソン論、生存権

「脳死（brain death）」は、人工呼吸器の発達などによって生み出された「新しい死」ともいえる。脳死は、持続的植物状態とはちがって完全に脳幹機能が壊滅した状態であるので、自力呼吸もできず、声をかけたりつねったりしても何の反応も示さない。しかし、それでも人工呼吸器につながれていれば、一～二週間ぐらいは心臓は停止せず、体内の新陳代謝も続けることができるのである。そして、たとえば心臓や肺や肝臓全体の移植を行なうとすれば、この脳死状態の患者から臓器を摘出するほかないのである。けれども、この脳死状態とは、いわば脳は死んでいても体は生きている状態であり、三徴候（瞳孔拡大、脈拍停止、呼吸停止）がそろった従来の死とは異なって外見だけからはわかりにくい、いわば「見えない死」なのである。それゆえ、脳死の判定基準の曖昧性の問題を度外視しても、脳死が「人の死」といえるのかという大きな問いが残るのである。

この問いは、ある人が同じ人であるという同一性、すなわち「人格的同一性（personal identity）」は何に存するか、という問題に結びつく。これに関しては、大まかに分ければ、精神（記憶）を重視する考え方と身体を重視する考え方がある。そして、その議論のなかでよく持ち出されるのが脳移植という架空の話である。たとえば、グリーンとウィクラーは、人格的同一性の基準とは人格諸段階（つまり人生の諸々の時期）間の独特の因果的結合、言い換えれば、心理的出来事の間の因果関係であり、それゆえ、「人格的同一性は脳の同一性と一致するように思われる」と言う。したがって、たとえばスミスの脳をジョーンズの身体に移植したなら、その結果として生じる人はもとのスミスと同一の人格だということになる。そして、この立場からすれば、脳死は当然「人の死」だということになる。しかしながら、そういう結論に異議をとなえる人々もいる。B・ウィリアムズは、たとえば皇帝と百姓とが身体交換したと仮定した場合、百姓の身体に入った皇帝の魂は声も顔つきも全然変わってしまってもなおもとの皇帝と人格的同一性を持つといえるのか、と疑念を表明する。また、H・ヨナスは、ある男がある女を愛するとき彼は単に彼女の脳を愛するのではない、と力説するのである。そして、こうした立場からすれば、脳死を「人の死」とみなすことには大きな抵抗感があるのである。

人格的同一性の基準を精神（記憶）に置く立場は概して「パーソン論」と呼ばれる哲学的な考え方と通じている。パーソン論とは、生物学的な意味でヒトであることよりも「人格（person）」であることこそが「生存権（right to life）」を認められる存在者であることの条件である、とする考え方である。パーソン論の代表的な論者としては、M・トゥーリー、R・プチェッティ、H・T・エンゲルハート、P・シンガーらがいる。なかでも、たとえばトゥーリーによれば、生存権を持つ人格たりうるためには「利害関心（interest）」を持ちうる主体であることが必要であり、正確に言えば、生存権とは「諸経験やその他の心的状態の主体が持つ、存在し続けることへの権利」である。こうして、「人格」とは自己意識を持ちうる存在者でなければならないことになり、胎児のみならず、嬰児でさえ生存権を持つ人格とは認められないことになるのである。ただし、エンゲルハートは、このあまりに直截なパーソン論の結論を緩和するために、「厳密な意味での人格」のほかに「社会的意味での人格」の概念を提起している。後者は、真の意味での人格ではないが、社会の功利主義的判断や慣習に基づいてあたかも人格であるかのように扱われる人間的生命であり、したがって個々の社会によってその範囲は異なりうるが、たとえば、乳児、老衰者、重度精神障害者などがそれにあたるのである。

このようなパーソン論の立場の論者たちは、一般に、人工妊娠中絶に対して許容的であるし、のみならず、ヒトの胚（embryo）――欧米ではふつう妊娠第八週の終わりまではこう呼ばれる――や胎児（fetus）を研究などさまざまに利用することも功利主義的な面から積極的に認める傾向が強い。これに対して、たとえばメアリ・ウォーノックは、「人格」であるよりも生物学的な意味での「ヒト（human being）」であることを重視しようとする。そして、たとえ胎児自身は苦痛を感じないとしても、胎児の研究などのための利用は多くの人々の道徳的感情を侵害する、とみなす。それゆえ、彼女を委員長として体外受精に関係する問題などについて検討した英国のいわゆるウォーノック委員会は、一九八四年の勧告書で、ヒトの胚の研究的使用を受精後十四日以内のものだけに厳しく制限したのである。また、M・ロックウッドは、生存権を持つ主体の基準として、単なる「ヒトの生命」でも「人格」でもない、「脳生（brain life）」という新たな概念を提唱している。すなわち、ロックウッドによれば、ヒトの胎児に脳の働き（知覚能力）が生じる時期（ほぼ妊娠第十週ぐらい）こそが胎児が生存権を持ち始めるときなのである。

パーソン論をめぐる賛否の議論はきわめて多彩で、激しいものも多々あった。代表的なパーソン論者のひとりであるピーター・シンガーがドイツでの講演を阻止されたいわゆる「シンガー事件」（一九八九年）なども起こっている。権利の主体としての人間をどう定義づけるかという問題は、今後も生命倫理の大きなテーマであり続けるであろう。

5　生命倫理の方法論の多重化

これまで、生命倫理において扱われる代表的な問題のいくつかを見てきたが、これらはほんの一部にすぎない。ほかにも、たとえば、男女産み分けや出生前診断にかかわる諸問題、重度障害新生児の治療問題、子供の自己決定権と親などの代理同意の問題、臓器移植と医療資源（臓器も含めて）の配分方法の問題、医師の守秘義務とその限度の問題、ヒトゲノム研究や遺伝子治療にかかわる問題、エイズ患者の扱いに関する問題、動物実験の倫理性の問題、などはもちろんのこと、間接的には、死刑や自殺や嘘など古くからの倫理的諸問題の多くのものにまで広くかかわりを持つのである。これらの具体的な倫理的難問、すなわち道徳的ディレンマ、に対処する考え方の大枠の指針を示すことが生命倫理の最大の課題だといえるが、そうした課題に挑むための生命倫理の方法論や基本的概念枠組は、さまざまな論争と揺れ動きを経て、最近になると多重化の傾向を顕著に示すようになってきている。

伝統的な「医の倫理」が優勢であった二十世紀中頃までは、第1節でも述べたように、患者の利益を考えて治療を行なう医師の判断と善行が重視されており、基本的には患者の意思はほとんど考慮されなかった。そして、たとえばカトリックでは、十戒のような宗教的・道徳的命令を基礎としつつ、さらに、善意の医師が治療に関して道徳的ディレンマに陥るような場合の解決策としては、「二重結果の原則（principle of double effect）」などがよく用いられていた。これは、（厳密な定式化はむずかしいが）大まかにいえば、《ある行為がよい結果と悪い結果との両方を生ぜしめるとしても、よい結果のよさのほうが悪い結果の悪さを上回り、しかも、悪い結果を直接的に意図することなくよい結果を生ぜしめることができる場合には、その行為は道徳的に許される》というものである。具体的な例をあげれば、おなじく妊婦を助け胎児を死に至らしめる医師の治療行為でも、直接的に胎児の頭を押しつぶすような開頭手術は許されないが、妊婦の子宮癌を治療するために子宮を切除して結果的にその中にいる胎児が死に至るのは許されることになる。しかし、いずれにせよ、このような指針はあくまで基本的に医師の判断のためのものであり、医師の決定によって有無を言わせず上から患者に治療が与えられる傾向が強かった。

さて、このような事態を批判して患者の権利と選択の自由を強く主張した先駆者ともいえるのがジョゼフ・フレッチャーの『道徳と医学（Morals and Medicine）』（一九五四年）と『状況倫理（Situation Ethics）』（一九六六年）であった。フレッチャーは、多くの状況においては神の意志は明らかでないから各個人がそれぞれの状況において自分で愛と知識に基づいた決定をくだすしかない、と主張した。この主張は、一時的には反響を呼んだが、単に患者各人が決定せよというだけでそれ以上の指針を与えないので、長く医療の倫理を指導するものとはなりえなかった。

けれどもいずれにせよ、従来の「医の倫理」への不満は患者の権利を重視する「生命倫理」への転換を招来しないわけにはいかなかったのであるが、生命倫理が確立していった一九七〇年代には、まず、「原則主義（principlism）」と呼ばれる方法論的立場が有力となった。「原則主義」とは、あらかじめ医療の根底におかれるべきいくつかの倫理的原則を明示しておいたうえで、それらに照らして具体的状況における倫理的判断を行なっていく、という立場である。たとえば、原則主義の立場にたつ生命倫理の代表的テキストといわれるT・L・ビーチャム／J・F・チルドレス著『生命医学倫理の諸原則（Principles of Biomedical Ethics）』（第一版　一九七九年）では、「自律尊重（respect for autonomy）の原則」「不加害（nonmaleficence）の原則」「善行（beneficence）の原則」「公正（justice）の原則」という四つの原則があげられている。しかし、著者たち自身も認めているように、それらの原則はいずれも「いちおうの（prima facie）」妥当性を持つにすぎず、具体的な道徳的ディレンマにおけるようにそれらの原則どうしが衝突する場合にどの義務を優先するかについては確固たる方針を示すことはできないのであって、結局は、当人が依拠する道徳理論が（人格尊重の義務に従うことを重視する）

カント主義であるか（結果のよしあしを重視する）功利主義であるかといったことで結論が分かれて、意見の対立が恒常化してしまう、というような傾向が生じがちとなってしまったのである。また、原則主義の生命倫理は、なるほど原則を掲げることによって従来は軽視されがちであった患者の権利を正面から主張する理論的基礎を与えたという点では大きな功績を持っていたとしても、道徳が行為者の性格や人間関係に大きく依存する面を持っているという側面にはあまり注意を払ってこなかった。そこで、一九八〇年代になると、原則主義のこうした不備を批判し、個々の人物の性格や具体的な状況・関係性などのいわゆる「コンテキスト」を重視して生命倫理の方法論を新たな方向へと動かしていこうとするいくつかの潮流が現われてきた。

その第一は「カズイストリ（casuistry）」――日本語では「決疑論」などと訳される――である。「カズイストリ」とは、歴史的にはとりわけ十六世紀中頃から十七世紀中頃にかけて西欧（とくにカトリック）おいて盛んであった実践的学問領域であり、道徳的困難性を含む具体的な道徳的事例に関してどのように判断し行為すればよいかを説明・論議したのである。カズイストリの特徴は、あくまで具体的状況から出発しつつその状況についてできるだけ多くの重要観点（トポス）からの事実・情報を整理してどう行為するのがよいかを考えていくということであり、同時にそのさいに、さまざまな典型的事例（「パラダイム・ケース」と呼ばれる）や過去の事例や格言などを分類整理した範例集を参照したりしつつアナロジー（類推）やメタファー（隠喩）の力を働かせながら、総合的に考え判断していくのである。このように、原則からでなく具体的事例から出発することによって、硬直化した意見の対立を減らし現実的で実りある論議や意見交換を実現していこう、というのが、「カズイストリ」が生命倫理に導入されてきた大きな理由であり、この潮流を代表する著作であるA・R・ジョンセン／M・シーグラー／W・J・ウィンスレイド共著の『臨床倫理学（Clinical Ethics）』の第一版は一九八二年に出版された。また、カズイストリそのものの歴史を概観しその現代的復興を提唱したA・R・ジョンセン／S・トゥールミン共著『カズイストリの濫用（The Abuse of Casuistry）』は一九八八年に出版され、これも大きな反響を呼んだのである。

生命倫理の新たな方法論的潮流の第二としては、「徳倫理学（virtue ethics）」があげられる。「徳倫理学」とは、道徳を考えるにあたって、個々の行為の善悪よりも、行為する人の性格が有徳的であるかどうかを重視する考え方である。そしてその場合、道徳とは決してひとつの基準に還元できない幾多の徳を身につけていくことに存すること、人間の性格形成にとって共同体（community）の伝統・習俗が大きな役割を持つこと、人生が「物語（story, narrative）」として、すなわち持続的・統一的な意味形成・習慣形成の積み重ねとして、理解されるべきこと、が強調されるのである。この潮流は、A・マッキンタイアが『美徳なき時代（After Virtue）』（第一版　一九八一年）において近代の原則主義的行為倫理学を批判してアリストテレス的な有徳的性格形成重視の倫理学の復興を提唱したことに端を発するといえる。医療に関していえば、諸原則を掲げることによって保証しうるのは医療のごく基本的な部分についてのみであって、実際の医療の大きな部分を左右するのは当事者たち、とくに医師、の性格の善し悪しである、と徳倫理学の立場にたつ人々は主張するのであり、それゆえ、医師養成における道徳教育の必要性などが強調されることになる。そして、たとえばE・D・ペレグリーノ／D・C・トマスマ共著の『医療実践における諸徳目（The Virtues in Medical Practice）』においては、医師が身につけるべき徳として、とくに、信頼性、共感、思慮、公正、強さ、節制、統合性、謙虚さ、などがあげられているのである。

さらに、生命倫理を動かす最近の潮流の第三のものとして、「ケアの倫理（ethic(s) of care）」に簡単に言及しておかねばならないであろう。この潮流は、発達心理学の領域において正義（公正）を道徳の中心的指標として「道徳性の発達段階」理論を提唱したL・コールバーグを男性中心の偏向した道徳観だと批判したキャロル・ギリガンの『もうひとつの声（In a Different Voice）』（一九八二年）に端を発する。ギリガンによれば、男性とは異なり、女性はまわりの人たちとの具体的関係や感情・思いやり・世話、一言でいえば「ケア（care）」、を道徳の中心に置くのであるが、それは決して女性が男性より道徳的レベルが低いということを意味するわけではなく、従来の道徳観とは違うもうひとつの道徳のあり方・側面なのであり、従来の偏った道徳はそれによって補われ豊かにされねばならないのである。このようなギリガンの主張を背景として、一九八〇年代後半ごろから、生命倫理の領域においても「ケア」の重要性がいちだんと強調されるようになってきた。そのさい、「ケア」とは世話・看護・配慮などを意味し、「治療（cure）」と対比的にとらえられるのである。すなわち、従来の医師中心・治療中心の一方的・画一的な医療のあり方を反省し、個々の患者との具体的なケアの関係を大切にする医療のあり方が求められるのであり、患者の精神面・感情面への配慮も含めた看護婦や家族などによるケアの重要性が非常に強く力説されるようになってきているのである。ちなみに、同じく「ケア」との関連でいえば、死を目前にした末期患者に対してのいわゆる「終末期医療」（ターミナル・ケア）を行なう施設として、延命的治療よりも患者の苦痛の緩和や心身両面のケアに重点を置く

「ホスピス（hospice）」が、一九六七年に英国で設立されたセント・クリストファー・ホスピスを嚆矢として、近年では欧米のみならず日本でもしだいに増えてきているのである。

このように、現在の生命倫理は、方法論的にもさまざまな流れが寄り集まり、お互いを批判しあいつつも、全体として輻輳的に医療の道徳的評価・改善のための視座を提供していると言ってよいであろう。そして、現実の行為にかかわりを持とうとするすべての倫理学的理論にとって、生命倫理は、いまや避けて通ることのできない関門なのである。

（谷田）

参考文献

今井道夫・香川知晶編『バイオエシックス入門・第二版』東信堂
加藤尚武・加茂直樹編『生命倫理学を学ぶ人のために』世界思想社
加藤尚武『バイオエシックスとは何か』未来社
塚崎智・加茂直樹編『生命倫理の現在』世界思想社
星野一正編著『生命倫理と医療』丸善
塚本泰司『判例からさぐる医療トラブル』講談社ブルーバックス
H・T・エンゲルハート、H・ヨナスほか著、加藤尚武・飯田亘之編『バイオエシックスの基礎』東海大学出版会
H・ブロディ『医の倫理』〔原書第二版〕（舘野之男・榎本勝之訳）東京大学出版会
M・ロックウッド編著『現代医療の道徳的ディレンマ』（加茂直樹監訳）晃洋書房
J・グラバー『未来世界の倫理』（加藤尚武・飯田隆監訳）産業図書

三　環境保護の倫理——環境倫理

1　環境問題と環境倫理の登場

現代における実践倫理にとって最重要な課題の一つに地球環境問題がある。人間の生産活動が人間自身を苦しめるという構図をもつ問題としては、わが国も明治期の足尾鉱毒事件や昭和期の水俣病を代表とする公害問題を経験してきた(1)。これらの問題は特定の企業活動に起因するものとして加害者と被害者の関係が比較的明確である。ところが、近年人類的な課題として語られる地球環境問題は、その加害者と被害者の関係を特定することが困難であり、誰もが加害者でありかつ被害者であると見ることもできるという構造をもっている。ここでは、特定の加害者の政治的・経済的責任を追及するだけでは問題の解決が得られない。そこに、地球環境問題に対して人類社会を動機づける「環境倫理学（environmental ethics）」が要請される一つの理由がある。さらに、実践倫理の一分野である医療倫理が個人の「自己決定権」（本書二七三頁参照）を基軸にするという点で、個人倫理としての性格をもつのに対して、環境倫理は、人間の自然に対する態度変更を求める点で個人の価値観にも関わるが、それ以上に、大量生産・消費・廃棄を問題視することで社会のあるべき姿を問うものとして、社会倫理としての性格をもっている。

地球環境問題は、たとえば酸性雨問題や生物多様性の減少のような多様な現れ方をするが、その背景には急激な人口増加と地球の有限性がある。二〇世紀に人類は急激な人口増加を経験した。一九二七年に二〇億人を超えた世界人口が、すでに一九九九年には六〇億人を突破している。地域的に見れば、このような増加が発展途上地域に顕著であることが南北問題や砂漠化などの環境問題に大きな影響を与えていると言えるが、地球全体として見ても、人口増加に伴う負荷に自然環境が耐えられないという問題が生じている。つまり、有限な地球に無限の人間が住むことはできず、有限な人間の生活でさえ従来のような人口増加と環境への負荷を放置したままでは維持できないのである。このような地球の有限性を踏まえた問題を、人類の危機を回避すべく一九七〇年に設立された民間団体、ローマ・クラブが、一九七二年に発表したレポート『成長の限界』で提起した。さらには、一九七〇年代に世界が経験した石油危機やそれを背景に流布した石油枯渇説も、人類に地球の有限性を意識させた。一九八〇年代には地球温暖化、オゾンホールの出現、酸性雨のような国境を越えた環境問題が顕在化し、それを背景に一九九二年にリオデジャネイロで開催された地球サミット（国連環境開発会議）をきっかけに、環境問題対策の中心概念である「持続可能な開発」がさかんに語られるようになった。また、この会議で署名された「気候変動枠組み条約」の締約国がこの条約を具体化するために開催する条約締約国会議（ＣＯＰ）の第三回会議が一九九七年に京都で開かれ、二酸化炭素を代表とする温暖化ガスの排出量削減目標が合意されている。

このような一連の動向の中で、環境問題の古典として読み継がれてきたのが、レイチェル・カーソンの『沈黙の春』（一九六二年）であり、「環境倫理学の父」(2)として再発見されたのが、アルド・レオポルドの「土地倫理」である。ここでは、後者の所説を紹介することで、環境倫理学の方向性を明らかにしたい。

一八八七年、米国アイオワ州に生まれたアルド・レオポルドは、森林官として活動し米国生態学協会会長にも就任した人であるが、彼の立場は、彼の遺作『砂の国の暦（邦題『野生のうたが聞こえる』）』（一九四九年）において「土地倫理（land ethic）」として表現されている。彼は、従来の倫理学が人間の共同体を前提としていたことを指摘し、その共同体を土壌、水、植物、動物にまで拡大することを提案する。「土地」とはそれらの総称であり、そこには生命共同体が形成されていると考える。たとえば、同書には、ある山におけるオオカミとシカの関係を綴った「山の身になって考える」という文章もあるが、彼は全体としての「山」という土地に着目する。そこで彼は「物事は、生物共同体の全体性、安定性、美観を保つものであれば妥当だし、そうでない場合は間違っているのだ」という倫理的主張を提示する。彼の見解の背景には、タンスリーやリンデマンに由来する「生態系」という発想がある。すなわち、特定の地域にすむすべての生物について見るときに、その個体や個体群に注目するのではなく、その地域の生物的要素と非生物的要素を一つの機能系における流れや循環として見るという発想である。土地はそうした機能系であり、その全体の統合したあり方を尊重し維持すべきだと主張するのが土地倫理なのである。

このような土地倫理の立場は、倫理的ホーリズムと呼ばれる。すなわち、土地を部分の集積と見る――この立場はアトミズムと呼ばれる――のでなく、あくまで一つの全体として見る立場である。この見方によれば、私たちが倫理的態度をとるべき対象は一本の樹木や一匹の昆虫ではなく、あくまで全体としての土地であることになる。しかも、その全体の中では、従来、何ら（経済的）価値を見出されなかった小さな生命にも価値が感得されることになる。レオポルドは土地倫理への動機づけを、このように経済的価値を超えた「土地に対する愛情、尊敬や感嘆の念」に求めるのである。こうした立場には、何ほどかひとの情緒に訴えかける側面があり、そこには同時に個の意義を見失わせる危険が伴い得る。それゆえ、レオポルドの立場はキャリコットらによって受け継がれていく反面で、動物解放論者であるトム・レーガンによって「環境ファシズム」であると批判されることにもなった。

2　自然に対する態度変更

レオポルドの土地倫理に見られるように、環境倫理学は近代的な人間と自然との関係を改めることを求めるものでもある。近代の人間は、機械論的自然観に基づいて、自然を人間のための資源の供給源としてあるいは廃棄物などの排出先と見なしてきた。要するに、自然は人間にとって手段としての価値をもつに過ぎなかった。しかし、環境倫理学は、環境破壊に直面しつつ、自然物にその内在的価値を認めることを主張する。すなわち、自然物はもはや人間のための手段としてではなく、固有の価値をもつものとして位置づけられるのである。この考え方は、一九八二年に国連で採択された「世界自然憲章」でもすでに表明されている。このような自然の内在的価値をめぐる思考法の変化は、エコロジーを二分するものでもある。エコロジーとは、生態系の一環として人間を位置づけた上で、それを踏まえて人間のとるべき行為を問う考え方である。このとき、義務づけ関係は人間対人間にしか生じないと考え、環境問題対策は既存のあるいは未来の人間のために行われるとするなら、その立場は人間中心主義であり、自然の内在的価値を認める立場から人間対自然の義務づけ関係を考え、生命系における人間の特権的な地位を排そうとするなら、その立場は人間非中心主義である。

この人間非中心主義の思想を打ち出した代表的な人物に、ノルウェーの哲学者アルネ・ネスがいる。彼が一九七三年の論文で用いたディープ・エコロジー（deep ecology）という言葉は、その後広く用いられるようになったが、それは人間中心主義に基づいた環境保全対策の立場を表示するシャロウ・エコロジー（shallow ecology）と対比されている。すなわち、ネスは人間以外の生物とその多様性に固有の価値を認めるのであり、みずからの立場を生命圏平等主義と表現する。彼は「生命は根本的には一つである」という主張を根本に置き、すべての生命体に自己実現への欲求があると言う。そこで、彼は個々の「自己」を包み込む「大きな自己」の実現を至上命題とし、それによって人間の自己実現も果されるとする。自然の多様性や複合性を尊重し自然と共生し「生きとし生けるものたちすべてのための自己実現」を追求することで、人間の自己実現も果されるという彼の考え方は、その矛先が人間社会の現状に向けられるとき、中央集権体制や階級社会の批判という社会批判としての機能をも果すことになる。このように既存の社会体制の変革も射程に入るという点に、ネスがみずからの立場を深い（deep）というゆえんがある。

ここで動物解放論にも目を向けておきたい。これは生態系を背景に置くのではなく、むしろ個体としての実験動物や家畜などを解放することを主張するものであるがゆえに、環境倫理学と対立する場面もある思想だが、自然に対する態度変更を私たちに突きつける立場だからである。動物解放を鮮明に主張したのが、オーストラリア出身の倫理学者ピーター・シンガーによる「種差別主義」批判である。シンガーは人間の平等の根拠を問い、それが人間の知性あるいは機会の同等性にあるのではなく、人間のもつ様々な利害関心の同等性にあると考え、あらゆる利害関心は何らの差別もなくたんに利害関心として比較考量されねばならないという原理を提示する。この平等な配慮の裏づけをなすのが「苦しみを感じる能力」である。そこでシンガーは、苦痛を感じることが平等の基盤をなすのであれば、およそ苦痛を感じられる限りの存在者の苦しみは平等に配慮されるべきである、とさらに主張を展開する。たとえば、人間に苦痛を与えないために実験動物に苦痛を与えることは、平等の基盤としての苦痛に差別を導入し、人間にしてはいけないことを動物にはしてもよいとする種差別主義であるとして批判する。こうしてシンガーは、人間と動物の差別的な扱いを自明のものとする従来の考え方の転換を求めるのである。

自然に対する態度変更は、さらに法的レベルでも要求されている。それは自然界への権利の拡張として構想され、「自然の権利」訴訟として実現している。米国の歴史学者ロデリック・F・ナッシュはその著作『自然の権利』で、理念型としてではあるが倫理の進化を図示している。すなわち、かつて倫理成立以前の人間は自分のことにのみ関わっていたが、家族・種族・地域に関わるようになることで過去の倫理が成立し、現在の倫理は国家・人種・人間そしていくらかは動物に関わっている。このような倫理の領域的拡大が、今後、植物、生命、岩石、生態系、惑星、宇宙にまで至ることを予期できる、というのである。この発想の空想性を批判する人にも、従来権利を保障されなかった人々の権利が法律によって確立されることで権利の領域が拡大してきたことは、歴史的な事実として認められることだろう。そうであるなら、法制度の整備によって、人間の領域を越えて自然界に権利を拡張することも考えられる。そうすれば、たとえば、伐採の対象となった樹木が裁判において権利を主張することも可能になる。このような動向はすでに一九七〇年代から現れている。その嚆矢となったのが、米国のミネラル・キング渓谷開発をめぐる訴訟を念頭に書かれたクリストファー・ストーンの論文「樹木の当事者適格　自然物の法的権利について」である。彼はこの論文で、法操作主義によって自然物も訴訟を起こせると論じた。やがて米国では一九七三年に「絶滅の危機に瀕する種の保存法」が制定され、七九年には絶滅危惧種であるパリーラ鳥の原告適格が認められ原告勝訴という結果を得た。その他、七五年には汚染されたバイラム川を共同原告とする訴訟が認められるなど、人間が自然物の権利を法廷で代弁する「自然の権利」訴訟はすでに多くの先例をもちつつある。日本でも、九〇年代後半から同様の訴訟が起こされ、二〇〇〇年には、クマタカや高尾山を原告とする訴訟が起こされている。

3　未来世代に対する義務——世代間倫理の問題

環境問題に直面した倫理学は、私たちの社会のあり方にも問いを発する。すなわち、既存の経済システムを背景に競争することで大量生産・消費・廃棄が行われてきたことに対して、このままでよいのか、もしよくないとすれば、あるべき社会はどのような社会かを問う。その際、特に注目されるのは、従来型の社会が未来世代の生存可能性を脅かすことである。たとえば、枯渇性資源の減少や地球温暖化、さらには放射性廃棄物の問題は、現存する世代の行為選択が未来世代に影響を与えると予測させる。そこで環境倫理学は、人類社会の持続可能性を念頭において、未来世代に対する倫理、あるいは世代間倫理（intergenerational ethics）を問題にしなければならない。

ドイツ生まれの哲学者ハンス・ヨナスは、その著書『責任という原理』（一九七九年）で、世代間倫理の原理を次のように定式化している。「君の行為の結果が、地上における本当に人間らしい生活の持続とうまく折り合うような仕方で行為しなさい。消極的に表現するなら、君の行為の結果が、将来にわたる地上での本当に人間らしい生活の可能性を破壊しないような仕方で行為しなさい。」それにしても、なぜ現在世代はまだ生まれていない世代のために自分の行為選択において配慮しなくてはならないのだろうか。このような問いを立てて世代間倫理の原理を根拠づけようとするとき、この問題は近代倫理学の枠組みを越えた新たな思考を要求する。それは大枠から言えば、近代という時代が技術的進歩の時代であったがゆえに、近代倫理学は未来社会を現在社会よりもよいものと前提でき、したがってそのような問いを不問に付せたからである。この問題をさらに細かく、近代倫理学の二つの柱である功利主義や普遍性に立脚した義務論の枠組みに即して考えてみよう。まず、功利主義は、ある行為や規則の選択のもたらす結果に功利性の原理（最大幸福原理）を適用する。ところで、環境倫理は現在世代の生活スタイルを問い直すものであるがゆえに、場合によっては現在世代にすでに認められている行為の権利に制限を求めることもある。しかし、私たちにはそうした制限を正当化するに足るだけの情報、すなわち、結果としての幸福を考えるために必要な現在世代と未来世代の因果関係も、また未来世代が採用するであろう生活スタイルも明確には把握できていないのである。他方、普遍性に立脚した義務論は、その形式面において持続可能性との適合性をもっている。しかし、それを枯渇性資源の利用のような具体的な問題状況に直接適用するなら、有限な地球に埋蔵されているその量には限界があり、いかに資源利用を抑制したところで、その永遠の持続は原理的に不可能なので、普遍性という立脚点だけでは問題解決に十分であるとは言えないことが明らかになるのである。

世代間倫理の基礎づけは、環境倫理学においてさまざまに試みられている。たとえば、W・C・ワグナーは人間が一般にもつ「自己愛」に着目する。人間が未来世代に配慮するとき問題なのは、未来世代そのものの利害関心ではなく、未来世代に配慮することが現在の私たちの自己実現を増大させることなのであるとして、ワグナーは、人間は自己愛に基づいて可能な限り自己実現するために未来世代に対して義務を負うべきだと考える。他方、K・S・シュレーダー＝フレチェットはロールズの正義論（本書二五〇頁以下参照）を援用する。彼女は、現在世代から未来世代までを含む道徳的共同体を考え、そのあるべき姿を社会契約論的に構想して次のように問う。私たちは、自分がどの世代の成員であるかに関して無知であるとしたら（原初状態）、合理的に考えていったいどのような世代間の関係に合意できるだろうか、と。このとき、私たちは、自分が環境破壊の進んだ未来世代に属す可能性を排除できないのであるから、（自分が属すかもしれない）未来世代に発ガン性物質などの負の遺産を残したり、現在世代で枯渇性資源を使い尽くしたりするような世代間の関係には合意できない。したがって、未来世代に配慮しない世代間の関係は公正なものと認められず、私たちは未来世代の生存可能性に対して義務を負うべきだということになるだろう。しかし、いずれの立場も十分な説得力をもつものと認められてはいず、未来世代に対する倫理の根拠づけは今日なお問われ続けている。

4　環境正義——環境問題と南北問題

環境倫理学は未来世代だけに目を向けて、あるべき社会を問うものではない。私たちが現在世代と未来世代の生存可能性の格差に配慮するのであれば、すでに現在世代に内在する格差、特に南北経済格差にも配慮しなくてはならない。環境問題と南北問題には共通点や関連性が認められるからである。

南北問題という言葉は、一九五九年、英国ロイド銀行会長オリバー・フランクスが行った講演に由来する。そこでは東西冷戦構造の中で、独立していく新興諸国を西側諸国の傘下に収めるために発展途上国に援助する必要性が主張されたのであるが、冷戦構造崩壊後の世界では、先進工業国と発展途上国の間の経済格差が拡大傾向にある——一九九六年、国連開発計画（UNDP）の人間開発報告書はこの不平等を「非人間的なレベル」と表現している——という問題そのものが人類にとって最重要の課題の一つとして意識されている。南北問題と環境問題の共通点については次の三点を指摘しておこう。まず第一に、どちらの問題も人類史において近代西洋世界に端を発する産業革命以降に現れた問題である（その点で人類史に普遍的な問題であるとは言えない）。第二に、世界人口の二割を占めるに過ぎない先進国がエネルギーの七割、食糧の六割を消費しているのが現状であることからすれば、南北問題は先進国の住民の生活スタイルを問題視させるものであると言えるが、これは環境問題も同様である。第三に、先進国側の住民は、どちらの問題についてもその情報に日々接しているにもかかわらず、自分の生活スタイルと両問題との連関を明確に認識することが少ない。すなわち、両問題には「見えづらさ」という共通点がある。

南北問題あるいは貧困問題と環境問題には、共通点のみならず連関が見られる。たとえば、米国では有害廃棄物施設が黒人貧困層の住む地域に偏って立地されていること、あるいは白人貧困層よりも黒人中流層の住む地域に偏りやすいことが指摘され、このような「環境レイシズム（environmental racism）」を是正すべく環境的公正政策がとられている。また、多国籍企業の活動によって、規制のより緩やかな途上国に、先進国の基準を充たさない工業製品が輸出されたり製造過程が移転されたりする「公害輸出」も指摘されてきた。しかも、たとえば地球温暖化を例にとるなら、従来、先進工業国の方が圧倒的に多くの温暖化ガスを排出し地球環境により多くの負荷をかけてきたにもかかわらず、その被害は途上国の方により多く現れると言われる。こうした問題状況はCOPなどの国際会議を南北間で紛糾させる原因となっているが、ここで求められているものを広く「環境正義」と言うことができよう。こうして、環境問題対策は南北経済格差への態度を問うものともなる。かつて、米国のギャレット・ハーディンが「救命ボートの倫理」を提唱し、貧困問題の背景にある人口爆発を抑制できない貧困国は貧困のままに留めておくべきであり、そうした国を援助することはすべての国を貧しくすることでしかないと主張したが、この考え方にはすでに多くの批判が加えられている。むしろ、一九八七年、国連の「環境と開発に関する世界委員会」で確認されているように、南北問題は環境問題とともに、あるいはそれに先んじて解決されるべきなのである。

環境問題を念頭において南北問題対策が構想されることで、従来の政府開発援助（ODA）のあり方が問い直されている。かつて「したたり落ち理論（trickle-down theory）」に基づいて、途上国に大きなプロジェクトを援助して導入すれば、全体としての経済成長が貧困を解消すると考えられた時代があったが、今日では、そのような援助の仕方は先進国企業に資金を還流させたり、途上国の環境破壊を悪化させたりするものとして批判されている。むしろ国際援助においては、人間の基本的ニーズ（BHN）を重視しなくてはならない。そして、絶対的貧困層の人々が生きるために木々を伐採することで砂漠化が進み、不毛な土地の拡大が低生産をもたらすというような「貧困と環境破壊の悪循環」を断つことが肝要であり、さらには低教育を解消しつつ参加型開発を促進することによって途上国の自立を促すことが必要である。教育への援助は、女性の地位の向上を伴いさらには児童労働力への依存を解消に向かわせるので、途上国の人口爆発の抑制にも有効に機能すると考えられている。

5　社会倫理としての環境倫理

環境倫理学は私たちに自然を見直させ、既存の社会を問題視させるが、そこで構想されたあるべき社会を実現するためには、環境倫理を社会倫理として具体化することが必要になる。それはまた、環境倫理を社会倫理の他の様々な分野との連関の中に位置づけることであり、環境倫理の広がりを明らかにすることでもある。以下で、そのいくつかの論点を紹介したい。

（1）　役割倫理　社会倫理の観点からは、個人が役割を担う存在として把握される。それはサンデルの言う「位置づけられた自我」であると言うこともできる（本書二六三頁参照）。これは（企業のような）人間集団に拡大しても同様に考えられる。では、環境倫理学はそのような存在としての個人や人間集団にどのような位置づけを与えるだろうか。たとえば、平成一二年版『環境白書』は、環境対策における規制的手法から経済的手法への重点移動を示唆しつつ、「『持続可能な社会』の構築に向けた国民一人一人の取組」を論じているが、そこでの個人は消費者や投資者として位置づけられている。そして、消費者としての個人には、「市場に提供される製品・サービスの中から環境への負荷が少ないものを優先的に購入することによって、これらを供給する事業者の環境負荷低減への取組に影響を与えていこう」[3]とするグリーン購入を提案している。また、投資者としての個人には、株価のパフォーマンスが高くかつ環境への配慮に優れた企業に優先的に投資することで、企業の行動に影響を与えようとするエコファンドを提案している。さらに、このような個人の行動を実現するために、民間団体にはそれを組織化する役割などが、企業には環境報告書などによって環境負荷の低減への取組を公表する役割が考えられる。

なお、環境保護対策のために特定の役割をどのような個人・団体に割り振るかには、国によって差異がある。たとえば、容器包装のリサイクル・システムにおいて分別収集の役割を担うのは、日本では地方自治体だが、ドイツでは事業者あるいはそれを代行する企業である。さらに、フランスでは地方自治体などが分別収集を行うものの、その費用を負担するのは事業者である。このような制度の比較によって、どのような役割分担が環境保護対策として適切であるかを議論していくことも必要である。

（2）生命倫理

生命倫理は、生命一般を対象とする倫理として、人間の生命を対象とする医療倫理と本節で扱っている環境倫理の上位概念として位置づけられることもあるから、本質的に生命倫理と環境倫理は連関していると言える。たとえば、害虫への耐性を獲得するように遺伝子の組み換えが行われた作物を流通させることには、人間の健康にとってのリスクのみならず、自然の生態系にとってのリスクも予想される。同様のことは、一九九七年に英国でクローン羊が誕生して以来注目されている優良な家畜のクローンを生産することにも言える。他方、シーア・コルボーンらによる『奪われし未来』(一九九六年)以来、大きく浮上した環境ホルモン(内分泌攪乱物質)問題は、きわめて微量の化学物質でもそれが人間を含む自然界の生命に重大な影響を与えることを教えた。これらの問題には、人間の開発する技術が可能にすることを人間がすべて実用に移してよいのか、という科学技術に関する倫理学の観点からの議論も必要である。

(3) 経営倫理　一九七〇年代後半から八〇年代の米国で、企業経営に由来するスキャンダルを背景として成立したのが、企業倫理(経営倫理)(ビジネス・エシックス)である。その代表的な理論に、R・E・フリーマンによって示されたステイクホルダー理論(stakeholder theory)がある。これは、企業経営は、たんに株主に対する義務に基づいて行われるべきではなく、むしろステイクホルダー(利害関係者)全員の利益を図って行われるべきであるとする理論である。このときフリーマンは利害関係者の中に広く消費者や地域社会をも含めている。これは、企業経営に人間性や社会性の重視を求めることを意味する。すなわち、企業は消費者を、企業活動のためのたんなる手段と見なすのではなく、それ自身の福祉を追求すべき存在と見なし、社会性を重視することで地域社会の発展に寄与すべきなのである。このような経営倫理の動向は、企業活動には環境への負荷の回避・低減への責任が伴うことをも意識させることになった。

経営倫理と環境倫理の関連を明確に示したものとして、一九八九年に米国の民間団体、環境に責任をもつ経済機構のための協議会（CERES）が作成し発表した「バルディーズの原則」がある。この名称は、同年に賠償訴訟総額五三億円という史上最悪の石油流出事故を起こした、エクソン社のタンカー、バルディーズ号に由来する。この原則は、企業とその株主には環境に対する直接的責任があるという理念に基づき、生物圏の保護、天然資源の持続的な活用、廃棄物処理とその量の削減、エネルギーの知的利用、リスクの減少、安全な商品やサービスの提供、損害賠償、環境問題の専門取締役及び管理者の設置、評価と年次報告、という一〇の判断基準からなっている。

なお、経営倫理における環境への配慮が、ひとつのビジネス・チャンスとして、あるいは巨額の賠償訴訟を未然に回避するための方途として語られることもある。こうした考え方に従った場合、もし企業の眼前にある利潤追求と環境への配慮が対立したとしたら、経営倫理に環境保護対策へのどれだけの拘束力があるのかという問題もあり、議論の分かれるところである。

(4)　平和の倫理　環境破壊の重大な原因として戦争がある。それは、ベトナム戦争時の枯葉作戦や、湾岸戦争時のペルシャ湾への石油流出からも明らかである。後者に対して、当時のブッシュ米国大統領は「環境テロリズム」という表現を用いて非難した。また、戦争抑止の役割を期待されることもあった核爆弾の開発は、そのための核実験によって環境汚染をひき起こした(4)。さらには、一九八三年に発表された論文でカール・セーガンらが唱えた「核の冬」理論は、全面的核戦争が地球環境に壊滅的な被害を与えることを示すものだった。したがって、環境破壊に歯止めを掛けようとする環境倫理は、戦争回避の倫理あるいは平和の倫理と連関する。平和の実現のために有効なのは、戦力（特に核兵器）の均衡かそれとも戦力の放棄か議論の分かれるところであるが、環境倫理の立場からは、環境保護に適合した方法が提案されねばならない。

以上のように、社会倫理としての環境倫理は多様な広がりをもっている。環境倫理学には、一方で、環境問題対策に対して個人・人間集団・社会が義務を負っていることを明らかにしつつ、他方で、このような社会的な問題の連関を発見することによって、環境問題対策を具体化するに際しての方向性を探る役割が期待されている。

（1）公害問題に直面して、わが国に環境庁が設置されたのは一九七一年のことである。同庁は二〇〇一年に環境省に改められた。

（2）これは、J・ベアード・キャリコットに由来する命名である。参照、ロデリック・F・ナッシュ、松野弘訳『自然の権利』ちくま学芸文庫、一六八頁以下。

（3）環境庁編、平成一二年版『環境白書　総説』株式会社ぎょうせい、一五六頁。

（4）一九九六年、国連総会で包括的核実験禁止条約が採択されたが、第二次世界大戦終結時から同年までに二〇四四回の核実験が行われたという。

参考文献

加藤尚武編『環境と倫理　自然と人間の共生を求めて』有斐閣アルマ
戸田清『環境的公正を求めて』新曜社
水谷雅一『経営倫理学のすすめ』丸善ライブラリー

山村恒年、関根孝道編『自然の権利』信山社
K・S・シュレーダー＝フレチェット『環境の倫理』上・下（京都生命倫理研究会訳）晃洋書房
R・F・ナッシュ『自然の権利　環境倫理の文明史』（松野弘訳）ちくま学芸文庫
A・ネス『ディープ・エコロジーとは何か』（斎藤直輔・開龍美訳）文化書房博文社
D・H・メドウズ他『成長の限界』（大来佐武郎監訳）ダイアモンド社
H・ヨナス『責任という原理　科学技術文明のための倫理学の試み』（加藤尚武監訳）東信堂
A・レオポルド『野生のうたが聞こえる』（新島義昭訳）講談社学術文庫

あとがき

倫理学は人間に関する学問である以上、これほど身近な学問はないといえるだろう。それだけに、教え説く立場からいうと、これほど難しい学問もないともいえるのである。

ここに提供したものは、寄りつどったわれわれ十名の力を結集してつくった、その倫理学についてのいわば「指南車」の書である。大学の授業でテキストに用いることもあるかもしれない。あるいは、一般読者の「倫理学」への関心に応えようとするわれわれのささやかな〈贈り物〉ともなるかもしれない。いずれにしても、われわれとしては、この書が、あの難しい課題に少しでも応える一臂《いっぴ》の力となりうることを期待し希望している。

「われわれ」といったが、複数の者が集って一書を編むとなると、表現上のことはある程度統一でき、内容の上で基本路線は一貫性を通したとしても、個々の部分となると各人各様ということが出かねない。これは、倫理学のような主体的な学問の場合は避けられないことであり、またそうあって当然とも考えている。編集者二人は、その点、各執筆者の主体性と個性が、むしろこの書に多様な活力を生ぜしめることを願って、その統一化にあたってあえて一定の限度を守ることにした。その結果の如何は、読者各位の判断にゆだねたいと思う。

なお、それぞれの執筆者が紹介した各倫理学説をより一層深く理解することの助けとして、かつまた倫理学そのもののさらに進んだ研究の指針ともなるべく、文献表を作成して、読者の利用に供することとした。その文献表および索引の作成にあたっては、佐藤真理人、鹿島徹、御子柴善之三氏の多大なる御協力を得たことに対し深甚なる謝意を表したい。

また、本書出版に当っては勁草書房編集部の伊藤真由美氏に一方ならぬお世話になった。時間的に余裕のないはなはだ困難な状況下で本書の出版が実現されたのはひとえに同氏の御尽力の賜である。ここに厚く御礼申し上げる次第である。

一九八六年三月

伴　博
遠藤　弘

第三版あとがき

本書は、「現代倫理学の展望」という観点から、現代の代表的な各種の倫理思想について述べたものであるが、一般の要望に応えるところあってか、初版（一九八六年）以来七度にわたり増刷を重ねてきた。そこでこのことを踏まえ、三年前（一九九八年）増補版を企画・刊行し、新たに「第七章　現代における実践倫理の諸問題」を設け、「現代の正義論」と「生命倫理」の問題をとりあげ、これらについての論述を加えることとした。

そしてこのたびの第三版では、さらに「環境倫理」の問題をとりあげて一層の充実を期したわけである。なお（増補版の場合もそうであるが）これらの論述に応じて、参考文献や（人名ならびに事項）索引も増補・充実をはかった。このようにして、いまや、本書における現代倫理に関する展望は、さらに一層の広がりと具体性を帯びることとなったと確信しており、またこれにより、現代における倫理の意義に対する関心と認識が一層高まることを期待し願っている。なお、この第三版の刊行にあたっても、勁草書房編集部の伊藤真由美氏に種々お世話頂いた。改めて厚く謝意を表したい。

二〇〇一年九月

編　者

著者紹介（執筆順）

伴　博（ばん　ひろし）　序章，第一章

1928年生，1957年早大大学院文学研究科博士課程修了，早稲田大学名誉教授。主著『カントとヤスパース』北樹出版，編著『比較思想の展開』北樹出版，主訳書　ヘーゲル『キリスト教の精神とその運命』（平凡社ライブラリー）平凡社。

関口和男（せきぐち　かずお）　第二章 一

1948年生，1985年早大大学院文学研究科博士課程修了，法政大学教授。共著『人間の理念と政治哲学』高文堂出版社，共訳　北山淳友『東と西，永遠の道』（原文独文）北樹出版。

中田　勉（なかだ　つとむ）　第二章 二

1935年生，1993年没，1968年早大大学院文学研究科博士課程修了，元大正大学文学部助教授。主著『現代論理学概論』八千代出版。

白石　光男（しらいし　みつお）　第三章 一

1928年生，1968年早大大学院文学研究科博士課程修了，東京電機大学教授。主著『現代論理学Ⅰ』八千代出版，共著『哲学叙説』北樹出版。

遠藤　弘（えんどう　ひろし）　第三章 二

1932年生，1967年早大大学院文学研究科博士課程修了，早稲田大学名誉教授。主著『存在の論理』早大出版部，主訳書　カルナップ『意味論序説』紀伊国屋書店。

佐藤真理人（さとう　まりと）　第四章 一

1948年生，1978年早大大学院文学研究科博士課程修了，早稲田大学教授。共著『哲学へ――ヤスパースと共に』北樹出版，共訳　レヴィナス『実存の発見――フッサールとハイデッガーと共に』法政大学出版局。

村上　恭一（むらかみ　きょういち）　第四章 二

1936年生，1969年早大大学院文学研究科博士課程修了，法政大学教授。主著『哲学の諸問題』成文堂，主訳書　キルケゴール『不安の概念』大学書林。

鹿島　徹（かしま　とおる）　第五章 一

1955年生，1983年早大大学院文学研究科博士課程修了，早稲田大学教授。主著『埴谷雄高と存在論』平凡社，共訳　R・ブプナー『ことばと弁証法』晃洋書房。

福山　隆夫（ふくやま　たかお）　第五章 二

1948年生，1981年早大大学院文学研究科博士課程修了，東京慈恵会医科大学教授。編著『社会のイメージ――社会学的メタファーの諸相』梓出版社。

小坂　国継（こさか　くにつぐ）　第六章

1943年生，1971年早大大学院文学研究科博士課程修了，日本大学教授。主著『西田哲学の研究』ミネルヴァ書房，『善人がなぜ苦しむのか』勁草書房，主訳書　コプルストン『ヘーゲル以後の哲学』以文社。

若林　明彦（わかばやし　あきひこ）　第七章 一

1957年生，1994年早大大学院文学研究科博士課程修了，法政大学非常勤講師。主論文「カッシーラーの哲学の方法的原理としての「知ある無知」と「反対の一致」の概念について」『哲学』法政大学出版局，「カッシーラーの哲学的人間学」『思想史を読む』北樹出版。

谷田　信一（たにだ　しんいち）　第七章 二

1951年生，1984年早大大学院文学研究科博士課程修了，大阪産業大学教授。主論文「義務の衝突について」日本倫理学会倫理学年報第37集，共著『バイオエシックス入門（第二版）』東信堂。

御子柴　善之（みこしば　よしゆき）　第七章 三

1961年生，1995年早大大学院文学研究科博士課程修了，早稲田大学助教授。主論文「『格率』倫理学再考」理想663号，共訳　A・ピーパー『倫理学入門』文化書房博文社。

人 名 索 引（f は次頁につづく，ff は次頁以上に亘る場合を示し（ ）は注にあることを示す．？は生年，没年の不詳を示す．）

ア行

アインシュタイン（Einstein, A. 1879-1955）　242
アヴェナリウス（Avenarius, R. 1843-1896）　207
アドルノ（Adorno, Th. W. 1903-1969）　183, 188, 198
アブラハム（Abraham）　147f.
阿部次郎（1883-1956）　203
アリストテレス（Aristotelēs B. C. 384-322）　33, 108, 111, 184, 213, 248, 264, 285
アルチュセール（Althusser, L. 1918-　）　163
アルバート（Albert, L. 1918-　）　163
イサク（Isaac）　147
井上哲次郎（1855-1944）　240
ヴィーチ（Veatch, R. M. 1939-　）　273
ウィトゲンシュタイン（Wittgenstein, L. 1889-1951）　88f.
ウィリアムズ（Williams, B. 1929-　）　279
ウェーバー（Weber, M. 1864-1920）　8, 162f, 165ff, 186, 191
ウォルツァー（Walzer, M. 1935-　）　243
ウォーノック（Warnock, M. 1924-　）　280f.
エイヤー（Ayer, A. J. 1910-　）　66ff.
エピクロス（Epikūros B. C. 342／41-271／70）　111
エラスムス（Erasmus, D. 1466-1536）　12
エルヴェシウス（Helvétius, C. A. 1715-1771）　12, 52
エンゲルハート（Engelhardt, H. T. 1941-　）　280
オイケン（Eucken, R. 1846-1926）　124

カ行

カイザーリンク（Keyserlingk, G. H. 1880-1946）　124
カーソン（Carson, R. 1907-1964）　245, 289f.
カタリナ（Catharina de Siena, 1347-1380）　132
カドワース（Cudworth, R. 1617-1688）　（14）
カミュ（Camus, A. 1913-1960）　125
カルナップ（Carnap, R. 1891-1970）　99

カント（Kant, I. 1724-1804） 6, 14ff, 33, 35, 48, (50), 70, 78, (86), 106, 110, 164, 184, 197, 234, 250f, 256, 263, 275
カンバーランド（Cumberland, R. 1631-1718） (14)
キャリコット（Callicott, J. B. 1941-） 291, (303)
ギュィヨー（Guyau G. M. 1854-1888） 124
ギリガン（Gilligan, C. 1936- ） 285
キルケゴール（Kierkegaard, S. A. 1813-1855） 123ff, 142ff, 148ff, (159f.), 221
クラーゲス（Klages, L. 1872-1919） 124
グリーン（Green, Th. H. 1836-1882） 66, 208
クーン（Kuhn, T. S. 1992- ） 242
ゴーガルテン（Gogarten, F. 1887-1967） 214
コルボーン（Colborn, T.） 301

サ行

サド（Sade, D. A. F. de 1740-1814） 197
サルトル（Sartre, J. -P. 1905-1980） 125, 138, 142, 153, 156ff., (160), 163
サンデル（Sandel, M. J. 1953- ） 243, 261ff., 266, 299
ジェームズ（James, W. 1842-1910） 52, 72, 77ff., (86), 207
シェーラー（Scheler, M. 1874-1928） 87, 89, 115ff., 225
シャフツベリー（Shaftesbury, A. A. C. 1671-1713） 12, 51
ジャンヌ・ダルク（Jeanne d'Arc 1412-1431） 132
シュヴァイツァー（Schweitzer, A. 1875-1965） 124
シュミット（Schmidt, A. 1931- ） 183
シュライエルマッハー（Schleiermacher, F. E. D. 1768-1834） 14
シュレーダー=フレチェット（Shrader-Frechett, K. S. 1944- ） 245, 296
ショーペンハウアー（Schopenhauer, A. 1788-1860） 123, 133, 163
ジョンセン（Jonsen, A. R. 1931- ） 285
シンガー（Singer, P. 1946- ） 266, 280f., 293
ジンメル（Simmel, G. 1858-1918） 124, 229
スティーヴンソン（Stevenson, Ch. L. 1908-79） 99, 102ff.
ストーン（Stone, Ch. 1937-） 294
スピノザ（Spinoza, B. de 1632-1677） 13
スミス（Smith, A. 1723-1790） 12, 260
セーガン（Sagan, C. 1934- ） 302
ソクラテス（Sōkratēs B. C. 470-399） 64

タ行

田辺元（1885-1962）　203
タルド（Tarde, J. G. 1843-1904）　229
タンスリー（Tansley, A. G. 1871-1955）　290
チルドレス（Childress, J. F. 1940-　）　244, 283
ディルタイ（Dilthey, W. 1833-1911）　124, 226
デカルト（Decartes, R. 1596-1650）　13, 163, 181, 205, 224
デューイ（Dewey, J. 1859-1917）　52, 72, 79ff.
デュルケム（Durkheim, E. 1859-1917）　229
テレサ（テレジア Teresa, Theresia 1515-1582）　132
トゥーリー（Tooley, M. 1941-　）　280
トラシュマコス（Thrasymachos ?）　248

ナ行

ナッシュ（Nash, R. F. 1939-　）　293
西周（1829-1897）　201f.
西田幾多郎（1870-1945）　8f., 203ff.
西村茂樹（1828-1902）　202
ニーチェ（Nietzsche, F. W. 1844-1900）　123f., 126, 133ff., 163, (199), 231
ネス（Naess, A. 1912-　）　292
ノージック（Nozick, R. 1938-　）　243, 249ff., 258ff.

ハ行

ハイデガー（Heidegger, M. 1889-1976）　124f., 142, 153f., (160), 163, 226f.
パウロ（Paulos）　132
パース（Peirce, Ch. S. 1839-1914）　52, 70, 76f, (86)
パスカル（Pascal, B. 1694-1662）　(14)
ハチソン（Hutcheson, F. 1694-1746）　12, 52
ハーディン（Hardin, G. 1915-）　245, 298
バトラー（Butler, J. 1692-1752）　12
ハーバーマス（Habermas, J. 1929-　）　183, 197, (199)
パーフィット（Parfit, D. 1942-　）　266
バルト（Barth, K. 1886-1968）　214
ハルトマン（Hartmann, N. 1882-1950）　89
ピコ・デラ・ミランドラ（Pico della Mirandola 1463-1494）　13

ビーチャム（Beauchamp, T. L. 1939-　）　244, 283
ヒューム（Hume, D. 1711-1776）　12, 187
ヒルデブラント（Hildebrand, D. von 1889-1977）　89
フィヒテ（Fichte, J. G. 1762-1814）　14, 208, 210f.
フーコー（Foucault, M. 1926-1985）　163
フッサール（Foucault, E. 1859-1938）　87, 89, 111f., 125, 212
ブッシュ（Bush, G. 1924-　）　302
プラトン（Platon, B. C. 427-347）　33, 74, 189, 212, 248
フランクス（Franks, O. 1905-　）　297
フランチェスコ（アッシジの Francesco Bernatdone, G. 1181-1226）　132
フリーマン（Ffreeman, R. E. 1951-）　297
ブルンナー（Brunner, E. 1889-1966）　214
フレッチャー（Fletcher, J. 1905-1991）　86, 283
ブレンターノ（Brentano, F. 1838-1917）　87, 107ff.
フロイト（Freud, S. 1856-1939）　163, 193
ブロッホ（Bloch, E. 1885-1977）　163
フロム（Fromm, E. 1900-1980）　183, 193
ヘーア（Hare, R. M. 1919-　）　89, 104ff.
ヘイリー（Haley, A. 1921-　）　196
ヘーゲル（Hegel, G. W. F. 1770-1831）　6f., 14, 33f., 51, 81, 110, 124, 143f., 189, 196, 203, 208, 237, 250, 263
ベーコン（Bacon, F. 1561-1626）　55, 275
ベルクソン（Bergson, H. 1859-1941）　124, 126ff., 210, 216
ベンサム（Bentham, J. 1748-1832）　7, 12, 51, 56ff.
ベンヤミン（Benjamin, W. 1892-1940）　183
ボーヴォアール（Beauvoir, S. de 1908-　）　125
ボッカッチオ（Boccaccio, G. 1313-1375）　11
ポッター（Potter, V. R. 1911-　）　269
ホッブズ（Hobbes, Th. 1588-1679）　12, 14, 55, 259
ポパー（Popper, K. R. 1902-　）　163, 189f.
ホルクハイマー（Horkheimer, M. 1895-1973）　183, 185, 194, 198
ボルノー（Bollnow, O. F. 1903-　）　(141)

マ行

マキアヴェリ（Machiabelli, N. di 1469-1527）　12

マッキンタイア（MacIntyre, A. 1929- ） 243, 264, 266, 285
マッハ（Mach, E. 1838-1916） 207
マルクス（Marx, K. 1818-1883） 189, 193
マルクーゼ（Marcuse, H. 1898-1979） 183, 192, 194f.
マルセル（Marcel, G. 1889-1973） 125
三木清（1897-1945） 204f., (222)
ミル（父 Mill, J. 1773-1836） 63
ミル（子 Mill, J. S. 1806-1873） 7, 52, 61ff., 201
ムーア（Moore, G. E. 1873-1958） 92ff.
務台理作（1890-1974） 203, 221f., (222)
メーヌ・ド・ビラン（Maine de Biran, 1766-1824） 124
メルロー・ポンティ（Merleau-Ponty, M. 1908-1961） 125, 163
モーア（More, H. 1614-1687） (14)
モンテーニュ（Montaigne, M. E. de 1533-1592） 12, (14)

ヤ行

ヤスパース（Jaspers, K. 1883-1969） 8, 124f., 138, 142, 149f., 152f., 155, (159f.)
ユーイング（Ewing, A. C. 1899- ） 95
ヨナス（Jonas, H. 1903-1993） 279, 295

ラ行

ライナー（Reinar, H. 1896- ） 89
ライプニッツ（Leibniz, G. W. 1646-1716） 13, 208
ライヘンバッハ（Reichenbach, H. 1891-1953） 99ff.
ラッセル（Russell, B. 1872-1970） 92, 242
ラ・ブリュイエール（La Bruyère, J. de 1645-1696） (14)
ラ・ロシュフコー（La Rochefoucauld, F. de 1613-1680） (14)
リッケルト（Rickert, H. 1863-1936） 210
リップス（Lipps, Th. 1851-1914） 203
リンデマン（Lindeman, R. L.） 290
ルカーチ（Lukâcs, G. 1885-1971） 162f., 189
ルソー（Rousseau, J. J. 1712-1778） 14f, 17, 187, 251
ルター（Luther, M. 1483-1546） 167
レイチェルズ（Rachels, J. 1941- ） 276f.
レーヴィット（Löwith, K. 1897-1973） 179, (182)
レオポルド（Leopold, A. 1887-1948） 245, 290f.

レーガン（Regan, T. 1938-　）　291
ロック（Locke, J. 1632-1704）　14, 55, 187, 251, 259
ロベスピエール（Robespierre, M. F. M. I. de 1758-1794）　189
ロールズ（Rawls, J. 1921-　）　243, 247ff., 296

ワ行

ワグナー（Wagnar, W. C.）　296
和辻哲郎（1889-1960）　8f., 203, 224ff.

事 項 索 引

ア行

カ行

サ行

タ行

ナ行

ハ行

マ行

基 本 文 献

（参考までに，西洋古代から現代までの倫理学上の基本文献を挙げた。ただし本書の性格上，近現代（日本を含む）に関しては詳しくとりあげ，また西欧文献に関しては翻訳のあるものに限ることにした。なお，＊印のものは，本文（ならびに注）で言及されているものである。）

1. 西洋古代・中世

プラトン『ソクラテスの弁明』『クリトーン』『パイドーン』（田中美知太郎・池田美恵訳　新潮文庫）
『饗宴』（久保勉訳　岩波文庫）（森進一訳　新潮文庫）
『プロタゴラス』（藤沢令夫訳　岩波書店「プラトン全集」）
『国家』（藤沢令夫訳　岩波文庫）（山本光雄訳　河出書房新社「世界の大思想」）
『法律』（森進一・池田美恵・加来彰俊訳　岩波書店「プラトン全集」）「プラトン全集」全15巻・別1巻　岩波書店
クセノフォン『ソークラテースの思い出』（佐々木理訳　岩波文庫）
アリストテレス『ニコマコス倫理学』（高田三郎訳　岩波文庫）
『政治学』（山本光雄訳　岩波文庫）
「アリストテレス全集」全17巻　岩波書店
エピクロス『エピクロス――教説と手紙』（出　隆・岩崎允胤訳　岩波文庫）
旧新約聖書
キケロ『義務について』（泉井久之助訳　岩波文庫）
セネカ『幸福な生について』（茂手木元蔵訳『人生の短さについて』岩波文庫　所収）
エピクテトス『語録・要録』（鹿野治助訳　中央公論社「世界の名著」）（鹿野治助訳『人生談義』岩波文庫）
マルクス・アウレリウス『自省録』（神谷美恵子訳　岩波文庫）（鈴木照雄訳　中央公論社「世界の名著」）
アウグスティヌス『告白』（服部英次郎訳　岩波文庫）
『神の国』（服部英次郎訳　岩波文庫）（赤木善光他訳　教文館「アウグスティヌス著作集」）
ボエティウス『哲学の慰め』（畠中尚志訳　岩波文庫）（渡辺義雄訳　筑摩書房）
アンセルムス『神は何故に人間となりたまひしか』（長沢信寿訳　岩波文庫）
トマス・アクィナス『神学大全』（高田三郎監訳　創文社）
エックハルト『神の慰めの書』（相原信作訳　筑摩書房）
トマス・ア・ケンピス『キリストにならいて』（大沢章・呉茂一訳　岩波文庫）

2.　西洋近代

ピコ・デラ・ミランドラ『人間の尊厳について』（植田敏郎訳　創元社）（大出哲・阿部包・伊藤博明訳　国文社）
トマス・モア『ユートピア』（平井正穂訳　岩波文庫）（沢田昭夫訳　中公文庫）
ルター『キリスト者の自由』（石原謙訳　岩波文庫）（徳沢得二訳　河出書房新社「世界の大思想」）
マキァヴェリ『君主論』（黒田正利訳　岩波文庫）（池田廉訳　中公文庫）
モンテーニュ『エセー』（関根秀雄訳　白水社）（松浪信三郎訳　河出書房新社「世界の大思想」）
デカルト＊『方法序説』（落合太郎訳　岩波文庫）（小場瀬卓三訳　河出書房新社「世界の大思想」）
『情念論』（伊吹武彦訳　河出書房新社「世界の大思想」）（野田又夫訳　中公文庫）
パスカル『パンセ』（松浪信三郎訳　講談社文庫）（前田陽一・由木康訳　中公文庫）
スピノザ『エチカ』（畠中尚志訳　岩波文庫）（高桑純夫訳　河出書房新社「世界の大思想」）
ライプニッツ『形而上学叙説』（河野与一訳　岩波文庫）（清水富雄・飯塚勝久訳「世界の名著」中央公論社）
『単子論』（河野与一訳　岩波文庫）（清水富雄・竹田篤司訳「世界の名著」中央公論社）
ホッブズ『リヴァイアサン』（水田洋訳　岩波文庫）
ロック『人間知性論』（大槻春彦訳　岩波文庫）
ハチソン『美と徳の観念の起原』（山田英彦訳　玉川大学出版部）
マンデヴィル『蜂の寓話』（泉谷治訳　法政大学出版局）
ヒューム『人性論』（大槻春彦訳　岩波文庫）
アダム・スミス『道徳情操論』（米林富雄訳　未来社）（水田洋訳　筑摩書房）
モンテスキュー『法の精神』（根岸国孝訳　河出書房新社「世界の大思想」）
ルソー『人間不平等起原論』（本田喜代治・平岡昇訳　岩波文庫）（小林善彦訳　中公文庫）
『社会契約論』（桑原武夫・前川貞次郎訳　岩波文庫）（平岡昇・根岸国孝訳　角川文庫）
『エミール』（今野一雄訳　岩波文庫）（平岡昇訳　河出書房新社「世界の大思想」）
カント＊『純粋理性批判』（篠田英雄訳　岩波文庫）（高峯一愚訳　河出書房新社「世界の大思想」）

＊『人倫の形而上学の基礎づけ』（野田又夫訳　中央公論社「世界の名著」）
＊『実践理性批判』（波多野精一・宮本和吉・篠田英雄訳　岩波文庫）
＊『人倫の形而上学』（加藤・三島・森口・佐藤訳　中央公論社「世界の名著」）
「カント全集」全18巻　理想社
フィヒテ『全知識学の基礎』（木村素衛訳　岩波文庫）
『ドイツ国民に告ぐ』（大津康訳　岩波文庫）
『人間の使命』（量義治訳　中央公論社「世界の名著」）
シェリング『先験的観念論の体系』（赤松元道訳　蒼樹社）
『人間的自由の本質』（西谷啓治訳　岩波文庫）（渡辺二郎訳　中央公論社「世界の名著」）
ヘーゲル『キリスト教の精神とその運命』（木村毅訳　現代思潮社）（伴　博訳　平凡社ライブラリー）
＊『ヘーゲル自然法学』（平野秩夫訳〔「自然法」論文と「人倫の体系」を含む〕勁草書房）
＊『精神現象学』（金子武蔵訳　岩波書店）（樫山欽四郎訳　河出書房新社「世界の大思想」）
＊『法の哲学』（藤野渉・赤澤正敏訳　中央公論社「世界の名著」）（高峯一愚訳　論創社）
＊『精神哲学』（船山信一訳　岩波文庫）（樫山欽四郎・川原栄峰・塩屋竹男訳『エンチュクロペディー』河出書房新社　所収）
「ヘーゲル全集」全19巻（未刊分を含む）岩波書店
ショーペンハウアー『意志と表象としての世界』（磯部忠正訳　理想社「ショーペンハウアー全集」）（西尾幹二訳　中央公論社「世界の名著」）

3.　西洋現代

〈第 2 章関係〉

ベンサム＊『道徳および立法の諸原理』（山下重一訳　中央公論社「世界の名著」）
J・S・ミル＊『功利主義論』（水田珠枝・永井義雄訳　河出書房新社「世界の大思想」）（伊原吉之助訳　中央公論社「世界の名著」）
パース『論文集』（上山春平・山下正男訳　中央公論社「世界の名著」）
ジェームズ『プラグマティズム』（桝田啓三郎訳　岩波文庫）
『宗教的経験の諸相』（桝田啓三郎訳　岩波文庫）
デューイ『人間性と行為』（東宮隆訳　春秋社）
デューイ，タフツ『社会倫理学』（久野収訳　河出書房新社「世界の大思想」）
G・H・ミード『精神・自我・社会』（稲葉三千男・滝沢正樹・中野　収訳　青木書店「現代社会学体系」）

〈第3章関係〉

G・E・ムーア＊『倫理学原理』（深沢昭三訳　三和書房）
シュリック『倫理学の諸問題』（安藤孝行訳　法律文化社）
ユーイング『倫理学』（竹尾治一郎・山内友三郎・芝烝訳　法律文化社）
ライヘンバッハ＊『科学哲学の形成』（市井三郎訳　みすず書房）
スチーヴンソン＊『倫理と言語』（島田四郎訳　内田老鶴圃）
エイヤー＊『言語・真理・論理』（吉田夏彦訳　岩波書店）
オースティン『言語と行為』（坂本百大訳　大修館書店）
ヘーア＊『道徳の言語』（小泉仰・大久保正健訳　勁草書房）
ブレンターノ＊『道徳的認識の源泉について』（水地宗明訳　中央公論社「世界の名著」）
フッサール『厳密な学としての哲学』（佐竹哲雄訳　岩波書店）（小池稔訳　中央公論社「世界の名著」）
＊『イデーン（純粋現象学および現象学的哲学の理念）』（渡辺二郎訳　みすず書房）
＊『ヨーロッパ諸学の危機と超越論的現象学』（細谷恒夫・木田元訳　中央公論社
＊『E・フッサールの倫理学研究——講義草稿に基づく叙述』（A・ロート著　藤本正久・桑野耕三訳　北樹出版）
シェーラー＊『倫理学における形式主義と実質的価値倫理学』（吉沢伝三郎・岡田紀子・小倉志祥訳　白水社「シェーラー著作集」）
『宇宙における人間の位置』（亀井裕・山本達訳　白水社「シェーラー著作集」）
「シェーラー著作集」全15巻　白水社
N・ハルトマン『倫理学』（高橋敬視訳　山口書店）

〈第4章関係〉

ニーチェ＊『ツァラトゥストラはこう言った』（氷上英廣訳　岩波文庫）（竹山道雄訳　新潮文庫）
＊『善悪の彼岸』（木場深定訳　岩波文庫）
＊『道徳の系譜』（木場深定訳　岩波文庫）
＊『権力への意志』（原　佑訳　理想社「ニーチェ全集」）
「ニーチェ全集」（全16巻・別1巻　理想社）（I，II期　全24巻＋別巻1　白水社）
ベルクソン＊『時間と自由』（服部紀訳　岩波文庫）（中村雄二郎訳　河出書房新社「世界の大思想」）

＊『形而上学入門』（坂田徳男訳　中央公論社「世界の名著」河野与一訳『哲学入門　変化の知覚』岩波文庫　所収）
＊『創造的進化』（真方敬道訳　岩波文庫）
＊『道徳と宗教の二源泉』（平山高次訳　岩波文庫）
「ベルクソン全集」全９巻　白水社
ディルタイ『精神科学における歴史的世界の構成』（尾形良助訳　以文社）
ギュイヨー『義務も制裁もなき道徳』（長谷川進訳　岩波文庫）
ジンメル『生の哲学』（茅野良男訳　白水社「ジンメル著作集」）
シュヴァイツァー『文化と倫理』（氷上英廣訳　白水社「シュヴァイツァー選集」）
キルケゴール＊『あれかこれか』（浅井真男他訳　白水社「キルケゴール著作集」）
＊『おそれとおののき』（桝田啓三郎訳　白水社「キルケゴール著作集」）
『不安の概念』（氷上英廣訳　白水社「キルケゴール著作集」）（村上恭一訳〔デンマーク語との対訳・語釈付き抄訳〕大学書林）
＊『人生行路の諸段階』（佐藤晃一訳　白水社「キルケゴール著作集」）
＊『哲学的断片への後書』（杉山好・小川圭治訳　白水社「キルケゴール著作集」）
『死に至る病』（松浪信三郎訳　白水社「キルケゴール著作集」）
「キルケゴール著作集」全21巻・別巻１　白水社
ヤスパース＊『現代の精神的状況』（飯島宗享訳　理想社「ヤスパース選集」）
＊『哲学』（Ｉ『哲学的世界定位』武藤光朗訳　II『実存開明』草薙正夫・信太正三訳　III『形而上学』鈴木三郎訳　創文社）
＊『理性と実存』（草薙正夫訳　理想社「ヤスパース選集」）
＊『哲学入門』（草薙正夫訳　新潮文庫）
「ヤスパース選集」既刊35巻　理想社
ハイデガー＊『存在と時間』（細谷貞夫・亀谷裕・船橋弘訳　理想社「ハイデッガー選集」）
『ヒューマニズムについて』（佐々木一義訳　理想社「ハイデッガー全集」）
『放下（ゲラッセンハイト）』（辻村公一訳　理想社「ハイデッガー選集」）
「ハイデッガー選集」既刊29巻　理想社，「ハイデッガー全集」刊行中　創文社
マルセル『形而上学日記』（三嶋唯義訳　春秋社「マルセル著作集」）
『存在と所有』（渡辺秀・広瀬京一郎・三嶋唯義訳　春秋社「マルセル著作集」）

サルトル＊『存在と無』（松浪信三郎訳　人文書院「サルトル全集」）
＊『実存主義とは何か（実存主義はヒューマニズムである）』（伊吹武彦訳　人文書院「サルトル全集」）
『弁証法的理性批判』（竹内・矢内原・平井・森本訳　人文書院「サルトル全集」）
「サルトル全集」既刊37巻　人文書院
カミュ『シジフォスの神話』（清水徹訳　新潮文庫）
『反抗的人間』（佐藤朔・白井浩司訳　新潮社）

〈第5章関係〉

ウェーバー＊『プロテスタンティズムの倫理と資本主義の精神』（梶山力・大塚久雄訳　岩波文庫）（阿部行蔵訳　河出書房新社「世界の大思想」）
＊『宗教社会学論選』（大塚久雄・生松敬三訳　みすず書房）
＊『職業としての学問』（尾高邦雄訳　岩波文庫）
＊『職業としての政治』（脇圭平訳　岩波文庫）（西島芳二訳　角川文庫）
ポパー『開かれた社会とその敵』（内田詔夫・小河原誠訳　未来社）
アルバート『批判的理性論考』（萩原能久訳　御茶の水書房）
アドルノ＊『ミニマ・モラリア』（三光長治訳　法政大学出版局）
アドルノ他＊『社会科学の理論』（城塚登・浜井修訳　河出書房新社）
ルカーチ『戦術と倫理』（池田浩士訳　三一書房「ルカーチ初期著作集」）
『歴史と階級意識』（城塚登・古田光訳　白水社「ルカーチ著作集」）
ブロッホ『希望の原理』（山下肇他訳　白水社）
ホルクハイマー＊『理性の腐蝕』（山口祐弘訳　せりか書房）
＊『哲学の社会的機能』（久野収訳　晶文社）
マルクーゼ『エロス的文明』（南博訳　紀伊国屋書店）
『一次元的人間』（生松敬三・三沢謙一訳　河出書房新社）
フロム『自由からの逃走』（日高六郎訳　東京創元社）
『愛するということ』（懸田克躬訳　紀伊国屋書店）
ハーバーマス『イデオロギーとしての技術と科学』（長谷川宏訳　紀伊国屋書店）
＊『認識と関心』（奥山次良・八木橋貢・渡辺祐邦訳　未来社）

〈その他一般〉

フォイエルバッハ『将来の哲学の根本命題』（松村一人・和田楽訳　岩波文庫）
『キリスト教の本質』（船山信一訳　岩波文庫）
マルクス『経済学・哲学草稿』（城塚登・田中吉六訳　岩波文庫）
『ドイツ・イデオロギー』（古在由重訳　岩波文庫）

基本文献

エンゲルス『フォイエルバッハ論』（松村一人訳　岩波文庫）
　　　　『家族・私有財産・国家の起原』（戸原四郎訳　岩波文庫）
コント『実証精神論』（飛沢謙一訳　河出書房「世界思想教養全集」）（霧生和夫訳　中央公論社「世界の名著」）
コーヘン『純粋意志の倫理学』（村上寛逸訳　第一書房）
ヴィンデルバント『プレルーディエン（序曲）』（河東涓・篠田英雄訳　岩波書店）
リッケルト『文化科学と自然科学』（佐竹哲雄・豊川昇訳　岩波文庫）
ブーバー『我と汝・対話』（植田重雄訳　岩波文庫）
ムーニエ『人格主義』（木村太郎・松浦一郎・越知保夫訳　白水社「文庫クセジュ」）
レヴィナス『倫理と無限』（原田佳彦訳　朝日出版社）
メルロ＝ポンティ『ヒューマニズムとテロル』（森本和夫訳　現代思潮社）
リーデル『規範と価値判断』（宮内陽子訳　御茶の水書房）
ロレンツェン『コトバと規範』（遠藤弘訳　理想社）
フレッチャー『状況倫理』（小原信訳　新教出版社）

4.　日本近現代

西村茂樹＊『日本道徳論』（岩波文庫）
大西　祝『良心起原論』（日本図書センター「大西博士全集」）
＊「西田幾多郎全集」全19巻（『善の研究』『自覚に於ける直観と反省』『働くものから見るものへ』『一般者の自覚的体系』『無の自覚的限定』『哲学の根本問題　正・続』『哲学論文集第一～第七』等を含む）岩波書店
桑木厳翼『倫理学の根本問題』（理想社）
阿部次郎『人格主義』（岩波書店）
「田辺　元全集」全15巻（『哲学通論』「種の論理」に関する諸論著，『懺悔道としての哲学』『哲学入門』等を含む）岩波書店
＊「和辻哲郎全集」全20巻（『人間の学としての倫理学』『倫理学』『日本倫理思想史』等を含む）岩波書店
三木　清『構想力の論理』（岩波書店）
務台理作『現代のヒューマニズム』（岩波書店）

5.　現代の実践倫理

〈「現代の正義論」関係〉

J・ロールズ＊『正義論』（矢島鈞次監訳　紀伊国屋書店）
R・ノージック＊『アナーキー・国家・ユートピア』（嶋津格訳　木鐸社）
M・J・サンデル＊『自由主義と正義の限界』（菊池理夫訳　三嶺書房）

A・マッキンタイア＊『美徳なき時代』(篠崎榮訳　みすず書房)

〈「現代医療の倫理」関係〉
V・R・ポッター＊『バイオエシックス』(今堀和久・小泉仰・斎藤信彦訳　ダイヤモンド社)
T・L・ビーチャム，J・F・チルドレス＊『生命医学倫理』(永安幸正・立木教夫監訳　成文堂)
H・T・エンゲルハート『バイオエシックスの基礎づけ』(加藤尚武・飯田亘之監訳　朝日出版社)
A・R・ジョンセン，M・シーグラー，W・J・ウィンスレイド＊『臨床倫理学』(赤林朗・大井玄監訳　新興医学出版社)

〈「環境保護の倫理」関係〉
加藤尚武『環境倫理学のすすめ』丸善ライブラリー
鬼頭秀一『自然保護を問いなおす――環境倫理とネットワーク』ちくま新書
J・パスモア『自然に対する人間の責任』(間瀬啓允訳) 岩波書店

事典・講座類としては下記のものがある。
『新倫理学事典』金子武蔵編　1970　弘文堂
『新倫理辞典』天野貞祐・安部能成・務台理作・和辻哲郎監修　大島康正編　1961　創文社
『新しい倫理――現代倫理事典』金子武蔵編　1972　清水弘文堂
『新倫理講座』安倍能成・天野貞祐・務台理作・和辻哲郎監修　全5巻　1952〜54　創文社
『講座　現代倫理』全12巻　1958〜59　筑摩書房
『現代道徳講座』和辻哲郎監修　古川哲史他編集　全7巻　1954〜55　河出書房
『世界倫理思想史叢書』金子武蔵他編　全6巻　1958〜59　学芸書房
A・マッキンタイア『西洋倫理学史』(深谷昭三訳　以文社)(井上義彦他訳『西洋倫理思想史』九州大学出版会)

参考までに、欧文の代表的な倫理学史の文献を挙げておく。
Sidgwick, H. : Outlines of the History of Ethics, London 1886.
Jodl, F. : Geschichte der Ethik in der neueren Philosophie, 2 Bde, 1882-1889.
Dittrich, O. : Geschichte der Ethik, 4 Bde, Leipzig 1926.
Brinton, C. C. : A History of Western Morals,London 1959.

第三版　現代倫理学の展望

1986年４月１日　第一版第１刷発行
1998年３月10日　増補版第１刷発行
2001年９月20日　第三版第１刷発行
2007年３月10日　第三版第２刷発行

著　者　伴《ばん》　博《ひろし》
遠《えん》藤《どう》　弘《ひろし》

発行者　井　村　寿　人

発行所　株式会社　勁《けい》　草《そう》　書　房

112-0005　東京都文京区水道2-1-1　振替　00150-2-175253
（編集）電話　03-3815-5277／FAX 03-3814-6968
（営業）電話　03-3814-6861／FAX 03-3814-6854
三協美術印刷・青木製本

ISBN978-4-326-15170-7　　Printed in Japan

http://www.keisoshobo.co.jp

教育思想史学会編	教育思想事典		A5判	七五六〇円
渋谷真樹	「帰国子女」の位置取りの政治	帰国子女教育学級の差異のエスノグラフィ	A5判	八八二〇円
小川真人	ヘーゲルの悲劇思想		A5判	六七二〇円
土戸敏彦	冒険する教育哲学	〈子ども〉と〈大人〉のあいだ	四六判	二五二〇円
村田陽子／友定啓子	子どもの心を支える	保育力とは何か	四六判	二三一〇円
中村桃子	ことばとジェンダー		四六判	二七三〇円
中村桃子	ことばとフェミニズム		四六判	二九四〇円
諫山陽太郎	〈別姓〉から問う〈家族〉		四六判	二三一〇円
坂井妙子	ウエディングドレスはなぜ白いのか		四六判	二七三〇円
野口芳子	グリムのメルヒェン	その夢と現実	四六判	二三一〇円
広瀬俊雄	ウィーンの自由な教育	シュタイナー学校と幼稚園	四六判	三〇四五円

H・J・パーキンソン
平野智美ほか訳
誤りから学ぶ教育に向けて　20世紀教育理論の再解釈
四六判　三三六〇円

S・J・ボール編
稲垣／喜名／山本監訳
フーコーと教育　〈知＝権力〉の解読
A5判　四五一五円

米盛裕二／遠藤弘／内田種臣編訳
パース著作集（全3巻）
I III 三一五〇円
II 二六二五円

J・クリステヴァ
原田邦夫訳
詩的言語の革命　第一部　理論的前提
四六判　三三六〇円

J・クリステヴァ
枝川／原田／松島訳
詩的言語の革命　第三部　国家と秘儀
四六判　五六七〇円

S・ヒース
川口／加藤ほか訳
セクシュアリティ　性のテロリズム
四六判　三九九〇円

A・マクファーレン
北本正章訳
再生産の歴史人類学　1300〜1840年英国の恋愛・結婚・家族戦略
A5判　七五六〇円

L・ストーン
北本正章訳
家族・性・結婚の社会史　1500〜1800年のイギリス
四六判　五九八五円

I・ヴェーバー＝ケラーマン
鳥光美緒子訳
ドイツの家族　古代ゲルマンから現代
四六判　三八八五円

J・L・フランドラン
森田伸子／小林亜子訳
フランスの家族　アンシャン・レジーム下の親族・家・性
四六判　四三〇五円

＊表示価格は2007年3月現在。消費税は含まれております。